日本における社会改良主義の近現代像
● 生存への希求

玉井金五・杉田菜穂
Tamai Kingo & Sugita Naho

法律文化社

まえがき

　『日本における社会改良主義の近現代像——生存への希求——』と題する本書は、ここ10年間にわたって続けられてきた二人による共同研究の成果である。社会政策という用語自体の使用が決して多くない今日であるが、社会政策は我々の日々の労働・生活の営みのなかで隅々にまで行き渡っている。わが国では厚生労働省が実施主体となる政策体系がまさに社会政策そのものであり、それらは大きく雇用・労働政策と社会保障・生活問題政策に分かれているといえよう。そうした実施主体や政策体系はその起源を辿ると戦前にまで遡る。内務省、農商務省、旧厚生省等が労働や生活の分野で様々な活動を行ったことを想起すれば足りるであろう。

　その意味で、社会政策という分野はすでに1世紀を超えるという極めて長い歴史性を有するものであるが、それらはその時代、その時代において様々な生活保障に関わる思想・学説といったものに彩られてきた。労働や生活を対象とするのであれば、それは当然のことである。そして、そうした思想・学説や、それらに直接、間接に影響を受けて打ち出された政策・制度をみると、全体を通底する共通項として「生存への希求」といったことが感じ取れるというのが、共同研究を終えての率直な感想である。ただし、それはどちらかというと高度成長の終焉期あたりまでで、とりわけ1980年代以降になると市場性、効率性等のスローガンの高まりとともに社会政策を支える重厚な思想・学説が希薄化し、それとともに政策・制度も浮遊化していったように思われる。

　そうした状況は21世紀に入った日本でまだまだ続いているだけでなく、それが「生存への希求」といった社会政策の根幹に関わる政策論理を一層拡散させていく事態を招いてしまっているのではないだろうか。本書はそうした現代的な問題意識に立ってあえて19世紀末以来の社会政策を中長期的に追究し、そこで見出された思想・学説が当時の政策・制度にいかに絡んでいくかといったダイナミックな構造を描き出そうとしている。本書から明らかにされるように、近現代日本における社会政策の機能と役割は実に大きなものがあった。にもかかわらず、近年ではその歴史的蓄積が忘れ去られているだけでなく、ひたすら

目の前の諸問題だけに飛びついていくという安易な事態の現出に警鐘を打ち鳴らすことをも意識している。

さて、二人だけの共同研究がこれほど長く続くにはいくつかの事情があった。それらについて2〜3記し、本書の成り立ちの背景、事情等を知っていただきたく思う。

第1は、我々が共に大阪市立大学に関係することが大変大きな意味をもったということである。本学はもともと第7代大阪市長の関一（せき・はじめ）によって1928年に旧制大阪商科大学として創設された。関は東京高等商業学校（現在の一橋大学）の教授を務めていたが、事情があって来阪し、市長まで務めることになった。その関の専門の1つが社会政策であったことはよく知られている。また、大阪商科大学の初代学長は河田嗣郎であり、河田も社会政策を専門としていた。このように、本学は当初から社会政策との関係性が実に強く、そのことが戦前から戦後にかけて本学で社会政策研究が興隆する重要な基盤を形成した。そうした伝統のなかから、多くの社会政策研究者が輩出されたのはいうまでもない。

かかる学問的環境は、本学の附属図書館に所蔵されている社会政策関係の膨大な文献・資料と対峙することを可能にした。おそらく、それらの学術的価値は全国的にみてもトップレベルにあるといってよいであろう。我々はそうした知的財産をフルに生かし研究成果に結びつけていくことになるが、その過程は新しい貴重な資料の発掘だけでなく、日本の社会政策研究史の奥の深さに目を見張ったということであり、本書で述べるように数多くの魅力的な山脈に出会う場でもあったのである。このように、本書を作り上げていくうえで本学が有したアドバンテージを思う存分享受することができたことは、我々にとってあまりにも決定的であった。

第2は、本書で一定割合を占める社会政策の思想・学説に関わることであり、なぜそれほどまでに紙幅を割いているのかということである。筆者は、今から35年以上も前に社会政策学の泰斗、大河内一男先生と二人だけになる貴重な機会を得ることができた。そのとき、大河内先生は社会政策を研究するうえで、経済学説史、社会思想史が随分役立っていると語られた。大河内先生の業績をみると、多くの作品に思想・学説が鏤められているのがわかる。そして、

それが大河内理論と呼ばれるものの大きな魅力となっていることも確かである。もともと思想・学説に関心のあった筆者にとって、この大河内先生のお言葉は意を一層強くする方向に働いていった。

一方、10年以上も前になるが、大河内先生の論敵となった高田保馬の少子化論に関する杉田報告を個人的に聞いたとき、その内容の斬新さに非常な興味を覚えただけでなく、高田も思想・学説に造詣が深いことを思い出し、大河内先生と重なり合う部分があることを強く意識した。否、それは大河内先生や高田だけではない。本書で取り上げた人物の多くの社会政策論がそうした性格で覆われてきたといってよいのではないだろうか。とりわけ、本書が重点をおいた時期は類似の傾向が非常に強かったといえよう。このように、我々が思想・学説を重視する形で共同研究を進めてきたのは、以上のような出来事を契機とした学問的手法が影響しているのである。

第3は、社会政策の国際比較といったとき、欧米だけでなくアジアの地域にも結構早期から関心を抱く機会に恵まれ、そのことが日本をみる眼の相対化に大きく繋がったということである。筆者は、1980年代からアジア経済史といった経済学の分野では非常に新しい領域に接することができた。そのきっかけを作ってくれたのが杉原薫氏（現在、政策研究大学院大学）である。いわゆるイギリス産業革命以前におけるアジア交易圏の形成と展開の話は、それまで欧州経済史だけを学んできた者にとって衝撃的であった。そうしたアジアに対して欧州が乗り出してくるプロセスと以後の経緯は、歴史を長い時間軸でみることの重要性を知る大切な契機となった。そのアジア経済史は、現在グローバルヒストリーに発展して世界中を席巻し始めている。

1970年代から1980年代にかけて中国や韓国の市場化や民主化が話題になり始めてから、アジアへの関心は飛躍的に高まった。それは、社会政策の世界でも例外ではなかった。特に、1990年代以降になるとその傾向は一気に加速したが、その過程はともすれば限られた時間軸のなかでの社会政策研究になっていったように思われる。いずれの国も本来築いてきた土壌というものがあるはずだし、それらを丹念に検証しておかないと一面的な分析に終わりかねないと我々は危惧せざるをえなかった。それは、先のアジア経済史、グローバルヒストリーの研究成果から得た教訓でもある。現在、社会政策の国際比較研究の構

図が大きく変容しつつある時期であるからこそ、日本における社会改良主義の近現代像を社会政策の視点から提示し、国際比較の座標軸のあり方を再度問うことにしたのである。

さて、本書は全部で３部構成であり、それぞれのテーマに沿うように論文を配置している。また、全体に深く関連する２つの論文を補章という形で設けることにした。本書を構成する論文は我々の共同執筆分が基本的な軸を形作っているが、テーマによっては全体の整合性を考えて個別論文を取り入れた箇所もある。今回の収録に際しては執筆時の問題意識をできるだけ残しておきたいと思い、必要最小限にしか手を加えていないことをお断りしておきたい。そのため、内容的に統一した形になりきれていない部分が存在しているかもしれないが、そうした事情を考慮のうえご寛恕いただければ幸いである。なお、掲載論文は序章、終章を除いてすべて既発表のものばかりであり、それらの掲載誌については初出一覧を参照していただきたく思う。

ここ10年間我々は精一杯走り続けてきたが、共同研究を進めていくうえでは多くの方々の温かい支援、協力が不可欠であった。今回の共同研究は学会、研究会を利用してできるだけ報告し、多くの貴重なコメントに接することもできた。またテーマ、射程からして、社会政策研究者はもちろんのこと、それ以外の分野の専門家からの助言や示唆も作業を遂行するうえで重要な機会となった。日頃比較的交流が多く、テーマ的にも近い方々のみにふれておくとすれば、社会政策関係では菊池光造先生ほか、田多英範、土田武史、中川清、石田光男、三富紀敬、大森真紀、郭士征（上海財経大学）、鍾仁耀（華東師範大学）、佐口和郎、武川正吾、久本憲夫、木下順、服部良子、菅沼隆、森詩恵、冨江直子の諸氏、また関連分野では先の杉原薫氏をはじめ、山田鋭夫、斎藤修、藤本建夫、神野直彦、金子勝、阿部武司、西沢保、大島真理夫、脇村孝平、松原洋子、高岡裕之、牧野邦昭、藤田菜々子の諸氏、さらに、文献・資料で随分便宜を図ってくださった国立社会保障・人口問題研究所の林玲子、勝又幸子の両氏には特にお礼申し上げたい。

最後になるが、本書の刊行に際して今回も最大限の尽力を惜しまれなかった法律文化社の田靡純子氏に心からお礼申し上げたい。田靡氏の絶大なるご理解

ご支援によって本書は出版にまで結びつけることができた。なお、校正等については宮地克典、大城亜水両氏の全面的な協力を得た。本書は大阪市立大学経済学会の木本基金からの出版助成を受けて刊行されるものである。併せて、お礼申し上げたい。

2016年5月

玉井　金五

目　次

まえがき

序章　社会政策と現代の対話◆課題と方法 — 1
　1　社会政策研究の今日的段階 — 1
　2　社会政策と国際比較の座標軸 — 4
　3　社会改良主義としての社会政策 — 6

第Ⅰ部　社会政策と分析視座

第1章　日本社会政策論の系譜
　　　　〈経済学〉系と〈社会学〉系 — 11
　1　はじめに — 11
　2　社会政策と人口問題 — 12
　3　永井亨の社会政策論 — 15
　4　社会政策と社会学 — 18
　5　むすびにかえて — 22

第2章　〈社会学〉系社会政策と社会保障・社会福祉
　　　　福武直の世界 — 25
　1　はじめに — 25
　2　第Ⅰ期から第Ⅲ期までの福武直 — 26
　3　戦前との関わり — 30
　4　第Ⅳ期の福武直 — 33
　5　むすびにかえて — 36

第3章　社会政策と厚生経済論の交差
　　　　福田徳三と大河内一男 — 39

1　はじめに......39
　　2　福田徳三の「社会的必要」と社会政策......40
　　3　原理の福田徳三から理論の大河内一男へ......47
　　4　むすびにかえて──社会政策における理論と実践......53

第4章　日本社会政策思想の潮流
〈市場〉経済と〈非市場〉経済──────57

　　1　はじめに......57
　　2　戦前期から戦後にかけて......59
　　3　1970年代以降......67
　　4　むすびにかえて......71

第Ⅱ部　社会政策と生命・生活

第5章　1910〜20年代の日本進歩主義者の群像
「救貧」から「防貧」へ──────77

　　1　はじめに......77
　　2　人口問題と社会政策をつなぐ3つの出来事......79
　　3　日本社会政策論史における進歩主義者の群像......87
　　4　むすびにかえて......92

第6章　戦前日本の社会政策と家政・生活問題
森本厚吉の消費経済論──────100

　　1　はじめに......100
　　2　森本厚吉の消費経済論......104
　　3　社会政策学と家政学......112
　　4　むすびにかえて......119

第7章　日本における〈都市〉社会政策論
山口正と磯村英一──────122

1	はじめに	122
2	山口　正	123
3	磯村英一	133
4	むすびにかえて	139

第Ⅲ部　社会政策と人口問題

第8章　人口問題と日本社会政策論史
南亮三郎の位相 ―――― 143

1	はじめに	143
2	南亮三郎の問題提起	146
3	人口政策論の系譜	152
4	むすびにかえて	159

第9章　人口の〈量〉・〈質〉概念の系譜
上田貞次郎と美濃口時次郎 ―――― 163

1	はじめに	163
2	東京商科大学における社会政策の系譜と人口問題研究	164
3	上田貞次郎から美濃口時次郎へ	171
4	むすびにかえて	178

第10章　戦前から戦後における
　　　　人口資質概念の史的展開 ―――― 181

1	はじめに	181
2	戦前の経緯	182
3	戦後の経緯	190
4	むすびにかえて	199

第11章　人口抑制から社会保障へ
人口認識の形成過程 ―――― 205

1　はじめに……205
　　2　人口認識と人口資質概念の展開……207
　　3　戦前の家族政策論議……211
　　4　むすびにかえて……215

終　章　人口・社会問題のなかの社会政策◆結びと展望──217
　　1　社会政策論と人口問題研究……217
　　2　残された課題……219

補章1　戦後日本における社会開発論の生誕──────221
　　1　はじめに……221
　　2　転機としての1960年代……223
　　3　社会保障研究所と舘　稔……229
　　4　むすびにかえて……236

補章2　日本社会保険制度史と近藤文二──────243
　　1　はじめに……243
　　2　近藤文二の経歴と社会保険論……244
　　3　高度成長期から低成長期への展開過程……251
　　4　むすびにかえて──近藤文二と中国社会保険……258

引用・参考文献………263
初出一覧………272
索　　引………273

序　章

社会政策と現代の対話
課題と方法

1　社会政策研究の今日的段階

　かつて筆者は「日本社会政策の三時代」を著し、第1の時代を19世紀末に社会政策学会が結成されてから学会自体が休止する1920年代までとし、次に第2の時代を1930年代に大河内一男が独自の学説を打ち出してからその影響力が及んだ1970年代あたりまで、そしてそれ以降を第3の時代とした［玉井，1992：補論（三）］。その意味で、現在は第3の時代が継続しているといってよいが、その時代もほぼ40年が経過しようとしている。

　とりわけ第3の時代といったとき、1990年代以降の経済や社会の動きは実に劇的なものがあった。社会政策が主な対象とする雇用・労働、社会保障、家族・生活といった領域での諸問題の噴出は、それを端的に表している。それに加えて、人口問題の比重が極めて大きくなり、今や社会政策の最重要テーマの1つとして立ち現れるに至っている。それとともに、社会政策の学問的な手法も多様化してきており、経済学、社会学、社会福祉学、政治学等、実に幅広い分野からのアプローチがなされつつある。そのこと自体むしろ評価すべきかもしれないが、他方でこれまでの社会政策研究との連続性、断絶性が非常にみえにくくなってきており、学問的な方法論という次元においては混迷の度合いを著しく増しているのではないだろうか。

　否、方法論だけではない。1990年代以降になると、むしろそれ以前の研究史が忘れ去られたかのように社会政策の分野での学問的蓄積が顧みられなくなってきているように思われてならない。先ほど大河内にふれたが、現在大河内理論とも呼ばれた膨大な研究成果がいったいどこまで消化、吸収されてきているのかといった問い自体が意味をなさなくなってきている。一人の優れた学問的成果を仮に山脈に例えるのであれば、社会政策の領域では大河内山脈をはじめ

として数多くの山脈が形成されてきた。研究史をフォローするということは、そうした山脈に真正面から挑戦することである。社会政策研究にとって、とりわけ第1の時代、第2の時代は巨大な山脈の宝庫といえるが、それにもかかわらず挑戦自体が極めて低下してきているのが紛れもない事実だ。

今から半世紀、1世紀前の思想・学説を掘り起こすことに、どこまで価値があるのかを疑問に思う向きもあろう。しかしながら、山脈と呼ぶからにはそれだけの威容だけでなく、峻厳さも備えており、それに挑戦した者でしか味わうことのできない高度で独特の論理体系が構築されているのである。そして、そうした山脈は単なる歴史的遺産として埋没していくのではなく、依然として現在や将来に対して有益なメッセージを発してくれているところがポイントである。本来踏破しているべき山脈に分け入ってもおらず、またその存在自体にも無関心であれば、学問的成果が縮小していくのは当然である。1990年代以降、特に社会政策の国際比較が盛んになるにつれて、それまでの優れた国内的成果が軽視されるようになったと思うのは筆者だけであろうか[1]。

『日本における社会改良主義の近現代像――生存への希求――』と題する本書は、あえて第1と第2の時代を中心に社会経済状況やそのもとでの社会政策的課題を再度見直し、そこで築かれた社会政策の思想・学説、政策・制度に関する学問的山脈や成果に挑戦しながら現代との対話の橋渡しを行おうとするものである。ともすれば、欧米の基準をもって日本の位相が確定されがちであった時期だけに、日本の独自性、特殊性をできる限り析出することによって日本の相対化を図ろうとしている。本書のアプローチの特徴を前もって示しておけば、以下の3点にまとめられるであろう。

第1は、戦前の社会政策学会に代表されるように、どちらかといえば〈経済学〉系の社会政策論に依拠した言説や活動とともに、他方では当時勃興しつつあった〈社会学〉系の社会政策論に立脚する形で所説の展開や行動を行った系譜をも視野に収めているということである。第1の時代は通説的に〈経済学〉系の議論を代表するものが圧倒的で、〈社会学〉系を注視する成果はこれまでほとんど生まれてきていなかったといってよい。本書は、〈経済学〉系と〈社会学〉系の2つに光をあてることによってそのダイナミックな交差を描き出そうとした。〈経済学〉系はどちらかといえば労働問題を中心に社会政策論を組

み立てていたのに対して、〈社会学〉系は生活問題を主な対象として社会政策論を提示していたので、両者の存在は当時における社会政策の前進に有機的な分業を果たしていたといってよい。

　第2は、そうした思想・学説によってもたらされた政策・制度の中身について、労働と生活の2つを視野に入れた検証を行おうとしていることである。社会政策の対象を労働力と非労働力に分ければ、前者のモデルケースが成年男性であった。それに対して、乳幼児、児童少年、女性、高齢者、病弱者等は後者として分類されることが多かった。成年男性は雇用・労働における過程において、また乳幼児等は家族・生活といった領域において重大な諸問題に直面することがよくみられたので、政策・制度もそうした性格を帯びざるをえなかった。社会政策が大きく労働政策と生活政策に分かれるのはそうした実態を反映してのことであり、〈経済学〉系と〈社会学〉系の主張がそれぞれの分野におおよそ対応していたといえるのである。このように、労働と生活の両面に関与する形で社会政策が当初から展開し始めていたことは十分銘記しておくべきである。

　第3は、これまで社会政策と人口問題との関わりについて論及されることはしばしばあったものの、中長期的な視点でそれが描ききれていなかったことに猛省を促していることである。周知のように、わが国は戦前から過剰人口問題に直面し、それに対する対策論議や政策の具体化が始まっていた。戦後は一転して過剰人口が解消され始めたので、それとともに議論が沈静化していくが、社会政策的にみたとき人口問題といかに取り組むべきかは長年にわたる最重要課題であったのである。にもかかわらず、本テーマはどちらかといえば近年トピックス的な取り扱いを受けることが多く、学術的な分析はとりわけ社会政策の分野で大きく後退していた。本書は、社会政策が早期から人口問題と格闘し、それがいかに大きな成果を生んできたかについての解明を鋭意行っている。

　以上の3点は、これまでにおける社会政策の研究史からみれば欠落してきたもの、あるいは不十分な取り上げ方しかなされてこなかったものばかりである。近現代日本の社会政策を総体的にみることによって、その独自性、特殊性が浮き彫りにされるのであれば、自ずからその評価は異なってくるだろう。そ

れは、次に述べるように、国際比較の面において大きな意味を有することになる。

2 社会政策と国際比較の座標軸

　先の社会政策の三時代における国際比較の手法をみると、第1と第2の時代はもっぱら欧米基準によって日本の位置が計られてきたといってよい。欧米＝優位、日本＝劣位という構図はやや常識化したものになっていた。ただし、第3の時代になると、かつての欧米対日本という図式だけでなく、それ以外の国々も交えての比較が進んだため、以前のように一面的評価ではなくなってくる。特にアジア、なかでも東アジア間比較が前進するようになってきてからは、むしろ東アジアレベルでの異同といったことにも関心が高まり、それは欧米基準といったものをより相対化することに繋がった[4]。

　その東アジア間比較であるが、テーマがやや現在的なものに偏っているために、それぞれの国が有してきた社会政策の固有性、構造性といった深部にまでは降りきれていない。もっとも、東アジアのなかでは日本が社会政策において最も古い歴史と伝統があるということで過去の経験や実績に言及されることがあるものの、まだまだ十分だとはいえない。むしろ、日本も欧米と比べると後発であったという事実を重視し、いわゆる後発型の視点をもとに分析しようとする手法が根強いといってもよい[5]。そうであれば、これまでみられてきた欧米基準的アプローチを一歩も抜け出ていないことになる。後発であったという捉え方で、その国の固有性、構造性までも消去してしまってよいのであろうか。後発型論に多い分析の一面性は、こうした一国の特性といったものを根底から析出できないようにしてしまうところにある。

　本書は、前述したようにこれまでの通説的な日本社会政策史を塗り替え、新しい国際比較の座標軸の場に持ち込むことをも企図している。それは、わが国で劣位的なものが存在したこと、また後発的な側面があったことを否定するものでは決してない。ただし、そうした視点で固められた日本像では、本来奥が深い社会政策の世界の断片的な理解しかできないということである。本書は、より建設的な国際比較のために以下の点を心がけて執筆されている。

第1は、日本における社会政策の思想や学説の豊饒性への注目である。先にわが国では学問的山脈が多数形成されてきたと述べた。それらがすぐに政策・制度化に反映されるわけではないが、長期間熟成されてその後の政策・制度の実現に大きく寄与することは事実として存在した。本書で取り上げるように、福田徳三であれば生存権論の展開、大河内一男であれば労働立法形成への影響力、近藤文二であれば社会保険論の論理構築、福武直であれば日本の福祉社会論への寄与等、枚挙にいとまがない[6]。それらは、欧米基準だけでは処理しきれぬものであり、むしろ日本の土壌のもとでこそその思想・学説の意義を問うべきであろう。そして、それだけでなく、労働政策と生活政策を通じた政策・制度レベルでの貢献についても内在的な評価を下すようにすべきであろう。

　第2は、社会政策といえば、とかく眼が国家のみに向けられがちであるが、それ以外のファクターも重視しなければいけないということである。本書では十分論述できたとはいえないが、地方・地域レベル、企業・職場レベル、家族・近隣レベルといったところでの社会政策に関わる理論と実践をも重視しようと試みた。特に生活政策という領域においては、国家よりも地方・地域での取り組みが結構功を奏したケースがある。企業・職場レベルにおいても、家族計画、生活設計等において有意義な結果を生んだところがある。また、家族・近隣レベルでも相扶の精神が浸透し、生活を支えあったことがある。こうしたファクターの機能と役割も決して無視できぬものであり、国際比較を行うというのであれば、十分に眼を向けなければいけない部分であろう。とりわけ日本のケースは、それが決定的に重要である。

　第3は、社会政策と経路依存の関係性である。1990年代以降の国際比較論の進展をみると、類型化、レジーム論が隆盛を極めたことは記憶に新しい。そこから注目すべきいくつかの成果が生まれたことも事実である。しかしながら、その勢いが強まった分、かえって一国の特質分析が弱まったのではないかという危惧を抱かざるをえない。いずれの国においても長年にわたって培った土壌の蓄積といったものがある。それが、諸外国の影響を受けて変質する場合もこれまた確かに存在する。しかし、そうしたケースであっても、完全に方向転換してしまうということには決してならない。それは、多くの国が経験することである。経路依存の強弱、濃淡は国によって異なるのは否定できないが、日本

のケースは経路依存が非常に強かった代表的事例の1つであろう。諸外国の模倣とか、後発型の限界といったことで処理できるほど単純なものではないのである[7]。

　以上のように、社会政策の国際比較が急速に進んでいる折、あえてそうした国際比較の方法に抗して日本の社会政策を新しい国際比較の場に持ち込むためには、いったいどのように提示すべきなのかといったことを本書は強く意識している。それが、日本の事例の相対化ということであり、それを実現するためにこそ中長期的な史的分析というタイムスパンを設定しているのである。

3　社会改良主義としての社会政策

　上述のように、日本は社会政策において経路依存の非常に強い国であり、本書はそれを思いきり描き出そうとしている。その基本線は、やはり社会改良主義という路線である。周知のように、1897年発足の社会政策学会は、後の趣意書（1900年）において社会改良主義を標榜した。もっとも、その方針をめぐっては内部対立も生じたりして紆余曲折は避けられなかった。戦後の学会の再出発においても一枚岩ではなかったように思われる。また、学会の個々のメンバーにまで降りると、それこそ実に多様な思想・学説が交錯した。その意味では、社会改良主義といってもかなり幅広く捉えておくべきであろう。

　本書で取り上げた個々の人物の思想・学説をみたとき、その多様性がはっきりしてくる。にもかかわらず、社会改良主義という形で本書の表題にまでしているのは、あくまで改良志向の社会政策という分野で論陣を張った者を中心に光をあてているためであり、そのことが併せもつ本書の限界をもお断りしておかなければならない。繰り返しになるが、思想・学説がすぐに政策・制度に反映されるわけではない。したがって、思想・学説と政策・制度の間の距離はいつも冷静に見極めなければならない。たとえそうだとしても、思想・学説と政策・制度の密接な関係性を問うことは不可欠であるし、それによって社会改良主義としての社会政策がどのレベルまで貫徹しているのかを論証することにもなるのである。わが国の社会政策の歩みは、そうした検証に格好の材料を提供してくれているのではないだろうか。

本書は特に人口問題と社会政策の連関を重視しているが、これまでの研究史からすればそれは大きな特徴であろう。一方の労働、他方の生活という構図のなかで、人口に関する思想・学説と政策・制度の双方が労働、生活といかなる繋がりを有したのかといった分析手法はおそらくこれまで試みられてこなかった。労働に関わる社会改良主義はともすれば左傾化したりするし、また生活に関わる社会改良主義は逆に保守化の方向を歩んだりする。それに対して、人口に関する社会改良主義はどちらかといえば極めて現実的といってもよい性格を有することが多く、そのことが日本の社会政策の全体的特質を形作るうえで決定的な役割を果たしてきたところがあるといえば言い過ぎであろうか。

　こうした労働、生活、人口を見据えた方法論的アプローチは、国際比較の場に持ち込むとき極めて重要な意味をもってくる。なぜなら、とりわけ戦前の欧州における社会政策の展開を視野に入れると、人口の問題を抜きにして社会政策を語ることができないからである。否、それだけではない。戦後に至っても人口の社会政策に及ぼす影響は無視できないものがあり、主要国の多くは人口の推移を意識して社会政策の実行に取り組んできた。[8] だとすれば、日本の社会政策を国際比較の座標軸に措定するとすれば、日本の人口思想、人口政策のあり様が社会政策的にいかなる意味をもったのかを解明することが不可欠である。わが国において1990年代以降社会政策の国際比較が盛んに行われているが、それらをみると肝心の人口論史的視点が軽視されているように思われてならない。

　本書は、日本における社会改良主義の近現代像とはどのようなものであったのかを、あくまで社会政策の視点から提示するものであるが、戦前から戦後まで実際に存在してきたといえる労働、生活、人口といった分野の思想・学説と政策・制度の交錯を中長期にわたって掘り起こすことで、逆に1990年代以降希薄化してしまった論点を再度浮き彫りにすることを強く意識している。その作業は日本の社会政策が有してきた固有性、構造性を鮮明にするであろうし、また日本的特質の奥の深さをも眼前に示すことになるであろう。もっといえば、多くの巨大な山脈をもつ日本社会政策の世界をもう一度再評価してみるべき必要性を強く訴えるものなのだ。それが、現在における国外からの強い学術的ニーズを満たすことになるのではないか。[9]

今日、わが国の社会政策の領域では新自由主義に対して社会民主主義的な見解が対置されることが多い。また、政策・制度を評価する際の基本視角としてもこの２つが用いられることが日常化している。しかし、実際の政策・制度をみたとき、なるほど新自由主義的なものに近い事例が一部あるのは否定しがたいが、全体的にみたとき新自由主義でもないし、そうかといって社会民主主義ではないという性格を有した政策・制度が存続しているのがわが国の現実ではないだろうか。その２つの見方が強まっているなかでその中間的な社会改良主義は表面化しにくいが、実際に社会改良主義的な考えに基づいてわが国の政策・制度が運営されているのであれば、今後の改革のためにもその中身を一層厳密に精査する必要がある。本書が、そうした現代的課題に立ち向かうための有効なスプリングボードとなれば幸いである。

1) 日本における労働問題研究は相当の蓄積がある分野である。にもかかわらず、社会政策研究者でありながら一顧だにしないケースが増えてきているのではないだろうか。この点の指摘は、大森真紀『世紀転換期の女性労働――1990年代～2000年代』法律文化社、2014年、の「序」を参照されたい。
2) この論点は、[玉井・杉田, 2008] において最初に開示したが、その改訂版を社会政策学会編『社会政策』第２巻第１号（2010年）に掲載できたので、本書ではそれを使用している。
3) 共著者の杉田による関連成果がすでに刊行されている [杉田, 2010：2013]。
4) 社会政策学会でも会員による多くの成果が生み出されてきている。また学会の機関誌『社会政策』においても関連企画が組まれている。例えば、特集「東アジア社会政策研究が問いかけるもの」『社会政策』第５巻第２号、2013年、をみよ。
5) 後発国としての視点からのアプローチとしては、広井良典『日本の社会保障』岩波新書、1999年、がある。そうした系譜を引き継ぐものとして、金成垣『福祉国家の日韓比較―「後発国」における雇用保障・社会保障』明石書店、2016年、が新しく刊行されている。
6) 近年、福田徳三への再評価が高まってきている。福田徳三研究会から福田徳三著作集の刊行が開始されたのは、それを示している。第１回配本として福田徳三の『社会政策と階級闘争』信山社、2015年、が刊行された。
7) イギリス研究であるが、諸外国の動向を十分視野に入れつつ一国史を見事に描ききった作品として、[Thane, 1996] は代表作の１つといえよう。邦訳 [深澤監訳, 2000] も刊行されている。
8) こうした点については、例えば [藤田, 2010] が参考になる。
9) 諸外国の関心はむしろ日本の社会政策がどのように形成、展開してきたのかにあり、我々の任務はそれに真正面から応えていくことであろう。[玉井, 2012] はそうした視点から執筆されている。

第Ⅰ部

社会政策と分析視座

社会政策と分析視座／第1章

日本社会政策論の系譜
〈経済学〉系と〈社会学〉系

1　はじめに

　1990年代以降における日本の社会政策論が拠って立つ方法論でとりわけ目立つのが、社会学をベースにした研究である。それは、福祉国家レジーム論、ジェンダー論、階級・階層論をはじめとして分野は多岐にわたるが、わが国での社会政策論の長年にわたる学問的系譜からすれば、過去の研究蓄積との連続性、関連性がみえにくいところがある。

　日本社会政策論の歩みは、伝統的にドイツ歴史学派をはじめとする経済学をベースにした方法論がその中心をなしてきた。大河内一男の社会政策論はその象徴ともいうべき存在であり、それに大きな影響を受ける形で労使関係や労働問題を軸にした研究が展開されてきたのである。現在でもその伝統は一部で根強く残っているが、特に低成長期に入ってからは社会保障や生活・家族といった領域で激しく問題が生起し、それとの関わりで社会政策論をめぐる方法論の多様化がみられた。そのなかで、近年勢いを増してきているのが社会学をベースにした社会政策論であるが、これに関係する一連の議論は、その対象とする時期が戦後、特に低成長期あたり以後を中心にした分析に終始しているように思われる。

　しかしながら、わが国における社会学系社会政策論の起源は、1910年代あたりまで遡る。その初期の社会学系社会政策論者は、人口、児童・少年、保健医療、優生といった領域を中心に学説を展開するとともに、社会政策の具体化にも随分貢献した。それはいわば、戦前期における生活政策的な社会政策の体現である。それに対して、経済学系社会政策論のメインは労働・労使問題にあり、それに関連する学説や実践が多かった。これまでのわが国における社会政策論史は経済学系社会政策論に基づいて叙述されることが一般的で、社会学系

社会政策論への論及は極めて少なかった。その結果、戦前日本において非常に重要な機能、役割を果たした社会学系社会政策論の領域は学説としても、また実体例としても極めて不十分な取り扱いしかなされてきていないのである。

本章は、戦前まで遡って社会学系社会政策論の系譜[1]を発掘し、それを日本社会政策論史のなかに正しく再定置することを試みるものである。以下で明らかになるように、その過程で「人口」というテーマがとりわけ重要な意味をもつ。ここにその一端として描き出す「社会学系社会政策論」は、日本社会政策論史における「人口問題と社会政策」の系譜といいかえても差し支えないものである[2]。

2 社会政策と人口問題

さて、本章が焦点をあてる1920年代の日本は、人口問題をめぐって今日同様議論が非常に高まった時期である。1918年の米騒動をきっかけに食糧と関わって過剰人口が問題となり、それが大正・昭和初期人口論争の生起や、日本で人口を主題とする最初の政府機関である人口食糧問題調査会の設置をもたらした。1929年の世界恐慌に至っては、失業との関わりで過剰人口が再認識されているが、これらの事実と社会政策の関連性が十分な形で論じられてこなかった背景には、当時の社会政策学会の動向とそれを経て1930年代に台頭する大河内理論の存在があったといってよい。

周知のように、「大河内理論」と呼ばれる大河内一男（おおこうち・かずお；1905-1984）の社会政策論は、日本の社会政策研究に多大な影響を及ぼしてきた。それは1930年代を中心に骨格が提示され、社会政策の本質を資本主義社会において労働力を保全、培養するために必要な政策であると規定するものであった。序章でふれたように、20世紀における日本社会政策については以下のような言及を行ったが（**図表1-1参照**。詳細は [玉井, 1992]）、ここで「第二の時代」と名づけた大河内理論の登場後、それが「『第一の時代』への回帰」ともいえる転回を遂げるまでの実に約40年間、日本社会政策は本来それに包摂して論じられなければならない重要な領域を捨象する形で、労働政策に著しく収斂することになったのである。

図表1-1　日本社会政策の三時代

第一の時代	1900年頃〜		社会政策＝労働政策＋生活政策
第二の時代	1930年代〜	大河内理論の登場	社会政策＝労働政策＋（生活政策）
第三の時代	1970年代以降	大河内理論の転回	社会政策＝労働政策＋生活政策

出所：[玉井, 1992：213-223] より作成。

図表1-2　日本の人口問題に関わる年表（1918〜1933年）

	人口問題の基調	政　　治	学　　界
1918年	（米騒動を契機に）食糧問題		大正・昭和初期人口論争
1926年			
1927年		人口食糧問題調査会設置	
1929年	（世界恐慌を契機に）失業問題		
1933年		人口問題研究会設立	

（筆者作成）。

　その大河内理論が登場する以前、ここで「第一の時代」と名づけた時期は、学会活動という観点でみれば以下のような経過を辿っていた。1890年代から研究会の形で始まった社会政策学会は、会員数の増加に伴って年に一度の大会（第1回は1907年）を開くに至ったものの、その後の社会経済状況の変化や社会改良主義路線をめぐる学会内部の思想的相克によって、第17回大会（1924年）を最後に一時休会に陥ってしまう。この事実がもつ意味は大きいとはいえ、「第一の時代」は理論的にも実践的にも日本社会政策の開花期であり、興味深い出来事が多々みられた。本章で論じる社会学系社会政策論の興隆もその1つであり、この社会政策学会の休会と時をほぼ同じくして、彼らによる「人口問題と社会政策」という新たな潮流が社会政策論のなかにもたらされていくのである。

　その社会学系社会政策論の存在を見出すにおいて重要な位置を占めるのが、人口をめぐる動向である。図表1-2は、食糧との関わりで過剰人口問題として表面化する1918年の米騒動から1933年に至るまでの人口問題に関わる年表である。1926年には専門家の間で人口論争の生起をみるが、それをめぐってはこれまでもっぱら以下の2点、すなわち過剰人口論に対する異論としての高田保馬[3]（たかた・やすま：1883-1972）の議論（「産めよ殖やせよ」）のインパクトと、「正しいのはマルクスの人口論かマルサスの人口論か」という学説論争としての側面が強調されてきた[4]。しかしながら、それに併行する形で人口政策立案に向けた

実践的な動きがもたらされたことを見逃すべきではない。

というのは、1927年7月に日本で最初の人口を主題とする政府機関「人口食糧問題調査会」が内閣に設置されるからである。それを起点に人口政策立案に向けた動きが開始されるが、それは本論争でみられた「マルサス対マルクス」という学説論争の構図からむしろ一定の距離をとった論者を中心に進められていった点に留意すべきである。学説論争の構図に収まらない論点こそが人口政策立案に向けた検討課題として、さらにはその後の人口問題研究の発展に重要な意味をもっていくだけでなく、社会政策の確立という課題に向けても大きく資することになる。その内容は、人口食糧問題調査会が1928年に刊行した冊子『人口問題に関する世論』から窺い知ることができる[5]。

それによれば、大正・昭和初期人口論争は食糧や貧困、失業に関わるものだけでなく、社会政策や優生政策、産児調節、移植民政策をめぐる議論といった実に多くの論点が提示された。それらのほぼすべてが、1927年から1930年にかけて内閣に設置された人口食糧問題調査会における検討課題となって、人口政策の構想に組み込まれていく。その結果、当初その核心が食糧問題にあるという形で捉えられていた人口問題であるが、当会の設置期間が終わる1930年に至っては、社会政策的な把握へと転化を遂げることになる。この間わずかに3年であるが、人口問題の基調、さらには人口問題観ともいうべきその射程は大きな広がりをみせたのである。

この過程で極めて重要な役割を果たした人物こそが、永井亨（ながい・とおる：1878-1973）である。永井はこの人口食糧問題調査会・人口部の臨時委員を務めた[6]。その人口部に対して出された諮問は「人口問題に関する対策、殊に我国の現状に鑑み急速実施を要すると認むる方策如何」とするもので、それに応じて以下の答申および決議が出されたが、永井はそのすべての作成から審議、決定に及ぶ過程に、小委員および原案作成者として関わった唯一の人物であった。

〔人口部答申〕
1　内外移住方策
1　労働の需給調節に関する方策
1　内地以外諸地方に於ける人口対策
1　人口統制に関する諸方策

1　生産力増進に関する答申
　　1　分配及消費に関する方策答申
　〔決　議〕
　　1　人口問題に関する常設調査機関設置に関する件
　　1　社会省設置に関する件[7]

　その事実が物語るように、当会から出された答申および決議の内容は基本的に永井の方針によって貫かれた。そこに提示された人口政策は労働の需給調節、分配や消費といった社会政策の対象をも包み込むものであり、永井は人口政策の立案をめぐる議論を社会政策と深く関わるものへと展開させたのである。後述のように、この構想は人口食糧問題調査会の活動を引き継ぐ形で1933年に設置される財団法人人口問題研究会（以下、人口問題研究会）へと継承されていくが、永井はその設立当初の理事に就任している[8]。

3　永井亨の社会政策論

　その永井が、人口食糧問題調査会の委員在任中の1929年に公刊したのが『日本人口論』である。本書のなかで、過剰人口は失業人口や貧窮人口のようにはっきりしたものではなく、生活程度の劣化および低下によって判断されるべきものであるという見解を示し、「世界の人口論より日本の人口論へ」という方針を打ち出した。

　そこで提起されるのが社会政策的人口政策である。「我国の今日にあつては遺憾ながら階級的結合乃至社会的統一が甚だ不完全である故に個人的努力も団結的協力もよく行われてゐない。然らば何を措いても社会階級の民主的協調と社会組織の民主的改革とを期するは今日の急務であらねばならぬ。<u>私の社会政策的人口対策</u>（下線―引用者）なるものはそこに基調を置いてゐる。」〔永井, 1929：297〕。このように述べて、人口対策は生産力の増進、分配の公正、人口数の調節や生活標準の適切を期すために社会政策に俟つべきものが多いと主張した[9]。

　先にふれた人口問題研究会は、その活動の一環として機関誌『人口問題』を発行している。その第1巻第3号（1936年）に発表された論文「過剰人口と失

業との関係を論じて人口問題の本質に及ぶ」のなかで、永井は「社会政策的人口対策」を一層具体的に論じているので、少し長くなるが引用しておこう。

> 「今日説かれる過剰人口はいはば社会人口であり、何れの社会に現はるべき過剰人口であり、一般生活標準の低下となり或は平均生活程度の劣化となって現はれる過剰人口であり、今日扱はれる人口問題はいはば社会人口問題であり、人口問題そのものである。今日立てられる人口法則は『人口は社会にかかり、社会の生産力にかかり、社会の生産力は分配比率にかかり、人口は生活標準にかかる』といふ人口律であり、『食糧も職業も社会から生まれ、人口は社会に従ふ』との人口律であり、『貧困も失業も過剰人口の原因であり結果である』との人口律であり、人口律そのものである。
>   要するにアダム・スミスの国富論に発したマルサスの人口論即ち貧困論は分かれて一方マルサスの人口論からリカードの賃金論を経てマルクスの人口論即ち失業論へと移り、他方マルサスの貧困論からダーウィンの進化論を経てスペンサーのそれへと移り、そこに人口論の地盤は一方経済学から社会主義へと拡がり、他方経済学から生物学を経て社会学へと拡がり、今や社会主義経済学から社会的経済学へ、自然科学的社会学から社会科学的社会学へと移るところに立てられているのが今日の社会学的又は経済学的人口論である。それは『マルサスかマルクスか』の人口論でなく『マルサスとマルクスと』の人口論でもなく『マルサスからマルクスへ』と移ったその何れの上にも立てられ又その何れにも属せざる人口論である。」[人口問題研究会編，1983]

ところで、人口政策の立案に関わる以前の永井は人口問題を専門としていたわけではなかった。この事実は、社会学系社会政策論の系譜を描き出すにおいて、さらには1920年代の社会政策をめぐる動向を探るうえにおいても重要な意味をもつことになる。

図表1-3に永井の1927年に至るまでの略歴を示したが、永井は東京帝国大学法科大学を卒業後農商務省に入り、その後鉄道院に移ったのち、経理局長を最後に退官して協調会の設立に関わることになる。本会は、労資紛争の防止・調停、社会問題の解決・調査・研究等を事業とする財団法人であり、永井は設立(1919年12月)当初の常務理事の一人であった[10]。1926年6月にはこの職を辞すが、その背景には協調会を争議調停の機関とする一般理解を避け、「社会政策に関する調査研究」の機関であるとする理解を全面に出した永井に対する財界の批判があった[11]。

図表 1-3　永井亨の略歴（1930年まで）

1878年12月	東京市本所区石原町に生る
1903年 7 月	東京帝国大学法科大学卒
1903年 7 月	任農商務省属
1905年 5 月	任農商務省参事官、叙高等官 7 等
1907年 9 月	任鉱山監督局事務官、庶務課長
1910年 4 月	任農商務省書記官、叙高等官 5 等
1912年 3 月	任鉄道院参事、叙高等官 4 等
1915年 6 月	任中部鉄道管理局経理課長
1916年12月	任総裁官房保健課長
1918年10月	任鉄道院理事、経理局長
1919年 5 月	勲四等瑞宝章授与
1920年 5 月	任鉄道省経理局長
1920年11月	旭日小綬章授与
1921年 7 月	欧米各国へ出張
※1919年12月より1926年 6 月まで(財)協調会常務理事、中央職業紹介所長	
1922年 9 月	叙従四位
1923年 4 月	日本大学講師
1924年 2 月	中央職業紹介所委員（内務省）
1924年 4 月	日本女子大学講師
1925年 6 月	経済学博士
1925年10月	東京商科大学講師
1927年 7 月	人口食糧問題調査会臨時委員

出所：[人口問題研究会編，1983：55]より作成。

ところで、協調会の常任理事を務めるかたわら、永井は社会政策研究にも力を入れていたことに注目すべきである。以下はその在職中に記された主な著作であり、先に取り上げた人口を主題とする著作は、これらの上に位置づくことになる。

『社会政策の根本思想』（1920年）　　『戦後の失業問題』（1922年）
『労働問題と労働運動』（1923年）　　『社会政策綱領』（1923年）
『国民精神と社会思想』（1924年）　　『婦人問題研究』（1925年）
『改訂　社会政策綱領』（1926年）　　『社会読本』（1926年）

以上、永井の経歴をごく簡単に追いかけたが、さらに掘り下げて論じるべきはその社会学系社会政策論者としての把握である。すでにみたように、永井が人口問題および人口政策について論じ始めるのは人口食糧問題調査会の委員を

務めるに至ってからのことである。しかしながら、実際の日本における「人口問題と社会政策」をめぐる学説史的な系譜は、1910年代あたりまで遡ることになる。以下で明らかになるように、永井の人口論およびそれに基づいて進められた人口政策立案に向けた動きは、それらに先行する社会学系社会政策論の影響を多分に受けながら展開したというべきである。

4　社会政策と社会学

　図表1-4は、1933年に設立された人口問題研究会の役員名簿である。研究会が大正・昭和初期人口論争から人口食糧問題調査会の設置という1920年代後半の人口政策立案に向けた動きの延長線上に位置づけられ、そこに労働の需給調節、分配や消費といった社会政策の対象をも包み込むものとしての人口政策立案論議がもたらされたことは先に述べたとおりだが、「人口問題と社会政策」をめぐる学説的な系譜といったとき、さらに眼を向けるべきは戦前における日本社会学の系譜である。

　会長の柳沢や永井、下村や那須といった人口食糧問題調査会のメンバーに加えて、本名簿には大正・昭和初期人口論争の火付け役であった高田および戸田貞三（とだ・ていぞう；1887-1955）の名前をみることができる[12]。高田は「真の人口問題としての出生率の低下」を論じ、人口増加は自然に解決するとして「産めよ殖えよ」を、戸田は人口問題の解決策として社会政策の必要を説いていた。両者はそれぞれ米田庄太郎（よねだ・しょうたろう；1873-1945）と建部遯吾（たけべ・とんご；1871-1945）の弟子であり、その米田と建部こそが1910年代に早くも出生率の低下を見据えた議論を展開していた社会学系社会政策論の起点とされるべき存在であった。もちろん、これまで彼らの存在が無視されてきたのではなく、社会学史上での把握はなされてきた。例えば、川合は、各時代における社会学の学問組織を指標に戦前以下の3つの時期に区分する。

　第一期：草創期　「社会学会」（1896-1898）、「社会学研究会」（1898-1903）
　第二期：形成期　「日本社会学院」（1913-1927）
　第三期：確立期　「日本社会学会」（1924-　）

それに従えば、米田と建部は第二期を、その弟子である高田と戸田は第三期を

図表1-4　人口問題研究会役員名簿（1933年、設立当初）

〔会長（理事）〕 衆議院議員　伯爵・柳沢保恵 〔理事（常務）〕 内務次官　赤木朝治 社会局長官　半井清 海外興業株式会社社長　井上雅二 〔理　事〕 経済学博士　永井亨 東京大阪朝日新聞副社長、法学博士　下村宏 東京帝国大学教授、農学博士　那須皓 貴族院議員、法学博士　山川端夫 内閣調査局長官　吉田茂 貴族院議員　堀切善次郎 内閣統計局長　長谷川越夫 貴族院議員　河田烈 社会局社会部長　狭間茂 東京商科大学教授、法学博士　上田貞次郎 国際労働機関帝国事務所所長　吉阪俊蔵 〔監　事〕 貴族院議員　関谷貞二郎 第一生命保険相互会社社長　矢野恒太 〔評議員〕 内閣調査局参与　池田宏	京都帝国大学教授、経済学博士　本庄栄治郎 東京帝国大学教授　戸田貞三 前内務省衛生局長　大島辰次郎 大阪毎日新聞社取締役、法学博士　岡　実 北海道帝国大学総長、法学博士・農学博士 　　高岡熊雄 京都帝国大学教授、文学博士　高田保馬 大原社会問題研究所長、法学博士 　　高野岩三郎 東京帝国大学教授、医学博士　永井潜 東京帝国大学教授　矢内原忠雄 第一生命保険相互会社社長　矢野恒太 京都帝国大学教授、法学博士　山本美越乃 慶應義塾大学教授、法学博士　気賀勘重 倉敷労働科学研究所長、医学博士　暉峻義等 衆議院議員　安部磯雄 貴族院議員　伯爵・有馬頼寧 慶應義塾大学教授、医学博士　宮島幹之助 早稲田大学理事、法学博士　塩沢昌貞 東京帝国大学教授、経済学博士　十方成美 貴族院議員　関谷貞三郎

出所：〔人口問題研究会編，1983：36-37〕。

象徴する社会学者である[13]〔川谷，2003〕。この系譜こそが、社会学系社会政策論と呼ぶべきもので、その後社会学的な視点で出生率の低下を論じ、それとの関わりで社会問題に言及していった。そこで重要な意味をもったのが、当時の時代思潮である優生学を根拠とした人口の質をめぐる議論である[14]。

　国際的な動向からすると、優生学は戦前における社会政策の形成において重要な役割を果たしていた。それは、出生率の低下が現実問題となっていた西欧先進諸国でより顕著にみられたが、日本にもその影響を見出すことができる[15]。優生学史の観点から松原が論じているように、1920年代の日本は「婦人問題、産児調節論、性教育、性問題、青少年教育、衛生問題などへの関心の高まりを背景に、一般知識人や社会運動家が優生学的言説を盛んに導入するように」〔松原，2000a：2〕なった。政治的には、大正・昭和初期人口論争を通じて浮上する社会問題をめぐる人口の質という観点、いいかえれば、人口問題と社会問

題の接合こそは社会学系社会政策論の源流なのである。

とはいえ、日本における社会学者としての彼らの学説は、近年に至るまでそれ相当の評価を得てこなかった[16]。高田に関しては金子や富永健一等による再評価の動きがあるものの、長い間人口論者としての建部や米田については「優生学への傾倒」が、高田については戦時下の民族主義を擁護する「イデオロギー」としての評価がつきまとってきたからである。その一面的な評価は、彼らの主張が社会政策論史との関わりで十分な位置づけがなされてこなかったことを端的に物語っている。むしろ、社会政策論史におけるその意義は、「人口問題と社会政策」というテーマをめぐる西欧先進諸国との同時代性においてこそ見出すことができるのである。

すなわち、西欧先進諸国の多くは19世紀終わりから20世紀初めにかけて出生率の低下を経験し、それを契機に出生促進的な社会政策の充実が図られた。それに対して、当時比較的高出生率を維持するとともに人口過剰論が優勢であった日本は、家族政策の領域をはじめ、これまで何かと西欧先進諸国と対照的に論じられがちであったが、実際には後に来る出生率低下をめぐる議論、および優生学を根拠とする人口の〈質〉の観点からの社会政策が議論され始めていたのである。彼らの主張は、1920年代の大正・昭和初期人口論争において、〈量〉の問題に対する異論、さらには〈質〉をめぐる議論として現れ、その後の人口政策立案に向けた動きに大きな影響をもたらしたのである[17]。

さて、ここで問題となるのが米田や高田らと永井の繋がりである。もちろん、それ以前からそれぞれ社会政策との関わりを有していたものの、「社会学系社会政策論」者としての社会学の系譜と永井が交わりをもつのは大正・昭和初期人口論争を起点とする人口政策立案に向けた一連の動きにおいてである。すでに明らかにしたように、それ以前の永井は協調会での仕事が中心であり、1920年代半ばまでの日本における「人口問題と社会政策」をリードしてきたのは、むしろ米田や高田らであった。

図表1-5は、戦前日本の社会学を支えた学問組織「日本社会学院」（1913年設立）の「研究集会」と、「日本社会学会」（1924年設立）の「研究報告会」の研究報告（共通論題）のテーマを1929年まで一覧にしたものである[18]。それによると、これらの組織で活躍した社会学系社会政策論者たちは、人口問題を含む実

図表 1-5　日本社会学院「研究集会」・日本社会学会「研究報告会」研究報告（共通論題）

日本社会学院「研究集会」	日本社会学会「研究報告会」
第一回（1914年）:「婦人労働問題」	第一回（1925年）: 階級
第二回（1914年）:「国民思想動揺の原因」	第二回（1926年）: 家族
第三回（1915年）:「人口問題」	第三回（1927年）: 犯罪
第四回（1916年）:「戦後教育の根本問題」	第四回（1928年）: 方法論（社会学研究法）
第五回（1917年）:「人種戦争」	第五回（1929年）: 都市
第六回（1918年）:「戦争と文化」	（これ以降、報告の題目を一定に決めない
第七回（1919年）:「国民保健問題」	「自由論題報告」になった）
第八回（1920年）:「教政問題」	
第九回（1921年）:「内地植民問題」	
第十回（1922年）:「農村社会問題」	

出所：[川合，2003：240-249、288-290、363-366]より作成。
注：川合の文献に従っており、空欄部分は不明とされる点である。

図表 1-6　社会学系社会政策論の展開（整理）

年	人口問題とそれに関わる組織	社会学	永井　亨
1913		日本社会学院 （第一世代：建部・米田）	
1920			協調会、常任理事
1924		日本社会学会 （第二世代：戸田・高田）	日本社会学会、協議員
1926	大正・昭和初期人口論争		
1927	人口食糧問題調査会（内閣）		人口食料問題調査会、臨時委員
1929			『日本人口論』（巌松堂書店）
1931			『人口論』（日本評論社）
1933	人口問題研究会（財団法人）		人口問題研究会、理事

（筆者作成）。
注：1．永井が日本社会学会協議員に就任した時期の正確な特定はできていない。『社会学雑誌』第31号（1926年）の表紙裏の名簿に基づいてここでは1926年としているが、就任は1924～1926年の間である。
　　2．『人口論』は合本。[河田・永井・金持，1931]。

に多くの問題と向き合っていたことがわかる。

　この流れでいえば、永井は日本社会学会（1924年設立）の活動のなかで社会学系社会政策論と関わりをもつようになる。その根拠は、当会の協議員に名を連ねる[19]とともに、1928年開催の第四回研究報告会では、「政党」をテーマとする公開講演会で「既成政党と無産政党」をテーマに講演を行っていたこと等にある。こうしたなかに、必ずしも人口論者とはいえなかった「社会政策学者」

としての永井と、「人口問題と社会政策」の系譜としての社会学系社会政策論の接点が認められるが、それはまさに、1926年に協調会の理事を辞任後の日本社会学会の協議員、人口食糧問題調査会臨時委員就任という転機とともにもたらされたというべきである（**図表1-6参照**）。

5　むすびにかえて

　戦前における「人口問題と社会政策」というテーマを追いかけることで、これまでその系譜が十分な形で把握されてこなかった社会学系社会政策論の実像が浮かび上がった。人口論としてのそれは、過剰人口が問題とされていた当時にあって、少子化を見通した主張や、人口の質という次元を重視する議論を展開したところに特徴があり、その観点は1927年に発足した人口食糧問題調査会を起点とする人口政策立案に向けた動きのなかに取り入れられていった。

　その人口政策の立案をめぐって重要な役割を担った中心的人物が永井であり、彼が1920年代後半を通じて社会学系社会政策論の影響を受けていったことは、すでに述べたとおりである。本章ではあくまで人口論に焦点をあてて論じたが、社会学系社会政策論は児童や少年、保健医療といった経済学系の社会政策論がほとんど注目していなかった分野を積極的に取り扱ったものとしても位置づけることができる。冒頭で断ったようにその明確な定義は差し控えたいが、社会学系社会政策論に関する議論を今後より深めるために、ここでそのおおよその輪郭を描いておきたい。

　経済学系社会政策論の影響が残る1920年代から1930年代初めにかけて、社会政策の形成および展開に重要な影響を与えた論者たちで、
① 　社会問題の社会学的考察[20]
② 　（国レベルの社会政策に先行する）〈都市〉社会政策をはじめ地域レベルの社会政策立案[21]
③ 　社会政策的人口政策の立案
といった領域に大きな功績を残したもの。

　本章は、あくまでこのなかの③について論じたに過ぎないが、1920年代終わりから1930年代初めにかけての人口政策立案に向けた動きは、日本社会政策論

史に残した注目すべき痕跡である。戦前まで遡る社会学系社会政策論の寄与は、経済学系社会政策論によって著しく切り取られてきたきらいのある戦前の日本社会政策論史を一次元高いところから再構成し、日本における社会政策の史的展開および国際比較の座標軸を根本的に見直すことに繋がる貴重な材料を提供してくれるというべきである。

1) あらかじめ断っておくべきは、本章を通じて〈社会学〉系社会政策論の明確な定義をすることは難しいということである。少なくともここでは、1920年代から1930年代初めという限られた時期に焦点をあてて、〈経済学〉系社会政策論と対置しうるものとして便宜上名づけたものである。人口をめぐる社会学と経済学の線引きは難しいが、議論を複雑なものにしないため、経済学系とは労使関係をはじめとする労働政策を、社会学系とは生活問題を中心とする労働政策以外を軸に論を展開したグループとして区別している。
2) 「人口」というテーマは非常に学際的で、戦前期を対象とするものに限ってもそれなりの研究蓄積がある。例えば、当時は過剰人口が問題とされていたものの、今日的にみれば日本の人口転換は1920年代から本格的に始まっていた。このような事実を提供する歴史人口学をはじめ、人口論史や優生学史、社会学史などが個別に「人口」というテーマを扱ってきたものの、社会政策論史という観点からの分析は、これまで十分な形でなされてきていないのである。本テーマを論じた数少ないものとして、参考文献に示した市原亮平の研究業績がある。
3) ちなみに、高田は戦中に社会政策の学問的性質をめぐって大河内と論争を行っている。高田が社会政策を「平等に向かう政策」であり、「階級的懸隔の短縮を目ざす政策」と主張したのに対し、大河内は「労働力の確保と培養のための労働者政策」であると主張した。
4) 例えば、[中西, 2003]。
5) 本冊子 [人口食糧問題調査会, 1928] の例言は以下のとおりで、学者だけでなく、評論家・議員・新聞記者・会社社長・著述家等様々な経歴をもつ人々の人口問題に関する主張が収められている。「1．本調査は大正11年以降昭和3年1月に至る人口問題に関する文献を年代順に蒐集し、主張の大要を略記せるものなり。1．短時日の調査なりし為、文献にして脱漏せるものあるべく、又主張大要の略記にも誤謬なきを保ち難し。大方の諒恕を請ふ次第なり。」
6) 一臨時委員であったという事実からは見えにくいが、永井はその委員となるや否や政府の用意した計画に異議を唱え、自身の作成した調査要項に従って人口部の審議を主導することになったようである。永井はいう。「だいたい政府が人口問題に関するプログラムをつくったのですが、私が異議を申し出しまして、私の原案にもとづいて約5年間審議を重ねたのであります。」[永井, 1961：1]。
7) ここでいわれる「人口問題に関する常設調査機関」および「社会省」は、それぞれ人口問題研究所（1939年）および厚生省（1938年）として結実する。それが戦時人口政策と関わっていることはよく知られているが、その構想自体は社会問題を解決する手段と

しての人口政策立案に向けた動きのなかでもたらされたのである［玉井・杉田，2008］。
8) 戦後までその活動が及ぶ人口問題研究会と、一貫してそれを率いた永井は、人口政策の立案をめぐって実に大きな功績を残している［杉田，2009］。
9) 他に人口をテーマとする著作として［河田・永井・金持，1931］（本書は合本であり、永井が著したのは「人口論」）。
10) 他の二人は添田敬一郎と田沢義鋪であり、二人とも内務省出身であった。永井は鉄道院出身で、その協調会入りは、当時の内務大臣であり、前鉄道院総裁であった床次竹二郎との関係によるものであったとされる［法政大学大原社会問題研究所編，2004：135］。
11) 永井の回顧録によれば、労働争議をめぐって「労働組合法を作れ、団結権を確保させ、団体交渉を奨励して労働協約を締結させろ、労使代表を加えて協議会を開け」といった労働者の経営参加を提唱したこともその原因であった［人口問題研究会編，1983：27］。
12) 議論を複雑にしないため、ここでは取り上げなかったが、当名簿にその名がある大原社会問題研究所所長の高野岩三郎や産児制限論者の安部磯雄、社会衛生学を論じていた暉峻義等も、社会学系社会政策論との関わりが深いというべきである。
13) 他に、例えば廣嶋による人口政策史としての言及もある［廣嶋，1980；1981］。
14) 人口の質をめぐっては、ここで論じる社会学の他に医学の系譜が存在していた［松原，1996］。
15) 優生学と福祉国家の親和性をめぐっては、［市野川，2002］などがある。
16) その理由については［川合，2003］、［金子，2003］に詳しい。
17) この点に関しては、［杉田，2007a；2007b；2008］を参照されたい。
18) 日本社会学院を設立したのが米田と建部であり、それを引き継ぐ「日本社会学会」の設立に尽力したのが戸田であった。ちなみに、高田と米田はそれぞれ第9回（1915年）、第12回（1918年）の社会政策学会で「文明か幸福か」「知識階級と労働者階級」というタイトルで講演を行っており、社会政策学会との関わりも認められる。
19) この事実は、『社会学雑誌』第31号（1926年11月発行）で確認できた。本誌の表紙裏に「日本社会学会理事及協議員」（名簿）が掲載されている。ただし、現時点で就任日時の特定はできていない。
20) 本章で具体的に取り上げた人物に限っていえば、米田と高田の功績が大きい。『現代性欲生活問題』（1918年）、『現代人口問題』（1921年）、『現代社会問題の社会学的考察』（同）、『続　現代社会問題の社会学的考察』（同）（以上、米田）、『社会学的研究』（1918年）、『現代社会の諸研究』（1920年）（以上、高田）など、社会問題を正面から論じた文献の刊行は1910年代終わりから1920年初めにかけて認められる。
21) 国レベルの人口政策立案に向けた動きと直接的な関わりがなかったため本章では十分に取り上げられなかったが、この例としては山口正が挙げられる。［玉井，1992］で明らかにしたように、山口は、大阪市の〈都市〉社会政策を論じにおいて重要な人物であった。1916年に大阪市の視学に就任後、大阪市主事、労働調査課長を経て1925年には大阪市の第二代社会部長に就任し、都市社会政策の思想的基盤ともいえる役割を果たした。ちなみに、山口は高田と同じ米田門下で、卒業論文のタイトルは「大阪市を中心とした都市の人口問題」であった。

社会政策と分析視座／第2章

〈社会学〉系社会政策と社会保障・社会福祉
福武直の世界

1 はじめに

　社会政策とはいったい何なのか、そしてその本質をどのように把握すべきなのか。この問いをめぐって、わが国では1940年代終わりに「社会政策本質論争」が生起したことはよく知られている。戦前から提起されていた大河内一男（おおこうち・かずお：1905-1984）の社会政策本質規定をめぐって、服部英太郎、岸本英太郎、西村豁通等が異論を唱えることに始まった。もはや半世紀以上前の論争であるものの、それを契機に社会政策研究の系譜は労働問題研究へと大きくしシフトし、社会政策が社会事業・社会保障をはじめとする生活関連領域から大きく乖離していくことになった。その意味で、日本社会政策論史を語るにおいて無視することのできない重要な出来事なのである。

　大河内社会政策論は1930年代を中心に開陳され、社会政策を「資本主義社会において労働力の保全、培養をするために必要な政策」（社会政策＝労働政策）と規定した。日本社会政策論史をめぐっては図表2-1のような時期区分を第1章で行ったが、「社会政策本質論争」は日本社会政策論が著しく大河内理論の影響下にあった時代の出来事であった。ここでは論争それ自体に立ち入ることは避けるが、大河内に対する批判も、その対象があくまで「労働力」をめぐる次元であった限りにおいて社会政策＝労働政策という大河内理論の枠組みを相対化するものとはなりえず、その影響によって語られる「第二の時代」は1960年代まで及ぶことになったのである［玉井，1992］。

　さて、本章は〈社会学〉系社会政策論の戦後における重要な担い手というべき福武直（ふくたけ・ただし：1917-1989）の社会政策論を取り上げる[1]。社会政策本質論争の前夜ともいうべき1948年、福武は「社会学と社会政策—社会学における政策的理論の問題」[2]（以下、「社会学と社会政策」）と題する論考を発表してい

図表 2-1　日本社会政策の三時代

第一の時代	1900年頃～		社会政策＝労働政策＋生活政策
第二の時代	1930年代～	大河内理論の登場	社会政策＝労働政策＋（生活政策）
第三の時代	1970年代以降	大河内理論の転回	社会政策＝労働政策＋生活政策

出所：[玉井, 1992] をもとに作成。

る。それを起点とする福武社会政策論の全容を明らかにするとともに、日本社会政策論史におけるその位置づけに論及することで当時における〈社会学〉系社会政策論の位相を照射したい。

2　第Ⅰ期から第Ⅲ期までの福武直

福武は、1981年から1986年まで社会保障研究所の所長を務めている。その社会保障研究所から1989年に刊行されたのが『社会政策の社会学』であり、そこに本章が究明しようとする〈社会学〉系社会政策論者としての福武が浮かび上がってくる。本書の冒頭には福武の小文「『社会政策の社会学』によせて」が収められており、それは自身の社会政策研究の40年を振り返るものとなっている。

それに従うと、福武社会政策論の中心テーマは時期を追っておおよそ以下のように展開する。本節では、第Ⅰ期から第Ⅲ期までを明らかにしたい。

第Ⅰ期（　　　1948年）：「社会学と社会政策」
第Ⅱ期（1949～1964年）：「社会学」「農村社会論」
第Ⅲ期（1965～1980年）：「社会福祉」「社会保障」（※1965年　社会保障研究所参与就任）
第Ⅳ期（1981年　以降）：「社会学と社会政策」（※1981年　社会保障研究所長就任）

第Ⅰ期である社会政策論者としての福武の出発点は、福武が「社会学と社会政策」(1948年) 執筆当時一般の「社会政策のとらえ方が狭すぎると考えた点や、社会事業なども社会政策の中に加えるべきだとした点」福武直『『社会政策の社会学』によせて」にある [社会保障研究所編, 1989 : i-ii]。それは、当時の日本社会政策学界に多大な影響力を及ぼしていた大河内への批判でもあった[3]

図表2-2 『講座 社会学』(福武直・日高六郎・高橋徹共編、東京大学出版会)の構成

第1巻　個人と社会
第2巻　集団と社会
第3巻　社会と文化
第4巻　家族・村落・都市
第5巻　民族と国家
第6巻　階級と組合
第7巻　大衆社会
第8巻　社会体制と社会変動
第9巻　社会学の歴史と方法
別　巻　隣接科学・用語解説・年表・総索引

出所：[福武・日高・高橋共編, 1957-58] をもとに作成。

が、それなりの反響は得られたものの大河内理論を覆しうるものではとうていなかった[4]。

　それとも関わって、第Ⅱ期の福武の仕事は「社会学」の体系化や「農村社会論」に集中していく。図表2-2は福武が編者代表として刊行された『講座　社会学』(1957~1958年)の全体構成を示しているが、「社会学と隣接科学」(別巻第一部)の「社会政策」の項は大河内が執筆している。「『社会政策』論か『賃労働』論か」という副題の付された大河内の解説による社会政策が、社会政策＝労働政策を主張するものであったことはいうまでもない。その事実にも表れるように、この間の福武は社会学があくまでその隣接科学であるとする「社会政策学」の定義(＝大河内)に追従する立場をとったのである。

　他方で、この間「農村社会論」をテーマに論じた福武の著作としては以下が挙げられる。

『日本農村の社会的性格』(1949年)　　『日本農村社会の構造分析』(1954年)
『日本農民の社会的性格』(1954年)　　『日本村落の社会構造』(1959年)
『農業共同化と村落構造』(1961年)　　『世界農村の旅』(1962年)
『日本農村社会論』(1964年)[5]

　ところで、第Ⅲ期の社会保障研究所参与への就任(1965年)以降をみると、福武はこれらの仕事をベースに再び社会政策研究と関わっていく。「農家と社会保障」(1966年)では、農家社会保障研究会の調査報告として国民年金および医療保険、私的保険への加入状況といった農家の社会保障水準と、「老後の準

備」「国民年金」「福祉年金(＝無拠出制国民年金)」をめぐる農家の意見を明らかにしている。

「経営からみた下層農や第二種兼業農家の社会保障水準はかなり都市勤労者のそれに接近しているにしても、農業生産の中核をになう中上層農あるいは専業農家層の社会保障水準は、国民年金・国民健康保険を中心とするために都市勤労者より大きく立ち遅れている」と。このことは、農家らしい農家の社会保障水準と都市勤労者のそれとの格差がなお極めて大きいことを表しており、農業者の社会保障水準の向上が要請される。しかしながら、調査報告によって明らかになった農家の人々の意見調査の示すところでは、負担という義務が伴う社会保障の享受に対する欲求は決して強くなかった。「農家においては、今なお、あとつぎと同居し、これに老後を托することが当然と考えられており、老後のために何らかの準備をしているという人は少ない。国民年金額については、安いといいながら、掛金では現行を支持し、負担と給付とをにらみあわせたばあい、多くの人が一万円年金を望むことさえさしひかえる」と。

これに続いて、福武はいう。「農家においても、家族の近代化は進行するであろうし、老後の生活保障があとつぎの扶養だけに頼られる現状の継続は考えられないであろう。農業の経営が若い世代に早く移譲されるためにも、農地を財産として保有することに生活の保障を求める実情が変化し、それが生産手段として考えられるようになるためにも、農業者のための社会保障は拡充強化されなければならない。」また、その前提として農業者の社会保障への関心が高まらなければならないと訴えた。

一方、少し後になるが「日本の社会と社会福祉」(1976年)では、「『社会福祉』概念に社会保障も含まれる」とする見地から、日本社会福祉史の特質が論じられる。「社会福祉」について、それが戦前の「社会事業」に由来し、戦中の「厚生事業」を経て「社会福祉事業」へと展開したと述べたうえで、日本における社会福祉の観念が先進国水準に近づいてきたのは、1960年代に至ってのことであるとする。福武によれば、その「遅れ」の要因は長い間大きな比重を占めてきた農村的人口にあり、日本は工業化の進展にもかかわらず(公的年金といった生活保障も含む)社会福祉への要求が生まれにくかった。その最大の要因は農家の長子相続制にあり、後継者に恵まれない場合でも、家産があれば養

子を迎えることができる。家産もなく、養子を迎えることができない場合は、同族による扶養を受けるというように、救助責任の順位が比較的明確で、「出自からみて本家にあたる家に、貧窮者を救う責任があり、この責任を回避することは、きびしい非難をうけることに通じた」という。

頼るべき本家がない場合でも、その人が働ける限り家族主義的な結合の中で有力な家に出入りして食べるだけのものを貰うことができた。働けなくても村の地主本家的な家を中心とする扶助が働くというように、村そのものが村として村内の困窮者の面倒をみるということが通例で、「村のことは村自体の拠金と無償労働によって賄うことを伝統としてきた人々には、こうした恵まれぬ不運の人々のための社会福祉施設が、国家公共の人々のものとしてつくられるべきだという声を発することも、思いもよらぬことであった」と村の結束を指摘する。

戦前期をめぐっては、例えば1929年に制定された救護法を、福武は「社会福祉的なもの」と呼ぶ。それは「生活を権利として保障するという観念が欠落している」という認識からで、たとえ遠縁であってもその救護を受ければ最下層視される親族があるということで恥ずかしく感じられ、そのために権利として救護を求めるという精神は微塵もなかったという。こういう風土のもとでは、孤児や孤老を収容する施設も私的な施設とならざるをえず、そうした慈善事業の対象となる人々はあわれむべき存在と考えられたとしている。戦前において社会事業とキリスト教の関連が著しかったのも、本格的な社会事業が日本的な土壌からは生まれにくかったからであると福武は主張した。

福武によれば、社会福祉的なものとそれをめぐる状況は戦争を経て大きく変化した、という。具体的には、生活保護法（1946年）の制定をもって社会福祉は国家社会の責任であるということが法的に確定され、その理念が慈善的な救貧から生活権の保障へ変わっていった。とはいうものの、このような理念における劇的な変化に対して救貧という戦前的感覚、いいかえれば権利意識の弱さがなお広く残っていれば社会福祉が現実化しない。理念としての社会福祉は国民によって自主的に確立されたのではなく「占領軍という外圧」があったためで、「与えられた民主化」という矛盾する弱さを内包していたと、福武はみる。

その後、非農業人口の増加、核家族化、雇用者として生きる人々の比重の高

まりといった変化によって、多くの人が自分の老後の生活保障を子どもに期待できないと感じるようになっていく。生活保障について親族に依存することが難しくなるとともに、社会福祉の理念に即して「身障者や母子世帯や老人のための諸施設」を要求する声が高まったが、それは政治を動かすほどの強力な動因にはならず、1960年代を待ってようやく日本における社会福祉の観念が先進国水準に近づいてきたというのである。

以上、第Ⅰ期から第Ⅲ期にかけての福武の主張を追いかけてきた。社会政策論者としての福武は、大河内に対する社会政策の概念規定をめぐる問いに始まり、社会学と農村社会論をベースに日本における（社会保障を含むものとしての）社会福祉史の特質を論じた。以上のことを踏まえて、第Ⅳ期（1981年以降）の検討に入る前に次節では日本社会政策論史における福武の位置づけについて言及しておきたい。

3 戦前との関わり

第Ⅲ期（1965～1980年）の福武は「語るべき前史がほとんどない」として社会福祉をめぐる戦前の日本にネガティヴな見解を示し、その起点を戦後においた。それは、本来戦前まで遡る系譜をみえにくくしてしまったといってよい。

というのも、〈社会学〉系社会政策論と呼ぶべき近代社会学者を中心とする社会政策論者等は、〈経済学〉系の社会政策論に対して人口問題や児童・少年問題、保健医療といった領域で積極的に学説を展開していた。「日本の社会と社会福祉」において福武は、日本の社会福祉の遅れを「生産と生活のアンバランス」と表現したが、彼らはまさにその生活問題の領域で格闘していたのである。彼らと福武の繋がりを明らかにすべく、「社会学と社会政策」（1948年）以前の福武に光をあててみよう。

まず確認したいのが、福武の略歴である（図表2-3参照）。福武が社会学者として歩み始めるまでに限っていえば、東京帝国大学文学部社会学科に入学するのが1937年、大学院に進むとともに副手に就くのが1940年、その後助手に就くのは1942年のことであった。だとすれば福武が社会学を学び、社会学者として自立していく過程は、戦時下へと時代が大きく転回をみせる1930年代から戦

図表2-3　福武直の年譜（1937～1948年）

1936年	第六高等学校文科乙類入学
1937年	第六高等学校文科乙類卒業
	東京帝国大学文学部社会学科入学
1940年	東京帝国大学文学部社会学科卒業
	東京帝国大学大学院入学
	東京帝国大学副手嘱託
1942年	興亜院事務嘱託
	東京帝国大学助手
1943年	大東亜省事務嘱託
	東京帝国大学助手退官
	東京帝国大学大学院特別研究生（第一期）
1944年	満州国及中華民国出張嘱託（東京帝国大学）
	満州開拓地調査事務委託（大東亜省）
1945年	東京帝国大学大学院特別研究生（第二期）
1948年	東京大学助教授

出所：[蓮見, 2008] をもとに作成。

中にかけての時期であった。また、1940年から43年にかけては中国の、46年からは国内各地の農村調査に携わっていった。ごく初期に発表された『中国農村の社会構造』（1946年）、『日本農村の社会的性格』（1949年）は、それらの成果というべきものであり、1940年代にはこれらと並行して海外の社会学文献の翻訳や上述の『社会学の現代的課題』（1948年）が発表されている。

蓮見によれば、福武は早くも高等学校時代に高田保馬や新明正道、小松堅太郎、松本潤一郎、清水幾太郎による社会学関係の書物、およびウェーバーやマンハイム、フライヤーといったドイツの社会学の書物をも消化し、社会学の核心ともいうべき社会と個人の関係に興味をもっていた。その志向は大学時代へと引き継がれ、福武は当時の新しい潮流としての文化社会学によりながら、社会学方法論の研究を進めていったとされる。[6]

ちょどその1930年代には、社会学の性格規定をめぐって議論が活発に交わされている。他の社会諸科学との関係において総合的な把握を目指す総合社会学なのか、他の社会科学と並列的に社会の形式を研究対象とする形式社会学なのかという2つの見解が対立するなかで、社会の形式だけではなく、その内容としての文化をも研究対象にするべきであるという主張がもたらされていた。社会学と社会政策の関係についても早くから議論があり、福武がその書物から

多くを学んだという高田は、早い時期に社会学と社会政策学の関わりに論及している。

高田は『社会学概論』(1922年) のなかで「社会政策学の考察対象をなす社会政策は現存の私有財産制度の範囲内に於ける社会階級間の懸隔削減の政策ことに下層の地位改善のための政策を意味する」と社会政策を定義したうえで、「学」としての社会学と社会政策の対応関係についてはそれが完全に合致するものではないと主張した。社会政策の学問的性質は「階級的懸隔の短縮を目ざす政策」であるとする高田は、「労働力の保全と培養のための労働者政策」であるとする大河内の社会政策論と後に真っ向から対立し、終戦直後に論争を展開している。この高田―大河内による「分配政策か生産政策か」の論争は、福武―大河内に先行する社会政策をめぐる社会学と経済学の交錯点として注目されるが、こうした戦前からの〈社会学〉系社会政策論と福武のそれとの繋がりを明確に見出すことは極めて困難である。

一方、「社会事業」をめぐる問題に目を向けると、1930年代には大河内社会政策論が影響力をもち始め、社会政策の性格規定は労働政策へと収斂していく。その過程で社会政策から切り離されていくのが「社会事業」である。1930年代を通じて大河内だけでなく〈社会学〉系社会政策論も次々にその概念化を試みており、それらは結果的に大河内の提示した労働力―非労働力という枠組みに収まるに至るが、1920年代から30年代にかけて〈社会学〉系社会政策論者の思想を根拠に〈都市〉社会政策や〈農村〉社会政策が実践されていたこと、あるいは社会政策的人口政策の立案といった動きがもたらされたことを見逃すべきではない。[7]

社会政策をめぐる動きは、思想的にも実践的にも準戦時、戦時下へと時代が急転回をみせるに伴って全体主義思潮に巻き込まれていくことになり、〈社会学〉系と〈経済学〉系という区別もみえにくいものとなる。それどころか、戦争遂行のための人口政策と結びつけられる形で、多くの〈社会学〉系社会政策論者は苦しい立場におかれることになった。その時期が学生・院生・助手・研究生時代と重なった福武にとって、「社会学」および「社会学と社会政策」をめぐる戦前から戦後への連続性が積極的に語られるはずもなかった。

図表 2-4　福武の主要著作（福祉・社会保障関係）

1　『社会保障論断章』（東京大学出版会、1983年）
2　『21世紀高齢社会への対応　第一巻　高齢社会の構造と課題』（東京大学出版会、1985年）　＊青井和夫と共編
3　『21世紀高齢社会への対応　第二巻　高齢社会への社会的対応』（東京大学出版会、1985年）　＊小山路男と共編
4　『21世紀高齢社会への対応　第三巻　高齢社会の保障と医療』（東京大学出版会、1985年）　＊原沢道美と共編
5　『明日の医療　第十巻　二一世紀の医療』（中央法規出版、1985年）　＊佐分利輝彦と共編
6　『福祉社会への道―協同と連帯を求めて―』（全国大学生協連、1986年）
7　『二一世紀への課題―高齢社会と社会保障―』（全国大学生協連、1988年）

出所：［蓮見, 2008］をもとに作成。

4　第Ⅳ期の福武直

　戦前との関わりを確認したうえで、本節では1980年代以降（先の時期区分でいう第Ⅳ期）の福武に注目する。蓮見の分類（社会学総合　社会学理論・社会調査法・日本社会論・日本農村・地域開発・福祉社会保障（下線―引用者）・中国農村・海外調査・大学生協）に従えば、福武の主要著作のうち福祉社会保障をテーマとする7冊はすべてこの時期に刊行されている。[8]（図表2-4参照）

　「社会保障研究所所長という仕事が、『社会保障論断章』という論文集を刊行させることになった。この職につかなかったら、社会保障をめぐって本を編めるほど書くことも、したがって多少とも本を読んで文章にするほど考えることもなかったであろう、という感慨が、今は非常につよい。」［福武, 1976：ⅱ］福武自身もこう述べるように、社会保障をテーマに論じたものは1980年代以降に書かれたものが大半である。そのなかで当時の福武が抱いていた問題意識を開陳したのは、『社会保障論断章』（1983年）に収録された「社会保障の体系とその整合性」と題する論考にみられる。

　それは、社会政策論者としての福武の最初の問いでもあった「社会政策」と「社会保障」さらには「社会福祉」の関係を論じたものである。「わが国における社会保障という用語は、きわめて多様な内容を含んでおり、その用法は広範にすぎるように思われる。また、その広すぎる社会保障の一部門として社会福

祉を位置づけるのが一般的であるが、この言葉自体にも問題があり、今さら変えがたいけれども、こうした体系構成には疑問が残るといわざるをえない。」[福武, 1983：333]

　冒頭でこのように述べ、国際的な観点から「社会保障」概念の史的展開を整理する。福武によると、その由来であるアメリカの社会保障法（Social Security Act；1935年）における「社会保障」は所得保障を、同様にイギリスの社会的支出も国民保健サービス、対人社会サービスや雇用とは明確に分けられた所得保障を意味する。福武によれば、このように医療や福祉サービスと一線を画することで、社会保障を生活のミニマムを保障するものと定義することができるのである。

　ところが、ILO の『社会保障への途』（*Approaches to Social Security*、1942）では社会保険と社会扶助との統合として社会保障が把握され、1952年に採択された ILO の申し合わせ（「社会保障の最低基準に関する条約」）も疾病・失業・老齢期における所得維持のための諸手段・家族手当・医療供給などを一括して社会保障としており、国際的な用語法を尊重するならば、社会保障は概念として所得保障と医療保障を含む言葉とするのが妥当であるという。

　だとすると、日本で社会保障に含まれることを慣例とする社会福祉と公衆衛生が社会保障の体系から脱落することになる。この点について福武は、「社会保障の範囲には、公衆衛生のうち環境衛生等は除外するけれども、社会福祉サービスをも含める」とする日本の慣行が内包する諸部門間の異質性を踏まえたうえで、全体としての整合性を追求しなければならないと主張する。この点に関連して、福武は1958年以来の『社会保障統計年報』における社会保障の捉え方を素材に、その問題点を図表2-5のように指摘した。

　福武によれば、遡って見直されるべきは1962年の社会保障制度審議会勧告である。それは著しく計画性に欠け、場当たり的に行われた制度設計を反省し、全制度を通じて全国民に公平にその生活を十分に保障するという観点から「各種制度を根本的に再検討し、それら諸制度間のバランスを確立しなければならない。そのバランスとは、単に各種医療保険相互間とか各種年金相互間におけるバランスだけではなく、社会保障制度全般を通じて、より高い次元における新しいバランスでなければならない」[福武, 1986：346-347]（以下、同書で頁数

図表2-5 『社会保障統計年報』における社会保障の捉え方とその問題点

狭義の社会保障 ：	Ⅰ 公的扶助
	Ⅱ 社会福祉
	Ⅲ 社会保険
	Ⅳ 公衆衛生および医療
広義の社会保障 ：	Ⅴ 恩 給
	Ⅵ 戦争犠牲者援護
社会保障関連制度：	Ⅶ 住宅等
	Ⅷ 雇用（失業）対策

【問題点】
- 「Ⅳ公衆衛生および医療」として載せられているものの多くは、社会保障関連制度に含めた方が合理的。限定して医療と関連する保健サービスにとどめるべき。
- 年金保険、医療保険、雇用保険を一括して社会保険とするのは社会保障の方法であり、社会保障の体系としては公的扶助および諸手当と年金保険をあわせて所得保障とし、医療保険は医療扶助や保健サービスとともに医療保障として位置づけるべき。その結果社会保障を構成する二部門は所得保障と医療保障ということになる。
- 社会福祉は社会保障の外においた方がよい。
- 社会福祉に包括されてきた諸分野には、本来医療保障に含められるべきものや、公的扶助としての生活保護とともに社会扶助として位置づけるべきものが含まれており、体系的な整理が必要である。
- その整理によって所得保障や医療保障のなかに組み込まれた後に残る福祉サービスは、上記2つの部門につぐ第3部門として社会保障のなかに位置づけるよりも、むしろ区別する方が素直である。

出所：[福武, 1986] をもとに作成。

のみ表示）というものである。

　この総合調整のために、社会保障は階層対策と位置づけられ、国民を貧困層、低所得階層、一般所得階層、すべての所得階層としてそれぞれに対する社会保障施策が論じられた。

　　貧　困　階　層　―　生活保護
　　低　所　得　階　層　―　社会福祉
　　一　般　所　得　階　層　―　社会保険
　　すべての所得階層　―　公衆衛生

　この分類に基づいて、費用の配分は以下のように考えられていたという。「まず第一に、公的扶助を最優先させ、これに次いで、社会福祉を『貧困におちいることを防止する力が直接的であるという点で社会保険に優先する』としている。そして、社会保険に対する国庫負担については『プール制による財

政の調整』を強調し、事務費の全額国庫負担を当然としながらも、『国庫負担は、最低生活水準を確保するために絶対的に必要とされる給付に対して一定水準の保険料が受益者の負担能力をこえるような場合、あるいはインフレーションによる積立金の不足のように国以外に責任をもつものがない場合に行われるべきである』」[348-349]

このような考え方について福武は、「現在においても充分に参考にされてよいものであり、その見識は高く評価される。それは、かなり見事に社会保障を体系的に整理しており、社会保障制度の総合調整の方向について示唆するところが多い」[349] と評価する。日本の社会保障がその体系的な位置づけを明確に踏まえないままに展開してきた結果「公正という原則に照らして欠けるところが多く、効率の原則からみても過不足の多いものになった」[357] という本書の結論は、福武自身を最初の問いである社会政策を社会保障も含めて考えようとした「社会学と社会政策」(1948年) へと立ち返らせるものであった。

5 むすびにかえて

これまで、日本における福武の社会政策に関わる所説を時系列で追いかけてきた。福武社会政策論の意義は多くの点で認められるが、本章では「社会学と社会政策」(1948年) で提示され、1980年代に至って再び正面から向き合うことになる社会政策の概念規定をめぐる問いに力点をおいて論じている。晩年の福武が、社会政策論者として最初に向き合った課題へと回帰したことはそれ自体興味深い。

改めていうまでもないが、社会政策論者としての福武の歩みに決定的な影響を及ぼしたのは大河内である。福武と大河内はほぼ同時代を生きており、両者がそれぞれ社会学、経済学に基礎をおく研究者として活躍した時期の日本の社会政策研究は、一貫して（社会学に対して）経済学と社会政策の結びつきが強かった。両者が晩年を迎える頃にはその関係に変化がみられるが、この間の〈社会学〉系の担い手を福武、〈経済学〉系の担い手を大河内と定めるならば、両者はある時期まで対照的な運命を辿っている。福武の歩みを振り返ることで、社会政策の今日的課題が浮かび上がるとともに、福武からさらに遡る〈社

会学〉系社会政策論の存在にも光をあてることになるといえるであろう。

　我々のいう〈社会学〉系社会政策論とは、〈経済学〉系社会政策論が思想的に混乱に陥ったともいえる1920年代から1930年代初めにかけて社会政策の形成および展開に重要な影響を与えた論者達のことであり、彼らは人口論、児童・少年問題、保健・医療の領域、いいかえれば生活政策の領域で論陣を張った。彼らの功績もまた、長年にわたって大河内社会政策論の影に隠されてきたのである。

　今日的な視点から「社会政策と社会学」というテーマを論じる武川は、経済学者だけでなく社会学者の間でも社会政策に対する関心が芽生える形で「社会政策と社会学」の形成が始まった時期を1970年代に認める。氏は、その重要な担い手として福武の存在を強調するが、戦前との連続性に関する検討もまた不可欠というべきである。なぜなら、本章で論及したように戦前の〈社会学〉系社会政策論者によって鋭く切り込まれた〈都市〉と〈農村〉、〈社会政策〉と〈社会福祉〉〈社会保障〉といった社会政策研究の重要なテーマに、とりわけ戦後正面から取り組んだ人物こそ福武に他ならなかったからである。

1)　生活政策的な社会政策の追究と深く関わる〈社会学〉系社会政策論の系譜は、戦前まで遡る。それについては、[玉井・杉田, 2008] を参照。
2)　『思想』288号、岩波書店、1948年、に掲載（引用は、[福武, 1975]）。
3)　具体的には、以下のような論を展開していた。「『（大河内―引用者）教授に従えば、社会政策は、明らかに『資本主義経済との機構的関連に於いて把へられる』生産政策であり、『営利活動を産業社会全体として平準的に遂行し、年々の再生産が生産要素たる『労働力』について安定的に行はれるために、総資本の立場から、換言すれば経済社会の胎内から、その内的必然性、機構的必然性として要求せられる所のもの』なのであった（大河内一男『社会政策の基本問題』1940年、151、167頁）。われわれは、このように『労働力の保全と配置』のための政策と考えられる教授に対し、それが依然として生産政策そのものであり、しかも資本の枠内に止まる点で反対しなければならない。現実の社会政策は、勿論資本主義の中に於いて行われるが、われわれは、それをして資本主義を超克するものとしなければならない。理論的社会政策の課題は、所与の社会政策の分析のみでなく、更にその将来を問題とすることにもある。われわれは、労働力の保全から、人間の解放に進まねばならない。それは果たして、教授の言われる様に『倫理的説教』（大河内一男『戦時社会政策論』1940年、11頁）であろうか。」[社会保障研究所編, 1989：60]「社会政策は階級協調政策から決定的に引離されると共に、単なる生産政策をも超えるものとならなければならない。それは言うべくんば、人間政策であり、人間の完全なる解放とその上に立つ社会の合理化のための政策である。」[社会保障

研究所編，1989：63］
4) 福武によれば、当論文は岩崎卯一による紹介、岸本英太郎、天沢不二郎による批判を受けた（福武直「版を重ねるにあたって」［福武，1975］）。
5) いずれも［福武，1975-86］に所収。
6) 詳しくは［蓮見，2008：5-8］。
7) この点については、［玉井，1992］および［杉田，2010］を参照されたい。
8) 詳しくは［蓮見，2008：138-139］。

社会政策と分析視座／第3章

社会政策と厚生経済論の交差
福田徳三と大河内一男

1 はじめに

　1897年に誕生した社会政策学会は、日本で最初に組織された社会科学の学会である。ドイツ歴史学派の影響を受けたそれは学者だけでなく、官僚、ジャーナリスト、社会運動家なども参加する学術団体としてスタートし、年次大会のほか講演会や演説会、特別委員会なども開催され、世論への働きかけや政策提言などの役割も担っていた。思想的混乱によって社会政策学会が休止状態に陥るのは1924年のことであり、それをもって全国的規模での社会科学の総合的な学的組織は消滅してしまった。

　社会政策学会で活躍をみた人々は、それぞれ当時にあって専門分化の進みつつあった法学、経済学、社会学の専門家として、政治家やジャーナリスト、社会運動家といった実務家として引き続き活躍の場をもつことになるが、学会の活動停止によってそれまでの日本社会政策の歩みに行き詰まりがみられたことは否めない。特に実践において開花期にあった日本社会政策は、マルクス主義社会科学の流入という学説的なうねりに飲まれる形でそのアイデンティティを見失うことになったのである。

　社会政策学会の思想的混乱は、それまでに培われてきた日本社会政策の実践と学説が乖離していく起点をなしたといってよい。本来の"社会政策＝労働政策＋生活政策"が経済学に引きつけた理論に傾倒することで、学説的に変質していくのである。1926年には高田保馬と河上肇による人口論争が生起するが、「マルサスかマルクスか」の学説論争に発展する当論争の同年に生じた舞出長五郎と土方成美による経済価値論をめぐる論争、また高橋亀吉と猪股津南雄、野呂栄太郎による帝国主義論をめぐる論争は、その後の社会政策の学説展開に著しい影響をもたらすことになった。

1930年代に至っては、社会政策学会で活躍した人口論者が社会経済史学会（1930年、創立）、日本経済学会（1934年、創立）への所属、ないしは社会運動家や行政などの実際家への転身などを図った。社会政策学会が再建されるのは1950年のことであるが、1930年代には社会政策をめぐる実践（社会政策＝労働政策＋生活政策）と学説（社会政策＝労働政策に収斂）の乖離が進むことになる。ちょうど、この1930年代に台頭するのが大河内一男の社会政策論（社会政策＝労働問題研究）であり、それが学会の再建時に向けて影響力を増していったことは、よく知られている。

　本章では、その大河内と福田徳三の主張を対比させる。福田は、社会政策に哲学（＝嚮導原理）を与えなければならないという観点から「厚生経済」という理念を追究した。大河内は、その福田が1930年にこの世を去る頃に台頭して経済学に引きつけた「厚生経済」論を展開した。この両者の交錯こそは、思想的混乱を契機とする「原理」から「理論」へとでもいうべき日本社会政策論の転換を特徴づけるようである。福田の「厚生経済」と大河内の「厚生経済」を対置させ、大河内の価値判断をめぐる見解のなかに日本社会政策論史の大きな転機を見出すのが本章の課題である。

2　福田徳三の「社会的必要」と社会政策

　本節ではまず、福田について取り上げよう。福田が遺した研究業績は経済学や社会政策学など広範囲に及ぶこともあって先行研究も数多いが、本章の課題設定との関連を意識して特に参照したいのは山田雄三と川島章平の見解である。山田は先見的な福祉国家論として福田の「厚生経済」を捉え、川島は福田が用いた「社会的」という概念の性格を論じた。それらを取り上げながら、福田の議論における「社会的必要」の意味に迫るところから始めたい。まず、福田の弟子である山田はいう。

> 「福田先生の『厚生経済』とは、一言でいえば、『物の経済』に対して『人間の経済』を考えようとしたものにほかならない。ただ、先生は当時のマルクス経済学に対抗し、同時にピグー流の『厚生経済学』を乗りこえようとして、『人間の経済』の理論解明に努められたのである。

政策論としては今日いう『福祉国家論』にほかならず、のちのケインズ体系よりも資本主義批判の面が強い。それは一方で権力国家に対するものとしてあくまで独裁制の弊を避け、他方で自由機構に対するものとして失業やインフレを防ぐことを求める。たしかに、そこには理論のうえでも政策のうえでも、今日なお探究せらるべき重要な課題が秘められているといってよいであろう。」(山田雄三「『厚生経済』研究における福田先生の遍歴」[福田, 1980a : 228-229])

山田によってこのように評される福田がマルクス経済学だけでなく価格論的な厚生論としてのピグーの厚生経済学に挑戦し乗りこえようとする意欲は、福田が経済学説の展開を以下のようにみていたことに象徴されている。

「最近時における厚生経済学 (welfare economics) 構成の試みは、いずれもみな価格経済学よりの解放の要求に応ぜんとするものである。しかして近時におけるこの思潮の先駆と観るべきは、ドイツにおけるいわゆる倫理学派経済学をほかにしては、英国経済学の宿儒アルフレッド・マーシャル Alfred Marshall その人であろう。」(福田徳三『社会政策と階級闘争』改造社、1922年。引用は [福田, 1980a : 163 ; 39])

そして、それらと対置される福田なりの「厚生経済」を貫く理念として重視されたのが「人間としての要求」である。

「矛盾は資本主義に内在せずして外在する。換言すれば、資本主義経済によって生きつつあるわれわれ人間の全生活のうちにその矛盾は内在する。われわれの人間としての要求（ある学者のいわゆる『文化価値』）は、価格経済そのものの矛盾をいよいよ痛感していく。厚生経済の主張と要求とは、この痛感から産まれ出たものである。」(福田徳三『復興経済の原理及若干問題』同文館、1924年。引用は [福田, 1980a : 115])

その福田にとって重要なのは（市場経済との関わりでいえば）労働運動であり、それを価格闘争や生産現象としてではない見地からみることこそが福田のいう厚生経済学の立場である。

「今日の経済生活において、労働者の願望・利益に反して労働を強制・圧迫する作用を防ぎ、国の所得の分配を害し、その可変性を増大せんとする作用に対抗するものは、主として厚生闘争・厚生運動としての労働争議・労働運動のみである。他に若干の機関ありとも、その力はきわめて微弱ほとんど用をなさず、しかしてその用をなすかぎりにおいては、厚生運動としての労働運動を背景とし、これを動源とす

るものである。
　それと同様に今日の社会政策、社会自治をして真にその用をなさしむるものは、その背後における有力なる労働運動であり、これを刺激するものは、厚生闘争たる労働争議これであるのである。」(福田徳三『社会政策と階級闘争』改造社、1922年。引用は［福田, 1980a：53］)

このなかでいわれる「厚生闘争・厚生運動としての労働争議・労働運動」は、「社会的必要」を満たす（労使間の）賃金闘争＝「価格闘争」ではなく「人格闘争」を意味している。

「厚生経済の立場からみれば、社会的に必要なる所得と、社会的に必要ならざる所得―前者を『値する所得』、後者を『値せざる所得』と名づけよう―とのあいだにおける闘争こそ、真の厚生的意義をもつものであつて、雇主と雇用労働者との階級闘争は、それが、この意味の真の厚生闘争であるがゆえに、重大なる厚生的意義をもつものとなるのである。」(福田徳三『厚生経済研究』刀江書院、1930年。引用は［福田, 1980a：163］)

従来の賃金交渉を「価格闘争」と呼ぶ福田は、それがより高い賃金水準を目的としているにすぎず、それと対置される「厚生闘争」は労働者のより高い満足、社会的必要の充足を求めるものだと定義した。厚生闘争においては、交渉する者同士が「貧困の解消」といった社会的価値観を共有する。『厚生経済研究』(1930年)が到達点となる福田の「厚生経済」は、「社会的必要」とは何であり、またそれはどの程度の水準を要求するものであるかということと、また、そのための合意形成の過程などを対象とするものであったと考えられる。

その「厚生経済」を説くにおいて福田が重視した「厚生闘争」こそは、社会全体の厚生がもたらされる原動力であり、その先に社会的価値観の体現につながる闘争を調整する体制が形成されると考えられていた。福田の「厚生経済」を政策論としては今日いう「福祉国家論」にほかならないと評した山田は、福田の「社会的必要」＝ある種の社会的価値観の形成の主張をグンナー・ミュルダールの価値判断をめぐる議論＝「価値前提」と結びつけて以下のように述べている。

「おそらく先生（福田―引用者）の趣旨は、闘争のあいだに、闘争を超えて一種の社会価値観が形成されると解するのであり、前に述べたように、それは結局のとこ

ろ『社会厚生関数』の設定というほかはないであろう。さらに、もっと論理的に表現するならば、局部的価値対立のあいだに高次的な価値が形成される現実を見つめ、それに対応して政策目標が仮説的に設定されるというならば、最近ミュルダールのいう『価値前提』の説をこの場合に援用してもよいであろう。」(山田雄三「『厚生経済』研究における福田先生の遍歴」[福田, 1980a：228])

　山田によって「マルクス主義でもなくピグーの厚生経済学でもない」先見的な「福祉国家論」、「ミュルダールの価値前提」と結びつけられる議論と評される福田の「厚生経済」を貫く「社会的必要」の概念は、当時における日本的な「厚生」概念としての社会政策論の展開を端的に表しているといってよい。それを議論する助けになってくれるのが川島の考察である。川島は次のように述べて、福田が広義の「社会」と区別される「社会的」という概念によって人間の進歩を促す「社会的なもの」の働きに注目していたことに注意を促している。

　　「彼（福田―引用者）にとって『社会的なもの』の発展・駆動は、あるいは『人民』『国民』の『人格』の回復や実現は達成され続けなければならない義務でもあった。『其知識の及ぶ限り（……）人間は真に厚生を進る様に、成るべき満足を得るやうにと努むる者であり又努めなければならぬ』（福田『厚生経済研究』刀江書院、1930年、823頁）という記述は、そのことを表現している。」[川島, 2005：29]

　川島がいうように、福田の提示した「社会的なもの」という視点は一方で劣った生の軽視・排除を肯定する思想を孕んでいる。しかしながら、他方でそれは学説面からも実践面からも当時の社会政策をめぐる状況を的確に捉えている。「社会的必要」という価値判断は福田なりの、経済学の思想的混乱から抜け出す視角の提示であるとともに、1920年代における社会問題をめぐる、特に社会運動や政策形成といった実践面を勢いづける意図があったと考えられる。そのような観点からこそ、福田の「社会」という言葉へのこだわりが見つめ直されるべきである。例えば、1926年の福田はいう。

　　「今日社会事業若くは社会政策、社会運動と云ふ時の『社会』とは、個人に対し国家に対する社会の全般に関することを謂ふのではない。日本では未だ大分滅茶苦茶に此等の言葉を使つて居つて、何か公けの問題、公共の生活に関した問題が起こ

と、其れは社会問題である、左様なことは由々しき社会問題である、と云ふやうなことを随分新聞や雑誌に書くけれども、これは言葉の使ひ方を誤つて居るものと居はねばならぬ。今日謂ふところの社会運動或は社会問題又は社会政策の其の『社会』とは、社会に関する事の一切をゴタゴタと包含するのではない、其の中の或る特に限つたものを意味するのである、社会に起る凡ての運動は必ずしも社会運動たるわけではない。其れと同様に政府に於て社会事業をやる、其の為めに特に社会局若くは社会課と云ふやうなものを置くと云ふのも社会に関することの総てを取扱ふのではない。社会に関する総てを取扱ふのならば、政府の仕事は悉く皆それ社会に関係あるものであるから、政府の事業は皆社会局に入らなければならぬ、社会課が地方行政の一切を占めてしまはなければならぬ、さう云ふ意味では決してない。今日の世の中に起る多くの問題、就れか社会に多少の関係の無いものはない、否すべて皆社会に起つて来る。個人問題でも社会に起つて来る。我々は社会の内に生きて居る、我々の間に起る問題は皆社会に起る所の問題である。」[福田「社会問題概論」11-12頁](以下、同書で頁数のみ表示)[1)]「総て皆社会の中に起るのであるけれども、其の総てを社会問題と云ふのではない。其起る問題が社会其のもの、存在、社会其のものの運行に関係するやうになつて、初めて社会問題となるのである。所謂社会問題、社会事業などと云ふ時の社会は、汎く謂ふ社会の中の特に限られた問題である。其社会的と云ふことは初めに申したやうに、個人的と云ふことに対し、又国家的と云ふことに対するのが第一の意義である。社会内に起る出来事でも、個人的の出来事たるに止るもの、国家的出来事であるもの、社会的出来事であるものと、大体別けて此3つになる。」[13]

　福田によれば「社会的出来事」としての、「社会そのものの運行に関係するようになった問題」こそが、「個人的な出来事」でも「国家的な出来事」でもない社会問題である。そのような立場からみた福田による「社会政策」の定義は「社会が社会の力を以つて行ふ政策」である。

「社会政策の取扱ふものは労働問題ばかりではない。否労働問題の取扱ひは社会政策から云へば、唯だ一つの任務たるに過ぎない。社会政策は国家を脅やかし健全なる社会を脅やかす力が段々殖えて来ることを認めて、之れを今から取り除かうと云ふのである、其取り除きに色々な道がある。各個人の働きによつても国体の力によつても除ける、其他色々な働きによつて除けるが、国家は其中最大の責任者として其実行に任ずるのである。要するに社会が其れ自からの為めに、其れ自らの健全なる発達の為めにすることが社会政策である。故に社会政策に定義を下して云へば、社会政策とは社会が社会の力を以つて行ふ政策である。社会が社会の為めにすることは、今日は国家が国家の為めにすると云ふ形に於て現はれて居るから『政策』と云ふのである。国家は自分の存続の為めに行政をやる、其の行政に於て今云つた特

別の社会的の問題の取扱ひに特に重きを置く。今まで考へに置かなかつた其の社会的と云ふことを考への中心に置いて有らゆる行政をやる、それが社会政策である。」［91］

さらに、続けていう。

「今までの政策は所謂行政であつて、それが為めには人民を取扱つて色々のことをして居つた。けれども特に国家以外から来る力に着眼することなくやつて居つた。之に反し特に階級に分れて対立するものがある、其の対立が人類の共同生活を脅かすことを認めて其の根底を取り除かうと云ふ意思―特別なる社会的と云ふことを解決する意思を以つて行政をする、其意思の発動として行政をやるといふこと、之れが即ち社会政策である。社会運動は国家の方からでなく、当事者―主として人格を圧迫せられ人格を支配せられ人格を束縛せられる当事者が、其の圧迫を除く為めにする運動を云ふ。従つて社会運動と社会政策とは両方なくてはいけない。国家が社会政策を行つても、当事者が少しも自覚しない発憤しないで、いつ迄も惰眠を貪ばつて居つては何んにもならない。当人が目ざめて運動をするのでなければならぬ。労働者が目ざめて社会運動をするやうにならなければ、国家の社会政策は甚だ力のないものである。」［91］

　ここに福田が説く社会運動の意義は、国家以外による社会問題への対処の要求や実践の興隆と対応しているとみるべきだろう。福田は「社会的必要」という価値判断を中心に社会政策や社会運動といった「厚生経済」をめぐる動向を整理することを志したのである。その際福田がこだわったのが、マーシャルやピグーのような価格経済学的ではない「人間としての要求」をめぐる視点であった。それはしたがって、競争的領域としての市場の外へも目が向けられ、福田の提示した「社会的必要」という価値判断は「厚生経済」を構成する社会運動と並ぶものとして社会政策を相対化することになったと考えられる。
　晩年に至っての福田の「厚生経済」論の前提、それに至る過程には生存権論があった。1916年の「生存権の社会政策」における福田は、法律学や哲学が社会政策に近づくことで経済学の副産物としての社会政策から道徳哲学や法律哲学が起こり、生存権の認承をもって「改良の哲学としての社会政策」が打ち立てられると主張した。[2] 福田に従えば、労働権、労働全収権、生存権をもって社会権となる。その社会権を構成する人間が人たるに値する生活に必要な一定の待遇を要求する権利としての生存権は、社会政策の根本要求であるとして次の

ように述べた。

「生存権の社会政策は私法をことごとく公法化せんとするものにあらず。また公法をもって私法に代用せんとするものにあらず。今日までは主として公法上の手段によりたれども、今日以後は私法の範囲にも指を染めてこれを社会政策化するを要す。法律——私法を第一として——の社会化とはこの謂なり。
　この意味において社会政策が経済学の副産物たる現状の改まりて、さらに法律学において社会政策が研究せられ、しかしてまた進みて哲学が伝来の系統以外に社会政策に近づき来るの日あるべきは疑うべからず。新しい道徳哲学、新しき法律哲学はこの意味において起こらざるべからず。わが金井先生によりて開かれたる日本社会政策の学問は、いまやその第一期を送りて第二期に入らんとしつつあり。先生の寿を賀する我らは、来らんとする第二期をいかにして迎うべきかを同時に考うることを要す。」（福田徳三「生存権の社会政策」河津暹編『金井教授在職二十五年記念文集　最近社会政策』有斐閣、1916年、所収。引用は［福田，1980b：193］）

　この生存権の社会政策を前提とする福田にとっての社会政策、福田によって以下のように定義された社会政策は、理論ではなく原理であった。

「社会政策は闘争の政策である、断じて妥協の政策ではない、闘争なきところそこに進歩はない。ただこの闘争の人格化——これを厚生化と名づける——が急要である。
　社会政策はひとつの人格化政策であらねばならぬ。人格化とは非人格の全部征服をいうのではない、非人格との闘争を人格発展の刺激たらしめ促進者たらしめることをいうのである。物格の全部支配を意味するものではない、物格の自然性、怠惰性、遠心性すなわち非人格性をあくまで善用して、畢竟は人格の無限なる拡張、無限なる充実、無限なる発展を可能ならしめること、これが社会政策の理想的帰趣とするところである。
　しかしながら誤解してはならぬ。社会政策は政策のための政策ではない。『社会』と『政策』の二語より成る、『社会政策』において重きをなすところは『社会』の語であって、『政策』という語ではない。社会政策は社会のための政策である、政策のための社会ではない。
　そしてまた同時に社会政策は、国家のためのみの政策ではない。国家範囲をできるだけ拡張して人間共同生活における人格非人格の闘争を広汎にそのうちに取り入れるということは、国家の利益がこれを要求するからではない。国家人格が最高、全能、全知たるべきがためではない。かくすることが、人間共同生活の運動を善化し醇化し、これを人間の進歩にもっとも善く役立たしめうるからである。これを約していえば、かくすることが社会進歩のために最善であるからである。
　ゆえに私はつねにいう、社会政策とは、社会が社会のために社会の力によりて行

なうところの政策であると。ただ今日の現実としては、政策という以上、それが国家の運営を中心とするものであるがゆえに、社会は国家をとおして、国家の機関を主として、国家の力を第一の実行者として、この政策を行なうにほかならぬのである。

　できるかぎりにおいて、国家という容器に盛り上げることが、社会のために社会の運動のために、もっともねがわしいことであると認めるがゆえにこれを勉めるのであって、そしてそれはその第二次の作用として、また国家という人格の充実、発展に最上の貢献をなすものであると認めるものである。社会政策が他の諸々の政策とははなはだしく異なる点であって、とくに『社会』政策なる語を標榜する所以は実はここに存するのである。」（福田徳三『社会政策と階級闘争』大倉書店、1922年、所収。傍点―原文。引用は［福田，1980b：118-119]）

3　原理の福田徳三から理論の大河内一男へ

　もちろん、福田をもってそれ以前の多様な社会政策論を代表させるのは必ずしも正しくない。しかしながら、社会運動や社会政策の興隆という当時の状況と「国家」や「個人」と対置される「社会」という概念を用いて議論した福田の社会政策論は、「社会」という言葉が著しい普及をみた当時の日本的状況を的確に捉えるという意味で象徴的な社会政策論である。「価格経済」と対置される原理として「厚生経済」を提起した福田は、『厚生経済研究』の刊行年である1930年にこの世を去った。それと入れ替わるように、大河内一男の社会政策論が台頭する。その大河内は、戦時下という特殊な時代状況のなかで厚生＝生活問題を社会政策と社会事業、福利施設とに結びつけられる三領域に分けた。

　「三個の厚生の伝統的領域が、相互に他の存在を知り、それと自らの領域との関連を反省する必要に迫られ、厚生といふ新しい名称の下に、『生活』といふ、漠然乍ら共通の雰囲気と共通の問題性を意識しはじめるのは、自由経済の体制が統制化され、更に進んで国民経済全体が計画化されることを必要とするに至ったからに外ならない。この必要は、従来ただ抽象的にのみ考へられ論ぜられて来た『生活』といふ問題が、これまでのやうに只経済循環の外に在るところの問題ではなく、実は経済循環そのものの不可分の一環であることを人々に認識せしめるに至ったのである。」（大河内一男「日本的厚生の問題」［小山編，1944：16]）

図表 3-1 大河内の厚生の三領域

	社会政策	社会事業	福利施設
目　的	労働力の保全・培養	非社会的性格者等の救済指導	大経営に於ける労働力の調達、確保、定着
対　象	労働者（勤労者）	勤労能力をもたない人々	個別経営内の労働者（勤労者）
性　質（厚生の領域）	経済内的厚生	経済外的厚生	経営内的厚生

出所：［小山編，1944：8-13］より作成。

　大河内による厚生の三領域は、図表3-1のように整理される。

　経済循環の一環として厚生＝生活をめぐるこのような分類へと至る大河内の生活問題論の起点は、1938年の論考（「わが国における社会事業の現在及び将来――社会事業と社会政策の関係を中心として」『社会事業』第22巻第8号）で社会政策の対象としての労働過程と生活過程の切り結びを行ったところまで遡る。それを起点に、大河内は生活を主題とする論考を連続して発表する。その過程で社会政策の対象を労働過程に収斂させる一方、前段で取り上げた論考で厚生という概念をもって最終的に生活の問題を論じるとともに、そこに「社会政策」と「社会事業」さらには「福利施設」を関係づけようと試みるに及ぶのである。

　大河内の「厚生経済」論は、大河内理論に生活問題をめぐる議論をあてはめたものである。社会政策を「資本主義社会における労働力の保全または培養のための政策」と定義し、資本主義経済の労働力を確保するための労働政策以外の、例えば経済秩序外的存在は社会事業（＝戦後の、社会福祉）の対象とした。社会政策の源泉を資本主義経済の再生産に求め、そこから理論を展開するという経済還元論へ大河内が傾斜したことは大河内の価値判断をめぐる態度の表明である。大河内は従来の社会政策論を「価値判断に基づく学問外的なもの」として退けたが、それは戦後における社会政策と社会福祉、および社会保障の整合性をめぐる問い、社会福祉学をはじめとする生活問題を対象とする学問の分化をめぐる動きをもたらした。

　ところで、ここに描き出した大河内の「厚生経済」と福田の「厚生経済」をめぐる主張を対照させ、両者の活躍した時代をそれぞれ「原理の時代」と「理論の時代」への転換とみなすことは、日本社会政策論の史的展開の特質をめぐ

る重要な一断面となりうる。大河内が「価値判断に基づく学問外的なもの」として切り捨てた社会政策論の時代に学説史的にも実践史的にも形成、展開をみた"社会政策＝労働政策＋生活政策"は、学説的に経済学的な観点からの「理論」へと収斂していくのである。以下では、その観点から福田と大河内の「厚生経済」論の対照性を手がかりとして、大河内が大河内以前の日本の社会政策論に向けた「価値判断に基づく学問外的なもの」という批判について考察を深めなければならない。それは、大河内がその批判の対象とした学説や実践が、本来の"社会政策＝労働政策＋生活政策"を"社会政策＝労働政策"へと収斂させていった要因になっているからである。

　大河内理論の前提となる価値判断をめぐる議論の考察は、大河内の第一作である『独逸社会政策思想史』(1936年) で展開される。ドイツの社会政策論史における「倫理的」経済学批判に自身を重ねていたと思われる大河内は、本書のなかで没価値性の意義を力説している。以下に目次を提示したが、そのなかで没価値性について議論を展開しているのは第3編である。後に改めて論じるが、「『倫理的』経済学、また『講壇社会主義』の出現を必要とした独逸の経済的・政治的・諸関係が推移し変質するとともに、彼等の理論と政策もまた次第に不要なものになつて行つた」（大河内一男『独逸社会政策思想史』日本評論社、1936年。引用は［大河内，1951b：5]）とする経緯を説明するにおいて、そしてその理解において、大河内は没価値性の意義を重視していた。

　　第1編　「独逸マンチェスター派」と労働者問題
　　第2編　「講壇社会主義」の社会改良
　　第3編　「講壇社会主義」とその反対者
　　補論1　アドルフ・ワーグナー生誕百年

　同書が社会政策本質論争の時期に新版として再版された（上巻：1949年、下巻：1951年）とき、それぞれの序文に初版の執筆の経緯が記されている。まず、以下は「1949年5月」に記された上巻の序文の一部である。

> 「本書が最初に上梓されたのは昭和十一年で、日本の経済社会はまだ平穏な時期にあつたが、労働者問題は次第にその度合いを深めて行きつつあった。けれども、労働者問題に対する自由な研究はいよいよ困難になり、国家主義的な思想統制の手は地味な学問的研究にまで押しよせていた。日本の労働者問題に興味や関心を寄せて

いるものも、これを正しい方法論の上に立つて直接研究することが妨げられていた。労働者問題がその重要性を増すにつれ、またこれに対する人々の関心が深まるにつれ、自由で捉われない研究に対する制約は、いよいよ大きくなり、この問題を取り扱おうとするものに対しては、可能なかぎり『中立的』で且つ『客観的』態度が要求されるようになつた。従つて、事態に対する比較的正しい批判的態度を持しようとするものは、流行の国家主義的な教説や観念論に跪座することを避けようとするなら、勢いかの『没価値的』な態度を一応とらざるを得なかつたのである。人々は好んでマックス・ウェーバー式の『没価値的』な『技術的批判』の盾の下に身を退けることを賢明だと考えるようになつた。勿論それはこの時期の研究者たちにとつては心ならずのことであつたに違いなかつた。本書もまた、このような雰囲気の下に書かれ、とりわけ特に政治性のあらわでない、文献史的研究という形に於てまとめ上げられた。独逸に於ける社会政策論の発展を文献史的に跡づけることを任務としたこの書物は、後に至つて社会政策の本質理解についての考え方をまとめ上げるのに根本的な影響を及ぼすことになつたが、同時に社会政策に関するこのような研究が出来上がつたということ自体は、右に述べたような時代の産物であつたのである。当時文献史的な研究は労働者問題に対する筆者の関心を表わす間接的な、迂回的な方法なのであつた。けれども、すでに社会科学の立場が超階級的な、その意味で、『客観的』な、文献穿鑿的記述に終始し得ないものであるかぎり、この書物も、その地味な姿を通じて、資本主義社会に於ける社会政策に対して、何ごとかを発言しようとしたものであることは疑を容れない。筆者は初版の序文の一部で次のように書いておいたが、それは今日に於ても筆者のかわることなき信念である、──

『社会政策上の実践は、資本主義経済の母国英吉利に於て最も順調に、また最も高度に発展したが、そのための理論は、とりわけ社会改良思想は、却つて「理屈好きの」独逸に於て最も輝かしい発展を遂げた。而も独逸は、その資本主義的発展の特殊的制約の故に、社会的改良の必要とその限界とが最も短期間のうちに交錯して現われ、所謂社会改良主義思想なるものの運命を理解する為の此の上もない肥沃な土壌である。十九世紀の中葉より「独逸帝国」の隆昌を経て、第一次世界大戦後の潰滅に瀕した「独逸共和国」に至るまでの、社会改良主義の消長の跡を文献史的に巡禮し終わつた筆者は、この歴史的教訓に導かれて、再び社会政策の理論の構成を目指して新たな旅装を整えようとしている。続く旅程は遠く、そして恐らくは険しいであろう。社会政策の学が、あり勝ちなように、社会立法の注釈や労働者状態の記述に終わらない限り、そこでは社会秩序をめぐつての闘いが究極の問題となるからである。社会科学に従うものは単に「観想するもの」として止まり得ないのをその宿命としている。』」（大河内一男『独逸社会政策思想史』日本評論社、1936年。引用は［大河内，1949：1-2］）

続いて以下は、「1950年12月」に記された下巻の序文からである。

「本書の舊版においては、『講壇社会主義』の研究が中心であり、それへの反対者を取扱つた第三篇に相当する部分は、全体の篇別構成の中では、謂わば従たる地位を占めるに過ぎなかったのであるが、今日上下二巻にわけ、全体を通読加筆しつつ顧みるに、『講壇社会主義』そのものについての研究はその比重が小さく、逆に、その反対者または批判者としてのマックス・ウェーバーの批判の社会的意義、ならびにウェーバーの盾の蔭にかくれるさまざまな自由主義者や社会政策の反対者たちの性格を分析することに全篇の重点が置かれていたことに気付く。」(大河内一男『独逸社会政策思想史』日本評論社、1936年。引用は［大河内，1951b：1］)

　これらの記述を確認したうえで、大河内が「従前の（大河内以前の）社会政策概念」の日本的展開をどのように描いたかを確認したい。そのために以下で取り上げる『社会政策原理』は、上記『独逸社会政策論史（下）』と同じ刊行年である。

　「明治から大正を通じ、昭和時代の初期へかけての多くの著作においては、社会政策は『社会政策学会』の趣意書に示されたごとく、社会改良主義の基調に立ちつつ、『階級協調』と労働階級の福祉の増進とを積極的に企図するための政策だと素直に述べられている場合が多い。例へば、河津暹博士は曰く、『社会政策は、平易に解すれば、現代の経済社会の根底を破壊することなく、其の病弊である社会下層の者の生活上の不安を除き、之等の者の福利を増進し、その社会上の位置を向上せしむべき凡百の施設の総称である』と。古くは、関一『工業政策』（下巻、明治四十四年刊）、戸田海市『社会政策論』（大正十四年刊）、河田嗣郎『社会問題体系』（第一巻、大正十四年刊）、等は、何れも倫理的社会改良主義の上に立ちつつ、明瞭な労資協調論を主張してゐるものと考へられる」［大河内，1951a：73-74］と述べている、大河内が本書で具体的に批判の対象とした「社会政策概念」とその大河内による性格づけを整理すれば図表3-2のとおりである。

　大河内は、これらの社会政策論をめぐっていう。

「わが国における社会政策概念の大部分はドイツ系のそれの輸入が中心であり、日本における社会政策的実践の特殊的制約の上に立ちつつ作り上げられたものではなかつた。『社会政策』といふ言葉そのものがすでにドイツの学界から輸入品にすぎなかつたのと同様に、この言葉の解釈もまた、ドイツ風に行はれたと言つてよい。従つて、社会政策概念の主流は倫理的な社会改良論であり、多くは講壇を中心に、

図表3-2 大河内による社会政策概念の分類と性格づけ

分　類	論　者	性格づけ
社会政策の基本目標を「労資協調」の実現。しかも、「分配過程」の「修正」を通じてこれを行う点に求める。	北岡壽逸	「富の分配の不公平」に由来する「階級相互の反感軋轢を調和」することをもって社会政策の本質と考えている。 ＝自ら「労資協調」を著者自身の政策的な主張または立場として要求
	森耕二郎	「労資協調」をただ資本制的社会政策の実体として規定するにすぎない。 ＝（北岡とは異なり、）「没価値」的
	高田保馬	社会政策を「資本主義制度下に於ける階級的懸隔の短縮をめざす政策」「平等に向かう政策」「距離の懸隔に向かう政策」と定義。
社会政策をもって、資本主義に対立し、資本主義に代わる新たな社会秩序、社会主義的社会秩序の創出を企図し、それを実現するための手段とみなす。	福田徳三	社会政策は、「既存の分配秩序に満足せざる労働階級の闘争を可及的に国家的秩序のなかに組み込ましめるための政策」であると定義。
	林癸未夫	社会政策とは、「資本主義的社会に於ける有産階級無産階級の対立によって生じる搾取の社会的弊害を排除するために、最高の奉仕力を保有する協働的本然社会建設の理想によって思想され、両階級の対立を廃止することを目的として、国家が国家のために行う諸方法である」と定義。
	河合栄治郎	社会政策の目的は、社会に属するあらゆる成員が人格の成長を為しうる社会組織を構成することであり、資本主義社会に対する闘争、その克服のための政策である。
社会学の助力の下に抽象的で広義な社会政策概念	井藤半彌	社会政策とは、社会生活の基本的関係の発展を目的とする方策である。 ＝何が「社会生活の基本的関係」であるかはそれぞれ歴史的に与えられるものであるから、社会政策の内容も具体的に与えることはできず、ただ形式的に与えるのみに過ぎない。
	海野幸徳	社会政策をほとんど社会事業と同様なものとして取扱おうとした。

出所：[大河内, 1951a：74-87] より作成。

　社会改良論が述べられ信奉されて来たし、またわが国の社会政策的実践も、官僚の手を通じて、このやうな倫理的慈恵主義の下に運営されてきた。またその内容から言つても、社会事業的な慈恵の程度を出ないものに止まつてゐた。このやうな事態はまた、日本資本主義の発展の特殊な更新世の結果に外ならないものであつた。」

［大河内，1951a：87-88］

　伝統的な社会政策概念を批判し、社会政策を「資本主義経済の存立と発展とにとっての経済的に内在的な要求」として理解するという立場から構築された大河内理論は、ヴェーバーの議論を後ろ盾とした。「科学と政策の厳格なる分離の要求」とするヴェーバーをめぐる大河内的解釈に沿って、大河内は次のようにいう。[3]

> 「筆者は必ずしもウェーバー的な『没価値』性の要求をそのままの形で容認することを正しいとは思はないが、社会政策概念に従来まつわりついていた一切の倫理観や社会哲学をとり除き、即ち社会政策を資本主義の外から解釈したり資本主義の外へ引き出す態度を排し、むしろこれを近世の資本主義経済そのものの中から、この経済秩序の存立とその発展にとつて内在的に——外からまたは上から超越的にではなく——要求せられるものとして、その意味で、経済社会そのものの総体としての要請として、理解しようとし、資本主義経済がその存立と発展のために、如何に社会政策的な実践を自らの体制維持のために、自己の胎内から作り出さざるを得ないかを証明しようと試みた。当時（『社会政策の基本問題』（1941年）のこと—引用者）筆者は社会政策の本質規定について次のやうに書いた、『社会政策は　…何よりも先づ資本主義経済との機構的関連に於いて捉へられねばならない。それは、資本主義経済に対して、「上から」または「外から」与へられた政策としてではなく、反対に、経済そのものの裡から、或は経済そのものの総体的要求として、考へらるべきものである』と。かくして、『社会政策は、資本主義的営利経済に対する「社会的正義」や単なる「公平感」の所産ではなく、「営利活動」を産業社会態として平準的に遂行し、「年々の再生産」が生産要素たる「労働力」について安定的に行はれるために、総資本の立場から、換言すれば経済社会の胎内から、其の内的必然性、機構的必然性として、要求せられる所のものが、社会政策に外ならないのである。換言すれば、それは資本主義経済がその労働力経済において遂行する自己保存行為の体系である。』勿論このやうな考へ方は、筆者にとつては、当時まだ一つの『思ひ付き』を出でないものであり、多くの未熟さを含んでいたが、而もこれは、筆者にとつては、その上に正しい社会政策概念が展開され、またやがて社会政策論の体系が作られる方法論でもあり前提に外ならなかつた。」［大河内，1951a：90-92］

4　むすびにかえて——社会政策における理論と実践

　この価値判断をめぐる大河内の「科学と政策の厳格なる分離の要求」の1つ

の帰着点こそが、社会政策本質論争である。「社会政策の経済理論」をめぐる議論に終始する本論争のインパクトは、日本社会政策論史における戦前からの連続性という視点を逆に失わせるだけの力があった。

本来の社会政策論としての戦前の日本社会政策論（社会政策＝労働政策＋生活政策）は、経済学に留まらない様々な専門分野を背景とする論者による広がりが認められた。

この社会政策をめぐる実践（社会政策＝労働政策＋生活政策）は、大河内理論（社会政策＝労働政策と規定）を中心とする社会政策の理論化を目指す動きとの間には大きな乖離が生じた。その原点は1920年代半ばであり、1924年の大会を最後に「休眠」と表現され、戦後再建される社会政策学会の不在期の、人口問題をめぐる論争のなかに本来の社会政策論としての戦前の社会政策論（社会政策＝労働政策＋生活政策）は解体をみた。大正・昭和初期人口論争を起点とする「マルサスかマルクスか」の学説論争と人口政策立案に向けた動きという人口問題をめぐる理論と実践の乖離とその延長上に、大河内理論が台頭するという1920年代から1930年にかけての学説史的動向の帰着点として、戦後の社会政策本質論争が把握できるのである。

「倫理的」社会政策論の学問性に対する方法論上の批判者としてのヴェーバーの議論を注視した大河内は、「価値判断の排除」を根拠に人口政策立案に向けた動きのなかで融合をみた人口の〈量〉と〈質〉の観点、とりわけ出生率の低下を背景にもつ西欧先進諸国で形成をみた優境政策の系譜を社会政策の範疇から外すことを要求した。準戦時下から戦時下へと至る時代の大河内の「厚生経済」の主張はまさにそれであり、戦時人口政策に象徴される特異な政治的状況もそれを支持した。そのようななかで人口の〈量〉をめぐる議論のなかに覆い隠されていた人口の〈質〉＝生命の〈質〉、生活の〈質〉をめぐる議論は、社会政策とは対置され、戦後社会福祉と呼ばれる社会事業論などとして把握されることになった。

経済学説史を遡れば、人口の〈質〉をめぐる議論と深く関わる時代思潮としての優生論は、政策的主張を口にすることで価値判断の問題にふれることをおそれなかった学者らによって形成された。それを1つの系譜として捉えるにおいては、古典派から新古典派、そしてケインズ経済学へという主流派に対し

て、古典派から派生したそれ以外の系譜という一般的な把握は何の意味ももたない。古典派と真っ向から対立する形で社会主義を志向したマルクス経済学に対して、ドイツ歴史学派やアメリカ制度学派と呼ばれる経済学者達は資本主義を前提とする経済学の多様性を実現した。彼らを中心とする人口政策論の系譜が、価値判断をめぐる問いを媒介とする福祉国家論前史として把握しうるのである。

大河内はドイツ歴史学派を批判的に考察するなかで社会政策学を理論的に確立しようとしたが、それはドイツを中心に広がりをみた社会科学の客観性をめぐる価値判断論争のヴェーバーの主張を支持するものでもあった。その視点は、マーシャルを起点とする厚生経済学としての、あるいは福祉国家論の先駆者としてのミュルダールの価値前提としての、あるいはまた福田の「厚生経済」の福祉実践に原理を与えようとする経済学の潮流には批判的である。それが1970年代あたりまでの大河内理論を中心とする日本社会政策論の大きな特質であった。

本章の冒頭で山田雄三が福田の「社会的必要」＝ある種の社会的価値観の形成の主張をグンナー・ミュルダールの価値判断をめぐる議論＝「価値前提」と結びつけて評価したことに言及したが、その山田は経済審議会・所得倍増計画部会長として池田勇人政権の「所得倍増計画」の策定を支えた人物であり、社会保障研究所の初代所長も務めた。山田は早くからミュルダールの価値前提＝平等主義原理の主張に注目するなど、価値判断をめぐる問いと正面から向き合うことで理論と実践の統合にも心を配った。社会科学の問題を「利害対立を含む、多元的価値の相互批判的調整」と捉えた山田の価値判断をめぐる問題意識は、師である福田の「厚生経済」を意識していたことはいうまでもない。

この山田の台頭は、戦後の日本が1946年2月の「社会保障研究会」の発足に始まって1950年10月に社会保障制度審議会から出された『社会保障制度に関する勧告』という土台の上に社会保障制度をどのように形成、発展させていくかという生活政策の実践面における大きな転換点にあったときのことであるが、当時の社会政策学界ではなおも本来の社会政策（＝労働政策＋生活政策）から生活政策を切り離して社会政策＝労働政策の定義に繋がっている（価値判断の排除の姿勢から形成された）大河内理論の影響下にあったのは皮肉なことである。

1) 福田徳三「社会問題概論」が収められた『社会経済体系 第参巻 社会問題』には出版社、出版年、の表記がない（龍谷大学の蔵書、資料番号：29650488790）。本文のなかで、当論考が『経済学全集』第5集『社會政策研究』（同文館、1926年）に収められた『社会運動と労銀制度』の第一篇「労働運動の理論的根拠」の再掲であるという記述がみられる。
2) 河津暹編『金井教授在職二十五年記念文集　最近社会政策』有斐閣、1916年、に収められた論考。
3) 「大河内的解釈」と表記したのは、「事実認識と事実判断は峻別されなければならない」という本来のヴェーバーの見解を、大河内は「科学と政策の厳格なる分離の要求」と解釈したからである。「かくして提起された科学と政策との厳格なる分離の要求からすれば、社会改良主義の立場や、科学の名において社会改良を提案し要求することは、決して科学としての社会政策に値しないものであつた。同様に、資本主義社会を克服する手段として、社会政策を提案し要求することもまた、依然として『没価値』的態度からは、遠いものだと言はなければならなかつた。マックス・ウェーバーのこのやうな批判は、一般的な形で、社会科学の方法に関する反省として述べられたのであるが、具体的には、歴史学派による倫理的な社会改良主義の学問性に対する批判であり、労働階級または中間階級のために社会改良を積極的に要求することの科学的客観性の拒絶であつた。ゾムバルトはじめ多くの社会科学者は、忽ち熱心なウェーバーの支持者となり、爾来、ウェーバー的な意味における『没価値』性の要求の上に立ち乍ら、社会政策の概念規定を行はうとすることが一の流行となつた。」[大河内，1951a：55]

社会政策と分析視座／第4章

日本社会政策思想の潮流
〈市場〉経済と〈非市場〉経済

1 はじめに

　周知のように、わが国においては1990年代から福祉国家の国際比較研究が非常に盛んになった。その理由の1つは、いうまでもなくエスピン-アンデルセンの『福祉資本主義の3つの世界』(*The Three Worlds of Welfare Capitalism*, 1990) の刊行であり、その評価は様々な見解に分かれたにせよ、学界に与えたインパクトはあまりにも大きかった。一方、もう1つの理由としては、中国や韓国等、東アジアレベルでの社会政策の興隆と、それに伴う各国の福祉国家としての進展度が議論の俎上にのぼったことである。これら2つの流れが重畳する形で、1990年代から今日に至るまでの20年間以上、わが国で福祉国家に関わる論議が継続されてきたといってよい。

　福祉国家に関するこれまでの史的経過を概略的にみると、19世紀から20世紀へ移行するあたりから一部の国で出生率の低下をはじめとするいくつかの社会現象が起こったことが、その契機となった。それとともに、国民の生活保障のあり方を指し示す新しい社会観の生成が起こり、それらが次第に福祉国家の土台を支える基本的思想として成長を遂げていく。その展開は各国の事情を反映して多様化したが、それぞれの国で生じた生活保障思想がその国の、とりわけ社会政策の制度化に及ぼす影響は、当然のことながら非常に大きかった。国際的な視点でみると、こうしたことは欧州で先行したわけであり、したがって福祉国家の建設も欧州がモデル的な位置を占めることになっていく。

　もっとも、福祉国家の進展度、成熟度を何によって測るかは、大変難しい問題である。先のエスピン-アンデルセンの業績は、脱商品化をはじめとする諸指標をもって類型化作業を実行した。制度的にみて、どこまで優位性を保つことができているかは、確かに福祉国家の内実を測定するうえで有益である。た

だし、先にも述べたように、各国の制度化にはそれぞれ固有の考え方が反映されており、それは単に制度面における対象の範囲、給付の水準といったレベルでは測ることができないものを有している。いいかえれば、福祉国家の中心的な柱となる社会政策の領域は、政策を支える思想・学説をもとに制度体系といったものが築き上げられている。しかしながら、福祉国家の国際比較が盛んになればなるほど、その土台となった思想・学説の掘り起こしが希薄化してきているといえるのではないだろうか。[1]

　以下では、日本を素材としながら社会政策思想史の系譜を追うことにするが、その際、〈経済〉の論理（市場機能）と〈社会〉の論理（非市場機能）が社会政策の思想・学説を形作るうえでいかに展開、かつ交錯してきたのかをみる。戦前期から海外の影響を強く受けてきた日本の社会政策には、欧米基準という絶対的な比較軸がある。その欧米基準を前提とすると、日本は多くの場合、下位、劣位におかれてきた。それは、社会政策を「先発―後発」という時間軸を中心にみるときに往々にして生じる結論である。はたして、日本のケースはそうした欧米基準だけをもとに位相を確定できるものであろうか。日本の相対化ということを強く意識しながら、日本の社会政策思想の独自性、特殊性といったものを析出することが本章のねらいである。

　そこで本論に入る前に、まずは本章のアプローチの方法について一言ふれておく必要がある。社会政策は、市場メカニズムとの関連でいうと２つの役割がある。１つは、市場が効果的に機能するように条件を整備するものである。もう１つは、市場が生み出す弊害を糺し、その修復を試みるものである。前者についていえば、労働者にとって労働基準が正しい形で作り上げられていることが、その一例となる。市場が効果的に機能するとは「効率」一辺倒ではなくて、労働者が無理のない範囲で仕事に従事できる環境が整えられていることをも指すと考えればよい。また、後者についていえば、失業を例にとることができる。市場メカニズムの著しい混乱によって労働市場も大きく揺らぎ、失業者が大量に生み出されたとき、彼らの生活保障をしっかりと行わなければならないことを想起すれば足りる。

　以上は労働政策的なケースであるが、これらは生活政策的なケースにも適用できる。２つの役割のうち前者との関連でいえば、労働者は働くためだけでな

く、日常的な生活を営むために健康維持が極めて重要である。そのために医療保障の一環として健康管理が十分行われることは不可欠である。健康な状態で仕事に従事できることは、市場を効果的に機能させるうえで欠かせない。逆に、長時間労働やあまりにも危険な仕事に就くことから生じる疾病や労働災害は、本来の基準を超えた結果として起こったものであり、十全に対処しなければならない。これは、弊害に対する取り組みとして捉えることができる。いずれにしても、生活政策は、労働者は勿論のこと、その家族だけでなく、高齢者ら様々な層にまで関係する。その意味で、労働政策よりもはるかに包括的な性格を有するものとなる。

このように、社会政策の役割を2つに区分すると、前者は労働的な政策に代表されることになり、それこそ経済的な要素が強くなる。それに対して、後者は生活政策にみられるように、必ずしも経済的とはいいきれず、内容によっては社会的な要素を含みもつことになる。ここで経済的というのは、労働者にとって彼らの労働力の保護や保障の程度であり、労働市場や労使関係のあり方に大いに関わる事項である。他方、社会的というのは、労働力として関わる部分もあるが、どちらかというと非労働力として労働市場、労使関係とは切り離された形をもとり、そうしたなかで彼らがいったいどれほど保護、保障されているかということである。

このように、ひとまず社会政策の役割を大きく2つに分類し、そのうえで一方が経済的な要素、他方が社会的な要素を色濃くもつという一応の前提のもとで、日本における社会政策思想を史的に振り返ってみようと思う。もっとも、戦前から今日に至るまでといえば、夥しい数の社会政策思想史家が存在してきた。限られた紙幅でそれらを隈なくサーベイすることは不可能である。そのために、本章では筆者なりの視点から社会政策論における経済的なもの、社会的なものを抽出することができるケースに限定して論を進めることにした。この点、最初にお断りしておく。[2]

2 戦前期から戦後にかけて

いうまでもなく、戦前期の日本ということであれば、社会政策学会の活動、

ならびにそこで論陣を張った人々に注目が集まるのは当然であろう。学会を構成したメンバーは社会科学を専攻する者が主であり、様々な学問分野から集結していた。ただし、時代状況を反映して、主に労働問題、労使問題等をめぐるテーマが扱われたこともあり、どちらかというと経済学系のアプローチが中心であったといってよい。それは、当時の重要な社会政策的課題だった工場法（1911年）や健康保険法（1922年）に絡む議論が沸騰したことを想起すれば、足りるであろう。

それらは政策論の次元でのやりとりに終始したともいってよいが、他方で論者によっては社会政策の究極の目標を追究するケースもあり、生存権の樹立については福田徳三、人格の形成、完成に関しては河合栄治郎らを挙げることができる。とりわけ、後者の所説についていえば、社会政策の実践を通じて人々の労働と生活を支える体制を打ち立てていく必要があるが、そのねらいは最終的に個人としての人格を確立する点に求められた。労働と生活の支援という目標は極めて経済的、社会的な要素を有するものであるが、他方で人格の完成というのは社会的な要素を多分に有するものであるといってよい。このように、経済学系の社会政策論者が多かったといっても、社会政策に対する見解、姿勢は個々人によって力点のおきどころが異なっていた。

ところで、経済学系の社会政策論が勢いを増していたときに、社会学系の社会政策論が生み出されつつあった事実にも注目しなければならない。学会としては、日本社会学院（1913年）、日本社会学会（1924年）の活動が挙げられる。前者は米田庄太郎、建部遯吾等が中心になって結成されたが、後者は戸田貞三らによって発足をみた。社会学系の社会政策論が対象とした分野は、労働問題、労使問題というよりも、人口、生命、健康等に関わる領域が主であり、その意味では経済学系の社会政策論と比べて対照的な性格を有していた。人口をはじめとする諸課題は、近代化、工業化を進めていた日本にとって重大なものばかりであり、社会学系の社会政策論が果たした役割も非常に大きなものがあった。にもかかわらず、これまでの日本社会政策論史において十分な位置づけが行われてきたとはいい難い面がある。[3]

社会学系の社会政策論が扱ったテーマは、対象が乳幼児、児童少年、女性、病人等、労働とは必ずしも結びつくとはいえない層であり、経済学でいう労働

力として成り立ちにくい面があった。当時、社会政策的にみてこうした層に関する制度化に結実した施策は決して多くはなく、むしろ施策の重要性を訴える諸活動が様々なレベルで行われ始めていたというのが、正確な言い方かもしれない。否むしろ、実践的にみたときは、社会政策というよりも社会事業といった形で個別処遇的な試みが実行に移されていたのである。それは、経済的な要素というよりも社会的な要素を多分に含むものであり、経済学系の社会政策論ではカバーしきれなかった部門において、効力を発揮する結果を生んでいたのである。

いずれにしても、1920年代あたりまでの日本社会政策論は、思想・学説的にみたとき経済にも社会にも眼を向けた広角的な議論が展開されていた。市場社会がますますその機能を強めてくるなかで多くの摩擦が生じることになるが、それだけに実践面での社会政策へのニーズは極めて大きなものが生じていた。工場法は労働条件を定めるうえにおいて礎石となるべきものであり、その内容にもよるが、市場が効果的に機能する枠組みを作る第一歩になる。一方、市場の機能が生み出す生活面での影響に対して、これまた社会政策的な施策が求められる。急速な市場化による弊害は、往々にして非労働力層に及ぶことが多い。乳幼児対策をはじめとする社会政策は、こうして登場する。どちらかといえば、経済学系は前者において、社会学系は後者においてそのポジションを獲得した。

社会政策的な議論が盛んになされたからといって、社会政策がすぐさま制度化に結実したというのではない。また、実現したにせよ、その中身がいかなるレベルであったのかもしっかりした検証が要る点である。わが国の戦前期社会政策に厳しい評価が下されるのも、多くはその実態についてであった。先の工場法は実施が遅れたし、またその後も不備な点の改正が続いた。また社会事業的な施策についても、一部の先進的な大都市で行われた一見に値するケースもあれば、依然として救貧的な性格を色濃く有している事例も存在した。このように、実際の施行状況からすれば、どこに注目するかによって評価は大きく分かれたというのが事実であろう。とはいえ、当時開陳された社会政策思想・学説は、その基本視点、射程範囲、影響力等といった諸点からみると、いくつかは重厚な成果であったとして銘記されてよいのではないだろうか。

ところで、以上は社会政策論を国家に軸を据えてフォローしたものに過ぎない。本来、国家が実施主体を構成するわけであるからその限りにおいて特に問題はないが、時代によっては地方公共団体、企業、地域といったレベルにおける考察も欠かすことはできない。戦前期のいわゆる〈都市〉社会政策、〈農村〉社会政策はその代表といえるであろう。そして、そうした領域において独自の社会政策思想が垣間みられるケースもあった。都市の場合、市場化の圧力に対する労働、生活面での対応、防衛は極めて鋭角的な動きを示すことになる。大正期から昭和初期にかけて、当時の大阪市で展開をみた〈都市〉社会政策は、まさに国家レベルの社会政策の縮図ともいえるものであった。そして、そうした事業の実践を可能にした行政担当者の社会政策思想こそ、〈経済〉の論理と〈社会〉の論理の融合から成り立っていたことを知っておくことは、大きな意味がある[4]。

他方、〈農村〉社会政策も地域をベースにした試みとして、わが国では1930年代を中心に普及した。農村での保健、衛生、保育等といった問題の深刻化は、社会政策的な措置を求めずにはおかなかった。市場化が農村社会まで浸透し、それまでの共同体が切り崩されていくなかで、いかにして労働と生活を守り続けていくべきかが真剣に問われたのである。具体的には、農村における国民健康保険事業の実施、あるいは農繁期における保育事業の導入といった取り組みがなされていくが、それらは農村にまで入り込みつつあった市場の機能を抑制する、いいかえれば市場と共同体が正面からぶつかり合ったところに生じた摩擦を軽減する社会政策的な対処であった。このように、わが国においては国家レベルを超えたところにおいても社会政策の世界が出現し、それらが当時の日本社会政策の全体像を形作るうえで決定的な意義を有した点も考慮されなければならない。

さて、戦前期の日本社会政策思想ということであれば、大河内一男の所論を避けて通るわけにはいかない。なぜなら、1920年代あたりまでみられた社会政策論における経済的要素と社会的要素の併存状態が、著しく経済的要素に収斂していくきっかけを作ったからである。大河内の所論については、今さら繰り返す必要がないかもしれないが、最低限、以下への言及は要るであろう。それは、当時における日本資本主義の認識である。1920年代の末近くから日本資本

主義の性格をめぐって「日本資本主義論争」が生起した。一方の講座派は日本資本主義の前近代的性格の強固な残存を主張したのに対して、他方の労農派は時間的経過のもとでそれらは次第に払拭されていくという論理を展開した。

　大河内の回想によれば、氏自身講座派的な見方に近かったといってよく、それは大河内によって論述された「原生的労働関係」の理論にみてとれる。大河内によると、当時の日本はまだまだ原生的労働関係が存続している状態であり、それを近代的労働関係に切り替えていかなければならなかったのである。そのために必要なのは社会政策としての労働関連法であり、具体的にはまず工場法がそれにあたる。しかし、当時の工場法は不備があり、まだ十分な機能を果たしていないので、工場法を改正することによって労働の基本的条件を確保しなければならない。それが、原生的労働関係を克服する第一歩なのである。そのうえで、労働者の健康の維持管理や疾病治療のために健康保険のような社会保険を整備していかなければならない。そして、その延長線上に労使の交渉のあり方をルール化する労働解放立法が制定されることになるのである。

　こうして、大河内は労働保護立法→労働保険立法→労働解放立法という近代的労使関係を構築する歴史的な論理を示すことになる。社会政策とはまさに「労働力を保全、培養」するところにその本質を有し、極めて経済的な要素から構成されるものとなるのである。まさに大河内理論の胎動である。大河内は自説を形成するうえで、それまでの社会政策論を批判し、「政治的」「道義的」といった言い方で切り捨て、あくまで経済的な論理で純化しようとした。大河内社会政策論の登場は、1920年代までにみられた社会政策論における経済と社会といったアプローチを転換させ、著しく経済的なアプローチに傾斜させることに結果したといってよい。いいかえれば、それは社会政策の対象を労働力に限定していくことになり、非労働力はその視野から外されることになった。

　大河内によれば、非労働力は社会政策ではなく、社会事業の対象となる。もっといえば、労働市場と直接関わりをもたない層が貧困、疾病等といったリスクに直面したときには、社会事業が対処するのである。その区分は、働く層と働くことができない層との2分割ということになる。こうして、社会政策が著しく労働政策としての性格を強めていく流れが、この時点でスタートしていく。もっとも、1920年代に生まれた社会事業に関する議論をみると、必ずしも

大河内が位置づけた内容を有しているわけではない。むしろ、人口、家族、生命といった領域をはじめとして、人々の生活全般に関わる広い守備範囲を保っていた。それを、矮小化したのは大河内社会政策論の出現であり、それとの関連で論じられる大河内社会事業論であった。

　先に述べたように、大河内理論が生まれる背景として、日本資本主義論争、従来の社会政策論への批判といったものが存在したが、他方で時代が準戦時期、そして戦時期に入りつつあったときでもあり、その影響も無視できなかった。戦時経済の遂行のために人的資源をいかに活用していくべきかが重大な課題となり、戦時下の国民経済の再生産のための労働力保全のあり方に大河内は強い関心をもっていく。それだけではなく、戦時下における消費生活の維持も重要なテーマとなった。労働と消費にわたる全体的な生活構造の構築は、まさに戦時社会政策論の焦点となる。また、それに加えて、従来の大河内においては位置づけが周辺的でしかなかった社会事業についても、社会政策とのより密接な関係性が論じられていく。大河内において、社会事業に積極的な意義づけがなされたのは、このときであった。

　こうして、1930年代から1940年代にかけて展開された大河内の社会政策論であるが、それが一層労働政策としての性格を強めていくのが、戦後の「社会政策本質論争」であったといってよいであろう。もっとも、大河内の所論についてはそれ以前から批判が生じていた。例えば、戦後論争の口火を切ったといわれる服部英太郎はすでに戦時中において批判的な論評を試みている。しかし、本格化したのは何といっても戦後様々な論客が入り乱れての論争であろう。この過程において社会政策はもっぱら労働力との関連で論じられ、そのもとで社会政策の本質規定が争われた。論争自体への評価はともかくとして、注意すべきは本質論争がもっぱら経済的もしくは政治的次元で行われ、戦前からの伝統であった社会的な要素が一層希薄化したことである。終戦直後に福武直が社会学の視点から社会政策論を論じたが、ほとんど問題にされなかったのは、その証左である[5]。

　本質論争は、戦前から生成、発展してきた社会学系の社会政策論を片隅に追いやってしまったといえば、いいすぎであろうか。社会政策論の世界が労働中心に組み立てられ、それこそ経済学系の社会政策論として勢いを強めていくの

に対して、社会学系の社会政策論は学界では主流になれなかったものの、学問的、実践的活動としてみたときは、かなり重要な役割を担っていたといえる。ここで注目しておくべきは、人口、保健、衛生等の分野において、戦前からの伝統を引き継ぐ活動が続いていたということである。とりわけ人口政策についてみれば、戦前の人口食糧問題調査会（1927～1930年）に始まる諸活動は、その後も人口問題研究会（1933年）を経て、人口問題研究所（1939年）から戦時中の人口施策へと繋がり、また戦後は人口問題審議会（内閣、1949年）、さらには人口問題審議会（厚生省、1953年）というように継続した。

　戦前の社会政策論が有していた経済的要素と社会的要素という観点からみれば、史実はその２つが混在していたといってよい。ただし、社会政策を経済的な要素に引きつけてみる大河内が登場してからは、次第に社会的要素が社会政策の領域から外されていった。わが国における戦後の危機、混乱は、経済的な立て直しを急ぐべきだというスローガンとなり、その基礎となる労使関係の安定が重要視されていく。大河内がいう一連の労働保護立法の制定は、こうした時代要請の声を受けて現実味を増すことになる。市場の機能が十全に力を発揮できるように、労使間のルールが早急に制度化されなければならなかったのである。昭和20（1945）年代において、いくつかの労働保護立法が新しく生まれた。当時、まだまだその内容をめぐって紆余曲折を繰り返していたとはいえ、その後の経済成長に繋がる軌道が敷かれる遠因になったともいえるのである。

　昭和30（1955）年前後から、周知の「社会政策から労働問題へ」「社会政策から労働経済へ」といった流れが生まれるのは、抽象的な本質論争への批判からであった。ただし、それだけでなく、土台となる法的枠組みが曲がりなりにも構築されていくなかで、労使関係の構成要素である賃金・労働条件、労働組合、労働市場等、実際のダイナミックな動きにもっと目を向けなければいけないというメッセージが主唱者には託されていた。そうした労働実態の次元に入ることは、分析や考察において一層経済的な要素を強めることになる。社会政策論の分野において「労働経済論」が独立していく過程は、まさにそうした動向を体現していたのである。高度成長期のメインといわれる1960年代において、社会政策論と経済との関わりはピークに達したといえよう。

ところで、この高度成長期において日本における福祉国家の建設というテーマが浮上する。議論自体はすでに昭和20年代から開始されていたといわれるが、それが以前にも増して強調されるようになってくる。その1つの指標が昭和35（1960）年度版の『厚生白書』であり、わが国における「福祉国家への途」を特集した。その趣旨は経済成長に力を入れることは重要であるが、社会保障をはじめとして国民の生活基盤づくりもそれに劣らず肝要である、という。否むしろ、読み方によっては後者の方に軸がおかれているようにも解釈できる。社会保障については、昭和20年代から社会保障制度審議会を代表例として、様々な機関がその制度化をリードしてきた。その意味では、社会保障への関心も次第に高まりつつあったが、国民の間における認識の深まりは決して十分なところまでいっていたようには思われない。まして、福祉国家というと、それこそ意識面でさらなる乖離が存在したといってよいであろう。

　ここで1つ押さえておくべき点がある。それは、日本における主流の社会政策論からはなかなか福祉国家論が出てこなかったということである。社会政策が労働政策として存在する限り、労働政策の中身自体が問題となる。少しでも有利な労働政策の実行こそ、労働側の主眼とするところである。それと体制変革とは別であり、それが果たされたときに社会政策自体も「此岸から彼岸へ」へ移ることになるのである。福祉国家をいかにイメージするかにもよるが、当時の労働界は資本主義から社会主義への移行が大きな目標であり、福祉国家というのはむしろそうした方向性を弱めるというように受け止められていた。つまり、福祉国家は一種の労働者懐柔策であり、労働者を体制内化してしまう危惧があるというのである。

　むしろ、福祉国家論に結びついていったのは、社会政策論の主流とはいえなかった論者や彼らの思想・学説であったといえるのではないか。例えば、人口論を専門のひとつとしていた北岡壽逸は自らの福祉国家論を開陳したし、それ以外でとりわけ社会学、社会福祉学等に関わってきたグループからも同じような傾向がみられたのである。こうした事実はこれまでの経過を振り返るとき、実に興味深いものがある。あえていえば、戦後における経済学系の社会政策論からは福祉国家に繋がる議論が見出しにくいのに対して、社会学系の社会政策論からはむしろ福祉国家に結びつく立論が出されてきたという、対照的な経

過、出来事である[6]。こうしたコントラストは、1970年代に入るとより鮮明な形をとって現れることになる。次に、その点に入ろう。

3　1970年代以降

　先にわが国で福祉国家の議論が開始されたといったが、それは国際的な影響も十分受けてのことであった。いうまでもなく、戦後欧州を中心に福祉国家化が進んでいく。それとともに、わが国へも関連情報が多数入るようになり、それは学術面においても例外ではなかった。当時における福祉国家の代表国としてのイギリスからは、社会保障制度のみならず、それらを支える思想・学説がわが国で紹介されつつあった。ベヴァリッジ（W. Beveridge）、マーシャル（T. H. Marshall）、ティトマス（R. Titmuss）をはじめ、枚挙にいとまがない。彼らの考えは、経済学、社会学、社会福祉学等、多岐にわたっていた。とはいえ、イギリスで戦後普及をみる社会政策研究の多くが社会学系であったという点において、ひとつの特徴を有していた。「社会行政」あるいは「社会管理行政」とも訳される Social Administration という分野はその代表である。

　日本における福祉国家論を形成するうえで、こうした外国からのインパクトは無視できないが、わが国では主流の社会政策論が厳然と存在し、そこからは福祉国家論が生じにくい性格を有していたので、話はそう簡単ではない。その主流が新たな動きを開始する１つのきっかけを作ったといわれるのが、いわゆる「総合社会政策論」の登場である。もともと OECD レベルで考案されていたものであるが、日本にもその検討の要請が来た。そこで、まとめられたのが、経済企画庁国民生活局国民生活政策課編『総合社会政策を求めて―福祉社会への論理』（1977年）である。その趣旨にふれておくと、日本の社会政策論は労働者問題に偏ったドイツ的な傾向があったこと、時代は経済を超えて幅広い社会を対象としなければいけなくなっており、社会政策論の転換が必要である、その際英米系のソーシャル・ポリシーの系譜が参考になる、というのが主たる内容であった。

　これが公表されると、日本の社会政策学界では２つの反応が生じたといってよい。主流の社会政策論からは厳しい批判が生じた。それによると、総合社会

政策論は市場社会を前提に議論が組み立てられており、そのもとで種々の改良的な施策が広範に展開されていくにすぎないものである。本来、政策の基底に据えられなければならない階級や労使という対抗軸の視点がまったく消え去っている点において受け入れ難いものがあり、結果として主張されている英米系のソーシャル・ポリシーにはまったく与することができない、というものであった。他方、意外な反応を示したのが大河内である。これよりも以前からその気配はみられなくもなかったが、大河内は自身の社会政策論が「狭い」ものであったと自省する。そして、今後は労働者だけでなく、国民諸階層にまで社会政策の対象を広げていかなければならないことを訴えた。いわゆる晩年における大河内理論の最大の転回である[7]。

こうした大河内自身における基本視点の変化が社会政策の方法論の転換にまで実質的な影響を及ぼすことになるのは、1980年代を経て1990年代に入る頃であったといえよう。1980年代は、欧州での経済停滞とは対照的に、日本は順調な軌道を走り続けていると思われたときであった。そうしたなかで、東大社研の『福祉国家』シリーズが刊行され、ここにきてようやく本格的な内外の福祉国家研究の成果が公表されることになる。福祉国家の実態究明は、社会政策の内実にも迫るものであり、とりわけ各国の社会政策の実相といったものが明白になっていく。また、それと並行して日本の伝統的な社会政策論にも疑問が投げかけられ始めた。先の総合社会政策論でも述べられていたことであるが、日本の場合は著しく労働政策に偏ってきたという反省がそれである。

その気運を一気に押し進めたのは、まさに最初に紹介したエスピン-アンデルセンの登場であった。欧米を中心とした福祉国家の類型化作業は、福祉国家の基準、程度等をはじめ、様々なレベルから福祉国家をより立体的にみる視座を提供した。その分析は戦後の一定期間に限られていたとはいえ、福祉国家論展開のための新たな出発点となったのである。日本の社会政策論が従来から続いてきた伝統的な性格から脱皮し始めるのも、ちょうどこうしたときであった。いいかえれば、労働政策に偏った社会政策論から生活政策をも十分視野に入れた社会政策論への移行である。すでに述べてきた分類を用いるのであれば、労働力だけでなく、非労働力も十分含める形で社会政策論を構成する手法である。労働政策が中心におかれてきたときは、経済学系の社会政策論の影響

が依然として強かったが、生活政策が重視されてからは、社会学系の社会政策論が一気に浮上することになった。

　見方によれば、戦前から脈々として続いてきた経済学系と社会学系の社会政策論が、この期に及んで新たな装いを纏いつつ、再度融合し始めたことを意味した。否むしろ、その後の経過をみると、社会学系の社会政策論の浸透が目立ち、それに比べると経済学系の社会政策論はいささか勢いが弱まったかのような印象を与えることにもなったのである。勿論、その背景として大きな社会経済事情の変化といったものがあるが、それは当時の社会政策の制度化された領域をみれば明らかであろう。少子高齢化とともに、福祉・介護の分野の重要性が増し、1990年代を通じて行き着いたのが介護保険の成立である。わが国における第5の社会保険の生誕であり、そのもつ意味は計り知れないほど大きなものがある。一方、労働・社会保障面においても育児・介護休業法、パート労働法等をはじめ、どちらかというと働く女性を主対象にした施策が実施に移されていった。

　このように、1990年代に入ると、社会政策の重点対象が大きく移り変わりつつあったということがわかる。一言でいえば、成年男性労働者から非成年男性労働者への対象のシフトが、それである。この兆候は、すでに1970年代からみられていたが、1990年代に入ると、そのことが極めてハッキリしたということである。一方、90年代に入ると、世界的にグローバル化の波が一気に押し寄せ、多くの国における景気後退は社会問題を先鋭化させた。欧州を中心に生起した社会的排除と呼ばれる事態がそれである。戦後営々として築き上げられてきた福祉国家という体制にヒビが入り始め、以前であればその体制内に包括できた生活困難層が外に吐き出されるようになった。その社会的排除に対応する形で唱えられるようになったのが、社会的包摂である。こうした現象はスケールの差はあったとしても、わが国ではホームレス問題として90年代を通じて顕在化することになる[8]。

　このように、国際的にみると、崩れかけた福祉国家をいかに立て直していくべきかが激しく問われるようになり、それが戦後福祉国家の再編に繋がっていく。それは、わが国も例外ではなかった。福祉国家の行き詰まりは、大きく分けて2つの論調に結びついたように思われる。その1つは、これまで以上に市

場化機能を強めて、様々なレベルで競争を促し活性化を図るべきだという新自由主義的な方向である。それともう1つは、むしろ市場化機能に抑制をかけてその暴走を止め、公共部門を中心とした体制のもとで生活保障を図っていくべきだという、社会民主主義的な路線である。1990年代から2000年代に至る過程を振り返れば、そうした論調が激しくぶつかり合ったが、政策・制度のレベルでみると、1999年の労働者派遣法改正のようなケースが存在したものの、先の2つの考え方のいずれかに収斂したとはいえなかった。その意味で、この時代における日本の社会政策思想は一層多様化、多元化が進んだといえようか。[9]

一方、この時代になると、国際的にみて社会政策の新しい潮流が生じてくることに注意を払わなければならない。それが、欧米以外での社会政策の著しい進展である。東アジアのケースはそのなかでも代表的な事例の1つであろう。中国、韓国等を中心に社会政策、特に社会保障の制度化が始まり、1990年代以降非常に早いペースで進んでいく。それとともに、国によっては福祉国家としての位置づけができるのか否か、といったテーマが浮上してきた。韓国の「福祉国家性格規定論争」の展開は、その一例である。中国の場合は、韓国よりも少し遅れてスタートしたが、その後の勢いは凄まじく、現在、都市部、沿岸部から農村部に至るまで、不十分な点を残しつつも制度化が図られてきている。その場合、重要なことはこれまでの欧米基準では測りきれない政策・制度が生まれてきているということだ。[10]

こうした動きのなかで、日本も含めた社会政策の東アジア間比較が非常に盛んになってきている。ただし、日本と中国・韓国を比較したとき、決定的に異なる点が2つある。その1つは、日本の場合、社会政策の歴史が極めて古く、それこそ東洋を代表するだけの歩みを有しているということである。それに比べて、中国、韓国の両国とも遡ればそれだけの歴史が存在するが、一貫した通史としてこれまでまとめられてきたとは言い難いところがある。したがって、これまでの3か国間比較をみると、ある時期に限った史的考察ということがほとんど行われてきていない。東アジア間比較というのであれば、本来こうした次元でも掘り下げられなければならないだろう。

もう1つは、日本の場合、社会政策の世界は当初から大変豊かな思想・学説の土壌のもとに形成されてきたが、それに比べて、中国・韓国においては、そ

れぞれの国の社会政策を支える思想・学説の解明がこれまで十分に行われてきていないということである。今日、両国では社会保障を中心に制度化が進んでいるといったが、それがどのような思想・学説に基づいているのかが、判然としない。これも、日本のケースと比較したとき決定的な違いとなる。このように、3か国の比較といっても、まだ大きな課題を残したままであり、それらが次第に埋められることによって、現在の到達点が深奥部まで照らし出されていくであろう。そのことは、逆にこれまでの日本社会政策史の軌跡が欧米基準に制約されない形でみることができるようにもなるのではないか。その意味で、欧米以外で進展する事例は、日本を相対化してみるために欠かせない素材となるのである。

　こうしてみると、とりわけ1990年代以降におけるわが国の社会政策思想を確固たる括りで提示するというのは、至難である。80年代あたりまでは、労働政策的な社会政策論の影響が強かったこともあって〈経済〉の論理が前面に出ていたのに対して、〈社会〉の論理は唱えられ始めてはいたものの、まだまだその浸透度は限られていた。しかしながら、90年代以降になると〈社会〉の論理は以前にも増してその力を得てくることになるが、〈経済〉の論理との関係性において、やや独立したスタンスを有していた。不況の深化とともに、労働政策の動きが目まぐるしくなるなかで、生活政策的な施策は福祉・介護に代表されるように、新しく埋めるべきニーズの出現に対して敏感に反応していく。そして、その仕方をみると、市場化の流れを視野に入れざるをえない状況が形成されており、〈社会〉の論理を徹底して守り抜くことの難しさに直面せざるをえなかったように思われる。

4　むすびにかえて

　これまで、約1世紀にわたる時代を俯瞰することによって、日本における社会政策思想の系譜を追ってみた。その際、あえて〈経済〉の論理と〈社会〉の論理といった視点を社会政策に導入し、市場化、非市場化との関係性で考えてみるという手法をとった。そこから得られたことを整理すると、以下のとおりである。

第1は、19世紀の末から1920年代あたりまでの経過をみると、論者によって立脚点は異なるものの、〈経済〉の論理と〈社会〉の論理の2つが登場し、初期の社会政策の形成、展開に大きな影響を与えていったということである。〈経済〉の論理に重点をおくケースもあれば、〈社会〉の論理を強調する場合もあり、さらにいえば、その2つの重要性を同時に認識、主張していた事例も垣間みられたということである。もっとも、所属学会というレベルでみると、当時の社会政策学会だけを取り出して論じることはできない。すでにふれたように、日本社会学院、日本社会学会をはじめ、様々な実践団体、活動機関等というレベルまで視野を広げて考察を行う必要がある。なるほど、実際の政策・制度史をみると、決して評価されるべきものではなかったかもしれない。しかし、当時流布した思想・学説の一部は、国際的にみても豊饒な成果を生んでおり、そのレベルで下位、劣位だったという判断を下すことはできないというべきである。

第2は、1930年代あたりから戦時期をはさんで戦後に至るまでの時期であり、〈経済〉の論理にシフトした社会政策論がより前面に出てくるのに対して、〈社会〉の論理に依拠した社会政策論が社会政策から外れて社会事業の領域に閉じ込められていったということである。1930年代という社会経済状況のなかで登場した大河内社会政策論は、当然時代的背景をもとにその生成、展開を考えなければならない。にもかかわらず、「社会政策の経済理論」ともいわれた大河内理論の出現のインパクトは、戦後過程まで見通すとき極めて重大な出来事であったのである。戦後の社会政策本質論争では強力な大河内理論批判が生まれたにせよ、その前から起こりつつあった社会政策と社会事業の溝を当論争はさらに拡大してしまったという点で、決定的なものを有している。働く労働者を軸とした労働のための政策・制度が議論の中心となり、その他の階層は社会政策論のもう1つの核ではもはやなかった。

第3は、それ以降から1970年代に至るまでの時期であり、ちょうど福祉国家の議論が国際的にみて盛んになる頃であるが、わが国における福祉国家論は〈経済〉の論理に傾斜する社会政策論の系譜から出てきたのではなく、〈社会〉の論理に基づく社会政策論の流れから生まれてきたということである。時期的にいえば、高度成長期にあたるが、後者は前者の支配力を弱めるほどの効果を

もたらさなかった。というのも、社会主義が労働者にとって重要な目標となっているときに、福祉国家というのは労働者を懐柔して体制内にとり入れてしまうものであるという思いが非常に強く、なかなか受け入れられるところまでいかなかったからである。しかしながら、そうした気運は1970年代以降に変化する。主要国では福祉国家の行き詰まりとともに、人口、保健、余暇、環境等、生活を取り巻く課題が続出し、福祉国家の再編を伴う新しい社会政策論への移行が求められていたからである。日本にもその影響が及んだのは、周知のとおりである。

　第4は、1980年代以降になると、日本でも福祉国家論が正面から取り上げられることが多くなり、その結果〈経済〉の論理だけでなく〈社会〉の論理も視野に入れた社会政策論が再度模索され始められたということである。福祉国家といえば、欧米基準という物差しが絶対的なポジションを有してきた。しかるに、欧米以外の国々で福祉国家の論議が高まると、欧米基準では測りきれない制度化における事象が生じてくる。特に東アジアにおける社会政策論の高まりは目を見張るものがあるが、その動きが加速するにつれて欧米以外の国々における福祉国家の思想・学説とは何かといった関心を引き起こさずにはいられなかったのである。先に、日本の社会政策思想の豊饒性に論及した。〈経済〉の論理と〈社会〉の論理が激しくぶつかり合うところに花開いた社会政策思想の史的回顧は、混迷を深める1990年代以降の日本の社会政策的針路を占ううえで欠かせないものになるだけでなく、東アジアをはじめ、国際的にみても重要な比較軸として大きく寄与すると思われる。

1) とりわけ一国レベルでみたとき、そうした傾向がみてとれる。日本は、まさにそのケースにあてはまるのではないだろうか。
2) 限られた紙幅で20世紀全体を扱うことから、割愛した部分や漏れ落ちている論点があることも、併せてご了解いただきたい。
3) この点について、筆者らは5年以上も前から問題提起をしてきている。さしあたり、[玉井・杉田，2008] を参照されたい。
4) 大阪という一都市のケースであるが、〈経済〉の論理と〈社会〉の論理が融合したという、その実態の考察については、[玉井，2012] を参照してほしい。
5) 福武の所説の再評価については、『社会政策学会誌』でも小特集が組まれた。[武川・玉井・杉田，2011] をみられたい。
6) 社会政策本質論争を新たな視点から見直し、その後の福祉国家論形成との結びつきを

究明した成果として、[杉田, 2013] の第7章が参考になる。
7)　近年では大河内の所説を取り上げるケースが著しく低下しているが、再度1970年代に焦点をあてて大河内理論の変質を追究したものとして、[宮地, 2010；2012] がある。
8)　戦後福祉国家の行き詰まりが日本ではホームレス問題を激化させたとして、本学会もそれをテーマとして取り上げた。[社会政策学会編, 1999] を参照のこと。
9)　1990年代以降、わが国の社会政策論が拠って立つ学問的基盤が随分多様化してきたので、20年以上経過したこの段階で再度その検証を行い、その現地点を確認しておくことが不可欠である。本書のねらいは、それに資するべく1990年代以前の状況を総体的に提示するところにある。
10)　一例として、中国における社会保険の〈社会口座〉と〈個人口座〉の併設は、極めて興味を引くユニークな制度設計である。

第Ⅱ部

社会政策と生命・生活

社会政策と生命・生活／第5章

1910～20年代の日本進歩主義者の群像
「救貧」から「防貧」へ

1　はじめに

　大阪商科大学の創設（1928年）に関わるエピソードを紹介するところから始めたい。大阪商科大学の創設に深く関わった関一が、大阪市の助役に就いたのは1914年のことである。池上四郎（当時、大阪市長）の懇請を受けて関を推薦したのは戸田海市（当時、京都帝国大学教授）であった。その後1923年に第7代の大阪市長となった関の都市政策の一環として大阪商科大学が設立された。

　関は「市立の」大学設立の主な意義を、①大学は大都市に必要な精神文化の中心的機関と位置づけられるため、②そのために「市民」の力を基礎として市民生活に密着した大学、国立大学の「コッピー」ではない大学が必要であるため、③大都市・大阪を背景とした学問の創造という大学の任務があるため、という3点に求めた。その関の招聘によって初代学長となった河田嗣郎（戸田海市の弟子）は、この方針に沿った初期の大学の整備、運営に大きな影響力をもったとされる［大阪市立大学史資料室編, 2011］。

　京都帝国大学経済学部教授を経て大阪商科大学の学長に就任した河田は、第1作となった『家族制度の発達』（1909年）を出発点に、『婦人問題』（1910年）や『家族制度研究』（1919年）、『社会問題及社会運動』（1919年）、『家族制度と婦人問題』（1924年）、『社会問題綱要』（1926年）、『労働組合と労働争議』（1926年）、『社会政策原論』（1934年）、『日本社会政策』（1937年）、『社会組織と社会政策』（1942年）といった著作を遺した社会政策の専門家であり、1942年に現職のまま急逝した河田の後任となった本庄栄治郎も京都帝国大学から招かれた。本庄もまた本章のテーマである『人口及人口問題』（1930年）、『日本人口史』（1941年）などを著した人口問題にも詳しい経済学者であった。[1]

　このように京都帝国大学との密接な関係は明らかだが、大阪商科大学創設に

際しての東京商科大学（1920年、創設）との関係も見逃されてはならない。何よりもまず、大阪市の助役就任のため来阪する前の関は東京商科大学の前身である東京高等商業学校の教授であった。大阪商科大学の設立者である関自身が、東京商科大学の学問的系譜に位置づくのである。『一橋大学学問史』（1982年）の一編として、一橋大学における社会政策の研究・教育の系譜について執筆した大陽寺順一は次のように述べている。

> 「社会政策という名の講義は東京高商が東京商大に昇格した大正九年に設けられ、その最初の担当者は福田徳三であった。ただし、社会政策に相当する講義は、これよりずっと以前から、経済学・経済政策・工業政策の中で実質的に行われていた。たとえば、明治三五年には専攻部の経済学の講義のうちに工業政策があり、関一、佐野善作、福田の三人が分担していた。それ以降、工業政策は関一人によって担当されたようであるが、大正二年に関が辞任してからは、福田が後をついでいる。」
> ［一橋大学学園史編集委員会編，1982：503］

あるいは、次のエピソードもある。結果的として大阪商科大学の初代学長に就任したのは河田嗣郎であったが、東京高等商業学校時代の関の後輩であり、1930年代には人口研究に精力的に取り組んだ上田貞次郎もその候補に挙がっていた。

この大阪商科大学の創設に深く関わった京都帝国大学と東京商科大学は、東京帝国大学とともに戦前の社会政策研究の代表的拠点であった。そのうちの京都帝国大学と東京商科大学関係者を中心に1910年代から20年代を通じて「社会政策と人口問題」研究という新たな潮流がもたらされたことは、1919年に法学部から経済学部が独立して間もなく内部闘争が激化をみる東京帝国大学（1877年、創設）の当時の状況とは対照的であった。

この京都帝国大学と東京商科大学の人々を中心とする「社会政策と人口問題」論者は、「生存権」や「社会進歩」、「社会衛生」といったキーワードを掲げて、社会政策学会内の思想的対立の引き金となった労働問題をめぐる対応とは異なる次元で社会政策概念を捉えようとした。それは簡潔にいえば、マルサスまで遡る人口研究の伝統を視野に入れた社会政策論と形容することができる。彼らは中流階級などの言葉で呼ばれた（マルクス主義では階級と区別して階層と呼ばれる）社会階級の動向を注視し、なかには社会改良におけるその役割を

主張した論者もいた。彼らは、玉井金五が『防貧の創造』（1992年）で描き出した戦前日本における生活保障の動向に足跡を残した人物である。

戦前の生活保障といったとき、戦前期の「救貧から防貧へ」という理念転換の気運、社会保障以前のそれをどう解釈、また評価するかをめぐっては、論者によって見解が大きく分かれる。それは、当時の生活保障理念をめぐる動向が重層的であったことを示しているともいえる。近年でいえば、冨江直子や野口友紀子らが救貧、防貧をめぐる動向の理解をめぐる重要な課題提起を行った。戦前の救貧をめぐる言説と政策形成過程＝言説実践としての政治過程について考察した冨江直子は、戦前の救貧理念は人格の完成によって一体としての「全体」への貢献を可能にさせる、全体への主体的な参加義務であったとみる［冨江, 2007］。あるいは、戦前の主要な論者が社会事業の対象範囲をどのように捉えていたのかを明らかにし、「救貧」が「防貧」へ制度化されていく過程を考察した野口友紀子は、防貧概念が社会事業の核であるとみなした［野口, 2011］。

それらに対して本章では、日本における社会政策論の史的展開という視点から生活保障理念の形成について考察したい。具体的には、1910年代と20年代をつなぐ生存＝生活過程をめぐる議論とそれに導かれた優生＝優境政策領域の展開に、日本における「救貧から防貧へ」の理念転換の兆しを見出す。その際、戦前日本における生存＝生活過程に関わる問題に積極的に取り組もうとした進歩主義者の群像を描き出したい。

2 人口問題と社会政策をつなぐ3つの出来事

戦前の日本社会政策学会は、1920年代半ばに思想的対立から休会に陥る。その発端というべきは、労資協調を目指して設置された財団法人、協調会（1919年）との関わり方であった。協調会は、桑田熊蔵や金井延といった社会政策学者や官僚らによって実現をみた工場法（1911年公布、1916年施行）や友愛会（1912年；鈴木文治ら15名で結成された労働組合）の結成といった労働者保護、労働運動に関わる重要な出来事の先に設立が実現した。本章でいうところの「社会政策と人口問題」論者は、この労働問題をめぐる労資協調を目指そうとする動きと

は異なる視点からも社会問題にアプローチした論者である。彼らは工場法の制定と友愛会の結成から協調会の設立へという労働問題をめぐる重要な動きがみられた1910年代に、人口集団としての一社会の変動、進化、社会といった人々の生存＝生活過程の分析視角を提供し、優生＝優境政策領域の展開に貢献した。それは、社会政策における社会の富の分配や生活改善の必要＝生活保障の重要性を唱える主張としても現れた[7]。

　日本で人口問題をめぐる議論が過熱をみるのは1920年の第１回国勢調査の結果が出て以降のことだが、「社会政策と人口問題」論者はそれ以前から社会政策に人口問題という視点を導入していたことに注目すべきである。以下では、日本社会政策論史における彼らのアイデンティティを、1910年代を中心とした象徴的な３つの出来事として見出すことにしたい。その１つ目は当時大阪を本拠地とした大原社会問題研究所（現，法政大学大原社会問題研究所）、２つ目はマルサス研究、３つ目は生存権論争をめぐる動きである。

　まず、第１の大原社会問題研究所についてである[8]。先にもふれたように、東京商科大学よりも１年早く創設された（法科大学経済学科と商業学科が経済学部として新しく発足した）東京帝国大学の経済学部は、その発足後間もない時期に混乱が続いた。初代学部長に就任した高野岩三郎は1919年の国際労働会議に派遣される代表の選出問題で東大辞職を余儀なくされ、翌1920年には森戸筆禍事件によって森戸辰男と大内兵衛が失職するという事態が生じたのである。それを受けて高野が大原社会問題研究所の初代所長に就任したのに続いて、森戸と大内のほか、櫛田民蔵[9]や権田保之助[10]らも研究員として迎えられることになった。この事態について、後の森戸は「世上では、社会科学研究の中心が東京の東大から大阪の大原社研に移動したなどといわれる状況になった」［森戸，1975：6］と振り返っている。こうして東京帝国大学経済学部からの人材を中心に研究所のスタッフが構成されることになるが、設立当初の大原社会問題研究所は高野岩三郎、小河滋次郎[11]、米田庄太郎、河田嗣郎、高田慎吾[12]の五人を委員とする合議制で運営がなされた（このうち、河田嗣郎、米田庄太郎、小河滋次郎は1923年度からの財団法人化に伴って辞職した）。（「拡張さるる大原社会問題研究所」『大正日日新聞』1920年２月26日）

　本研究所は児童保護に関わる調査や事業にとりわけ熱心に取り組んだが、そ

れには石井十次の志を継ぐ組織であるという経緯がある。石井がこの世を去ったのは1914年のことであり、大原孫三郎はその志を継ぐべくすでに設けていた岡山孤児院大阪事務所を拡張して天王寺の貧民窟の近くに財団法人石井記念愛染園を設立した（1917年）。愛染園は生前の石井によって1909年に設立されていた愛染橋保育所と愛染橋夜学校（昼間は働くために学校に行けない子どものための夜間学校）の運営を引き受け、その理事に就いた小河のすすめで救済事業研究室が新たに設置された。それを「救済事業と社会状態の研究」「社会事業を推進する活動家の育成」に努める独立の研究機関に発展させたいという孫三郎の希望が実現する形で、大原社会問題研究所は発足したのである。

　3.15事件（1928年）に研究所のメンバーが関与していたことが明らかになった頃にはマルクス主義に傾斜した研究機関となっていたとされるが、他方で児童を中心とする生存＝生活過程の調査研究に大きなエネルギーが注がれた。それこそが、大原社会問題研究所の特筆すべき特徴である。所長の高野以下、研究員はみな当時の西欧先進諸国に共通する乳児死亡率の低水準や出生率減退の傾向を注視しており、1910年代に男女の人格的な同等の実現を志した河田、早くから出生率の減少と都市集中の問題を議論していた米田、児童保護の専門家であった高田や八王子市の乳幼児死亡率の調査研究に取り組んだ暉峻義等らの調査研究が、〈保健〉〈衛生〉〈優生〉といった生存＝生活過程に関わる問題に光をあてることで「社会政策と人口問題」をめぐる学説的、また実践的な先つけ役となったのである。

　森戸は、大原社会問題研究所の特徴が「実際に即しながらの社会科学の研究」にあるとした。高野をはじめ、東京帝国大学から迎えた人材を中心に大阪に成立した大原社会問題研究所が重視した調査による実態の把握とそれに基づく実践は、社会政策研究に新たな潮流をもたらしたのである。

　第2に取り上げたいのが、1910年代におけるマルサス研究の動向である。当時の日本におけるマルサス研究の中心的拠点をあえて定めるとすれば、それは京都帝国大学である。1908年に京都帝国大学講師に就任する河上肇は、早くも1910年からマルサス研究に着手した。マルサス『人口論』そのものの翻訳としては日本で初めてとなった谷口吉彦訳『マルサス人口論』（弘文堂、1923年）に序文を寄せ、「マルクスの資本論が社会主義経済学のバイブルであるなら、マ

ルサスの人口論は資本主義経済学の最も重要なバイブルの一つである」と称賛した。この頃から、日本におけるマルサス研究が本格化するのである。

1920年代の河上は、マルクス経済学に傾倒して『資本論』研究を本格化させていった。河上のマルクス研究の発展はそれに応じてマルサス評価を下げていくことになり、1920年代終わりの河上はマルサスが提起した人口法則は人口問題理解に何ら役立たないとみなすに至る。しかしながら、1916年の大阪朝日新聞に（後に書籍化される）『貧乏物語』を連載した頃の河上はマルサスの影響を多分に受けていた。毎日規則正しく働いていながらも、賃銭が少ないために貧乏暮しをしている人々の存在＝個人以外に原因がある社会問題としての貧乏をクローズアップして、「貧乏は国家の大病である」と主張したのである。『貧乏物語』の河上が、貧乏問題に慈善事業といわれたような個人的な対応を超えた社会的な対応を訴えたことが、社会問題論をめぐる大きな転機をもたらしたことは「社会政策と人口問題」という系譜の形成に重要な意味をもったと考えられる[18]。

その河上が『貧乏物語』を連載した1916年はマルサス生誕150年にあたる年であり、京都帝国大学の『経済論叢』（第2巻第5号）で「まるさす生誕百五十年記念号」の特集が組まれた。所収論考（記事）の主要なものは以下のとおりである。

- 高田保馬 "Malthus Anniversary"
- 神戸正雄 "Leading Works on Neo-Malthusianism"
- 河上肇 "The Works and Letters of T. R. Malthus"
- 新田孫三郎 "A Brief List of The Chief Books referred to or consulted in the Sixth Edition of Thomas Robert Malthus's Essay on The Principle of Population. The Authors' Names arranged Alphabetically"
- 河上肇「まるさす生誕百五十年記念會記事」
- 戸田海市「人口論ノ學問上ノ性質」
- 本庄榮治郎「まるさす生誕百五十年記念會記事」
- 高田保馬 "Chief Works reviewing the Malthusian Theory of Population"
- 福田德三「まるさす人口論出版當時ノ反對論者特ニ生存權論者」
- 内田銀藏「まるさす先生略傳」
- 神戸正雄「新まるさす主義」
- 米田庄太郎「まるさす以後ノ人口論」
- 財部靜治「まるさす人口論ノ研究方法ニ就イテ」

• 河上肇「まるさす人口論要領」
(京都帝國大學法科大學編『經濟論叢』第2巻第5号、1916年、をもとに作成)

　河上は「まるさす人口論要領」においてマルサスの人口論が社会進化論に及ぼした影響の大きさを指摘し、それを高く評価した。河上と同じく本特集の主要執筆者である高田保馬も、スペンサーの影響を受けながら社会の進歩に関わる法則を見出すことに力を入れていた。その後河上は貧乏の解消を志し、高田は生活難の社会学的考察へと進んだ。

　このように学問的には違う方向に向かった両者は、1920年代に至って経済学の方法論や人口問題の捉え方をめぐって激しく対立する。高田が『解放』に発表した「河上博士の剰余価値論」（1922年）で社会学的な立場からマルクス史観を真正面から批判し、その後人口問題の解釈をめぐるものへと展開した。過剰人口を憂う世論が支配的ななかで、真の人口問題は出生率の低下であるとする高田は、生活難の社会学的な解釈を試みた。それを河上は、マルクス主義的な立場から批判したのである。

　高田は、都市生活者の一部を占めていた企業や機関に勤務して頭脳労働に従事する俸給生活者（具体的には当時の東京市や大阪市）にみられた出生率の低下（＝「産む子どもの数を減らし、少ない子どもに愛情や教育などの投資をする」）を統計的に把握し、それを1つの根拠に社会学的な階級論を展開した。「日本においては貧富と出生率との関係は西欧諸国におけるがごしく明ならず。然れどもただ特に富有なる区において出生率小なる事実のみは明白に知り得らる」［高田，1918：114-115］[19]と1918年の時点で論じられた少子化論は、1920年代に一層体系化して発表された。1925年に『階級考』（『階級考』〔1923年〕の改訂増補版）と『階級及第三史観』と題する本の刊行が、それにあたる。特に『階級及第三史観』で体系的に論じられた第三史観は、社会の量質的組立（＝人口密度と成員の異質性）が社会変動の根本であるとみる。それに規定される社会関係が政治的法律的制度や経済、観念を規定すると主張する。

　この第三史観の立場から社会問題は力の欲望の問題であるとする高田は、優越感が満たされること＝勢力要求の充足という視点から社会問題とは何か、社会運動とは何かという議論を展開した。すでに『社会学原理』（岩波書店、1919年）で詳しく論じられている力の欲望は、「争闘や日常生活の競争に於て他人

に優れ超えむとする要求、自己をして何等かの点に於て優秀ならしめむとする要求、此優秀を誇示せむとする要求」（高田保馬「社会問題の中核」1919年　同『階級考』1925年、254頁。以下、同書で頁数のみ表示）であり、権力意志の問題である。高田からみれば、近代における社会運動は力の欲望の充足を求めるものである。それは客観的にみれば生活資料に欠けるほどではないが、今より高い生活、今よりも力の欲望が満たされる生活を求めるものであったり、一定の生活水準を維持することで体面を維持することを望む運動であったりするという。社会運動として表面化する社会問題は「人道化せられたる権力意志の問題」[259]であり、それは「自己の人格の尊厳を認むると共に他人の人格の尊厳を認め互に人格ある者を手段視せざらむとする精神を以て、其力の欲望を染め出したる結果」[260]とみなせるという。高田は、社会問題を人と人との結合関係から説明しようとした[20]。

　人口問題をめぐって、マルサス研究の先に「社会問題としての貧乏」を議論した河上と「社会問題としての力の欲望」を議論した高田は1920年代を通じて対照的な性格を帯びていった。マルクス主義に傾いていった河上は経済体制そのものの変革を主張することになり、生殖行動を権力意志の問題から考えた高田は出生率の低下こそが真の問題であるとする一方で、社会政策は「階級的懸隔の短縮を目ざす政策」＝「平等に向かう政策」であると主張した。このように、マルサス研究は諸論者の政策的主張に広がりをもたらした。1910年代におけるマルサス研究の活性化が人口論の方法論的論議につながり、1920年代の「社会政策と人口問題」をめぐる様々な出来事の土台となったのである。

　第3の重要な動向は、東京商科大学を舞台に展開された生存権の社会政策論争（1913〜1924年）である。先の『経済論叢』の「まるさす生誕百五十年記念号」に「まるさす人口論出版當時ノ反對論者特ニ生存權論者」を寄稿した福田は、早くも1911年の社会政策学会第1回地方講演会（京都帝国大学）で生存権について論じ、翌1912年の社会政策学会第2回地方講演会（大阪高等商業学校）ではアントン・メンガーに拠りながら労働権、労働全収権、生存権の理論を紹介した[21]。生存権や社会権、生活保障制度の確立には、生存＝生活過程の保障として救貧法的理念の限界を乗り越えなければならない。このマルサスの命題（「生活資源〔＝食糧〕が人類の生存に必要不可欠であること」「異性間の情欲は必ず存

在すること」を自明の前提として「人口増加が生活資源を生産する土地の能力よりも不当に大きく、人口は制限されなければ幾何級数的に増加するが生活資源は算術級数的にしか増加しないこと」）とどう向き合うかをめぐる論争に、福田以外にも左右田喜一郎、そして南亮三郎が関係した。

とりわけ福田は、法律学や哲学が社会政策に近づくことで経済学の副産物としての社会政策から道徳哲学、法律哲学が起こり、生存権の認承をもって「改良の哲学としての社会政策」が打ち立てられると主張した。労働もその産物も生存を維持する手段に過ぎず、改良の哲学としての社会政策は生存権の上にこそ築かれるとしたのである（「生存権の社会政策」〔『最近社会政策』1916年］）。マルサス＝ダーウィンの命題と向き合った福田は、「殊に人間は食料よりも増加の度が速かであつて、生まれる程の人間は皆必ずしも生き延びて行けるものではない、生まれるものの中何人から必ず死ぬ可き運命を持居る、出生者の全部は生存を必する訳には行かぬと云ふ大事実は、人力を以て是を如何することも出来ない自然の大側であります。此事実は否定出来ません。否之が無ければ人類の進化は止まつて仕舞ひます」（福田徳三『国民経済講話』佐藤出版部、1917年。引用は［福田, 1927：506-507］）として生存権を社会権とみなすことと自然淘汰の法則の間の矛盾を直視しつつも、生存権保障の必要を唱えた。この点を突く形で、福田の「生存権の社会政策」は左右田によって「生存権と人口法則とが両立しない」、南からは『出産権の制限を顧みない生存権論」との批判を受けることになった。

本論争をひとつのきっかけに人口研究に取り組んだ南が人口学の体系化を試みるなど、本論争が当時の東京商科大学関係者の学問的性格に与えた影響は少なくない。図表5-1は東京商科大学が設立された1920年を起点に、同大学の「社会政策と人口問題」研究の学問的系譜をまとめたものである。東京商科大学は、戦前期に「社会政策と人口問題」研究の中心拠点としての地位を獲得する。その柱というべきは、福田、左右田に加えて南が日本における人口問題研究の開拓者として高く評価した上田貞次郎である。上田は福田門下であり、1930年頃から人口問題研究に精力的に取り組んで多くの人口論者を育てた。その功績が日本における人口問題研究の発展および一橋大学の「人口問題」講座の開設につながったとされている。上田に学んだ美濃口が、1947年から一橋大

図表5-1 東京商科大学（一橋大学）における社会政策・人口問題研究の系譜

〈社会政策研究〉			〈人口問題研究〉	
1920年	社会政策		福田徳三	
	↓ 二部に分かれる			
	社会政策	第一部（総論）	福田徳三　藤井悌	
		第二部（各論）	岡実　永井亨　緒方清	
	↓			
1928年	社会政策	第一部（総論）	井藤半彌	
		第二部（各論）	緒方清	
	↓			
1934年	社会政策	第一部（総論）	井藤半彌	
		第二部（各論）	山中篤太郎	
			1947年　人口問題	美濃口時次郎
	↓			
1954年	社会政策	第一部（総論）	太陽寺順一	
		第二部（各論）	山中篤太郎	
	↓		↓	
1965年	社会政策		太陽寺順一	
	労働問題		津田真澂	
			1971年　人口問題	依光正哲

出所：[太陽寺, 1983] をもとに作成。

学経済学部に開設された「人口問題」の講師を勤めた。1928年から「社会政策」を担当した緒方清、1934年から「社会政策」を担当した山中篤太郎も上田門下であり、福田、左右田、上田らが一橋大学の社会政策・人口問題研究の系譜の土台を築き上げたのである。

その福田、上田、そして社会政策が二部に分かれるに際して非常勤で社会政策を担当した永井亨は、大正・昭和初期人口論争を起点とする人口政策行政における重要人物となる。永井は、日本で最初の人口を主題とする政府機関である人口食糧問題調査会（1927～1930年）の人口部で委員として中心的な役割を果たし、最晩年の福田も当調査会に委員として参加した。そこで「社会階級の民主的協調と社会組織の民主的改革とを期するマルクスでもマルサスでもない社会政策的人口政策」＝「人口数の調整、生活標準を適切なものにするための社会政策」構想が検討された。本調査会設置期間終了後には、内務省社会局内

に財団法人人口問題研究会が設立され、そこで永井と上田は指導理事として調査研究をリードする。このように、東京商科大学の関係者は人口政策行政においても大きな影響力をもつことになった。

3　日本社会政策論史における進歩主義者の群像

　その東京商科大学の前身、東京高等商業学校の教壇に立っていた1910年の関は、『労働者保護法論』という著書を刊行している。そのなかで関は、一社会に属する各階級が「公共秩序・良き道徳・公共利益」を規範として協力すべきという観点＝社会改良主義を提起した。「社会問題を解決せんと欲せば、絶対的に国家の干渉を排斥し、個人の自助に依るべしと主張する個人主義的の論旨に依る能はず。又理想的の社会を夢み、生産手段の共有に依りて一切の弊害が除去せられ得べしと信ずる社会主義の方法を採るを得ず。又過去数千年文化発展の賜たる平等を犠牲に供して、過去の階級制度を復活せんとする家族主義の方法を選むを得ず。吾人は、是等三種の思潮を空想的なりとし、之に代ゆるに社会改良主義を以てせんとするものなり」［関, 1910：105-106］と。

　「社会改良主義は其目的を達成せんが為に、労働者の自助、国家の干渉を必要とするのみならず、企業家、慈善家、宗教家、教育家等の協力を待ちて社会問題を解決せんとするもの」［関, 1910：114］とする関の立場からみた社会政策は、「各階級の協力によって社会全般の利益のために努力するもの」とみなされた。関の社会改良主義は、都市という企業家と労働者を主役とする動態的な共同体にダーウィン主義的な考えを適用した。西欧先進諸国とアメリカでは進歩主義と呼ばれたこの社会改良主義によって、前節で取り上げた1910年代を中心とした3つの動向を束ねることができる。相互に交錯する3つの動向は、人々の生存＝生活過程の向上による社会改良の希求という「社会的」な理念で貫かれているのである。

　この社会改良の希求が前節で取り上げた「社会政策と人口問題」論者を軸に理論的、ないしは政策論的に、ないしは社会運動によって肉付されていった1910年代を中心とする動向を特徴づけるのは、「社会進化論的」な人口論の興隆である。優生学に関していえば、日本では1910年代に優生学的な政策論＝優

図表 5-2　優生＝優境思想に基づく学問分野の形成、発展

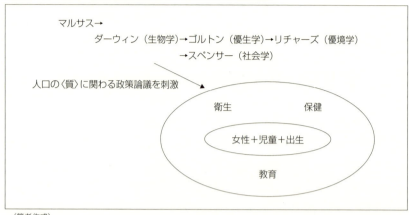

（筆者作成）。

生主義が高まりをみた。例えば『日本人種改造論』（1910年）によって優生学を日本に導入した海野幸徳は、逆淘汰の懸念を示す形で優生学的社会政策を主張していた。海野がその主張を優境学的方面へとシフトさせていったように、日本でも時代思潮としてのマルサス＝ダーウィンの命題（優生学と社会学に展開；**図表5-2参照**）は社会政策における「社会進歩」、「社会衛生」といった理念を導き出した。

　この動向は、西欧先進諸国のそれと対応している。優生学の解釈拡大による貧困問題をはじめとする生活問題への注目は、社会的厚生に関わる人口の〈質〉という問題の発見に繋がった。戦後の先進諸国で主流化をみた福祉国家を理念的に支えることになるベヴァリッジの社会保障、ミュルダールの予防的社会政策、ピグーの厚生経済学といった思想の形成には優生学が関わっており、人口の〈質〉の向上という目的によって優生学を乗り越える形で生活保障理念が確立をみていったのである。この社会全般の利益としての人口の〈質〉の向上への関心が、生活保障制度の確立に繋がる理念をもたらしたと考えられる。

　前節で取り上げた3つの出来事に関わった人物の多くは、この西欧先進諸国を中心に時代思潮として展開した優生―優境思想と向き合い、あるいは影響を受けながら社会的厚生に関わる自説を展開したと考えられる。1912年には第1

回国際優生学会議（ロンドン大学）が開かれる（日本からは朝永三十郎が出席）など、19世紀終わりにゴルトンによって提唱された優生学という言葉が初めて用いられたことでイギリスやアメリカを中心に優生学が時代思潮となり、1910年代の日本の知識人にも優生学の普及が進んだ。その優生―優境主義は人口の異質性を浮かび上がらせた。それをきっかけに、社会階級分析に基づく生存＝生活過程に関わる議論が高まりをみせていく。

　マルクス主義の重要概念としての階級概念は、支配（搾取）する階級＝資本家階級と、支配（搾取）される階級＝労働者階級という形で用いられ、両者の間の格差、闘争を問題とする。それが経済的にみて資産があり、資本を私的に所有しているか否かということに注目するのに対して、進歩主義は中流階級、中産階級、中間階級、あるいは知識階級（以下、中流階級で統一）などと呼ばれた企業や機関に勤務して頭脳労働に従事する俸給生活者の存在を注視、重視した。日本でもその議論が一潮流を形成したのである。例えば前節で取り上げた高田は、「少産」という生殖行動などとして現れた彼らの心理的特性を注視するなかに社会学における人口論を切り開いた。[28]

　理論的に提示したという意味では高田を筆頭に挙げるべきであろうが、中流階級の動向を注視したのは高田だけではなかった。大原社会問題研究所の運営に携わった人物として先に取り上げた高田の師である米田庄太郎の『現代知識階級運動と成金とデモクラシー』（1919年）は、日本における中流論の先駆けである。[29] あるいは、大原社会問題研究所の運営だけでなく大阪府の方面委員制度の創設（1918年）に大きな役割を果たした小河滋次郎は、方面委員の中心的担い手として中産階級の人々に期待を寄せた。これらの立場は、1920年代に至って社会政策学会の一潮流をなすことになる。

　一方、1920年代に社会政策学界に台頭し、社会改良の担い手としての中流階級により強い期待を寄せた人物が、森本厚吉である。森本は中流階級の幸不幸が各階級＝社会の盛衰に影響を及ぼすと考えた。森本は所得額をもとに上流階級（＝富者）、中流階級、下流階級（＝貧民）という区分をし、理想的な生活水準を実現する階級としての中流階級が多く占める社会の実現を志した。社会改革に繋がる社会運動の重要な担い手としても中流階級を重視した。中流階級という言葉に新旧をつけて、旧・中流階級＝小農業者、小工業者、小商業家等と

新・中流階級＝俸給生活者並に自由職業者（弁護士、医師、著述家など）といった用いられ方がされるなど、日本でも盛り上がりをみる中流階級をめぐる議論をリードしたのである。

その森本の第一作である『生活問題―生活の経済的研究』の刊行年である1920年の第14回社会政策学会（東京商科大学）で、森本は「中間階級問題」をテーマに講演している（図表5-3）[30]。そこでも主張したように、森本はこの中間階級による社会運動が、社会の改善を実現するだけの可能性をもつと考えた。その立場から、のちに森本自らも女子教育の重要性を唱える社会運動に身を投じることになる。一方の森本とともに登壇した河津暹は、中間階級による社会運動は必要であるけれども、その利己的、打算的といった心理的特徴ゆえ運動が組織されづらいことから社会政策を重視した。のちに河津は、社会政策を「現代の経済社会の根底を破壊することなくその病癖である社会下層の者の生活上の不安を除き之等の者の福利を増進し其の位置を向上せしむべき凡百の施設の総称である」［河津，1938：3］と定義し、社会政策の目的として社会の改善という議論を展開した。

社会政策学会第14回大会（1920年）で「中間階級問題」について講演を行った森本や、河津のような社会政策を「社会の健全な発達に必要な政策」であると考えた論者と関心を共有していたのが、前節で取り上げた1910年代を中心に3つの出来事に関わった論者である。第1に1920年の国勢調査をはじめとする調査の実施に力を尽くした大原社会問題研究所の人々、第2にマルサス研究をリードした京都帝国大学の人々、第3に生存権の社会政策をめぐって論争した東京商科大学の人々として取り上げた論者が、1920年代の「社会政策と人口問題」をめぐる出来事の立役者となった。

この「社会政策と人口問題」論者は、「生存権」や「社会進歩」、「社会衛生」といった生活保障や生活改善を志向するキーワードを掲げて、学会内の思想的対立の引き金となった労働問題をめぐる対応とは異なる次元での社会政策を構想した。1920年代半ばに思想的対立から休会に陥る社会政策学会の主要メンバーをめぐっては、旧世代と新世代、右派・左派・中間派といった区分で論じられがちである。それに囚われない生存＝生活過程をめぐる問題意識から社会政策的な問いに取り組んだ論者の群像にこそ、日本における「救貧から防貧

図表5-3　社会政策学会第14回大会「中間階級問題」（『東京日日新聞』1920年12月20日）

　　第十四回社会政策学会は十八日午後一時から東京商科大学講堂に於て添田博士司会の下に開会先ず佐野学長の挨拶ありて宿題「中間階級問題」に就き河津暹、森本厚吉両博士の報告演説あり晩餐を共にし会員の討議に移ったが両博士の報告要旨左（下―引用者）の如し

河津博士
　　中間階級は所謂労働階級でもなければ資本家階級でもなく之を具体的に定むる事は困難であるが学者によりて此の中間階級を新旧に二様に大別して居る即旧中間階級と云うのは所謂自由職業階級であって農商工其他弁護士僧侶等を包含した者で新中間階級とは俸給生活者即官公吏社員等を含む予が今中間階級問題に就て研究したいのは主として後者たる俸給生活者に就てである今両者の相違点を比べて見ると前者は独立して経済社会に立って居る従って社会から生活を脅かされるような場合があるとすれば実に同業者との競争である然るに後者は独立して経済社会に立って居らないから同業者との競争と云うような事はなく此点に就ては筋肉労働者と同様である又両者の相似た点は孰れも知識階級に属し資本能力を以て生活する従って両者間には移動も容易である此中間階級の使命と云うべきは上下両階級の中間に在ってよく両者の調和を図るにあり出来る事ならば社会は中間階級のみにしたいと云うのが理想であるされど中間階級は今日其使命を果しては居らず反って自分の階級の利益を擁護するのみに力めて居る成程知識階級であるから表面は立派な理屈もあるが内実はそうではないようだ然し乍ら是等自己の為に図った運動が偶々上下両階級を調和するような副産物を出す事もある中間階級運動の標的とも云うべきは大体（一）所得の増加（二）自分の安固（三）生活費の節減の三つであろう第三の運動は俸給を呉れるものと衝突する懼がないから資本階級は之を圧迫するような事はなく寧ろ歓迎する位であるが俸給生活者から見ると此運動ばかりで文化生活を営むことは出来ない場合が多いので第一、第二の目標に向って運動を起すこととなる而して官公吏の俸給及身分は法律の規定によるので生活が困難となり増給を必要とするような際は結局制度法律規則の改正と云う問題に帰する而して此点に就ては第三者の批判に俟つ必要もあろうし又第三者の運動となるような場合もあるが是等の運動は大体合理的であると云っても宜いされど此階級は甚だ弱い階級で何うも徹底的な運動が起らない即ち彼等の一部は資本家階級とか上の方の階級に入る希望を持って居るようなものもあるし大体が知識階級で利害の打算に明か過ぎて兎角臆病になる懼がある事と年々教育を受けて此階級に入って来るものが次第に増加し需給の関係上非常に弱みがあるからである而して之が解決策としては宜しく是等中間階級の運動を容れ生活の安固を望ましむべきである

森本博士
　　中流階級を決定するには予は矢張り所得を標準とするが一番よいと思う夫れは経済的の力量の大小により上下の階級別が付いて来る而して経済的力量の大小は所得によりて現われて来るからである其処で幾円位の所得を有するものが中流階級に属するかと云えば大体大正九年度の物価を標準とすれば一箇年二千円以上五千円位の所得あるものを此中に包含する事が出来る此標準を以てすれば本邦には大体十万五千戸の中流階級がある計算であるが之を全戸数に比すると実に一パーセントに過ぎないのである此中俸給生活者を見ると官公吏が主なるものであるが官吏は奏任官でなければ中流階級に入る資格がない今本邦官公吏の俸給額を見ると奏任官が平均二千三百七十五円、判任官が七百四十三円、小学校教

員が之亦七百円で知識階級、中流階級の中堅とならねばならぬ筈の判任官や小学校教員が予の標準として居る中流階級には入らずに貧民階級に属して居るさて茲に中流階級の社会運動は（一）現在の社会組織に疑問を抱くようになった（二）知識階級の間に競争が起る（三）生活を保つ為に報酬の少ない事を感じて来た（四）生活の安定を欠くに至った（五）無産階級者の地位が次第に低いと云う事を自覚して来た等の原因によって起され真の生活権を主張させるに至るのである予は之が解決方法として中流階級の同盟が必要であると信ずる分業の合力は今日の如く産業の発達を促進したが中流階級の合力は未だ行われて居ないのである予は中流階級大同盟を組織する第一着手として先ず小学校教員の同盟を必要とする先ず十七万の小学校教員の同盟を図り進んで一万七千の中等学校程度の教員之に加わり更に高等学校程度の教員を加え一万人以上の新聞雑誌記者も参加して最後に中流階級の大同盟を作らねばならぬ今日の日本の法律は有産階級に願る都合の好いものばかりである是等は与論の力によって漸次改正され公平なるものとしなければならぬ而して斯の如き同盟の実現は決して夢想ではないと思う大正八年中百余回の増給運動中二十回は小学校教員の起したもので四回は中等学校教員の起したものである事実から考えても分る此種の運動は知識階級のものであるから決して危険の性質を含まない必ずや国家全体の利益を増進するような結果となるであろう尚近き将来に於ては困難であるとするも将来は必ず労働者階級と提携して運動に従う事となり茲に無産階級の大同盟が成り有産階級と対抗するに至るではなかろうか労働階級を知識教養ある中流階級が指導して同じ同盟を作り社会運動に携わる事は頗る有意義であって労働運動の危険性を無くするものであると思うかくして無産階級が有産階級に対抗するのは決して無暴な挙ではなく却って有産階級を認むると共に資本の権利をも認むる事となり茲に円満なる社会問題解決の段階を作る事となるではなかろうか

出所：社会政策学会ホームページ（http://jasps.org）の戦前期大会記録に、第14回の記録がない。新聞報道による要約的なものではあるが、その全文を掲載した。（社会政策学会第14回大会「中間階級問題」『東京日日新聞』1920年12月20日、より作成。）

へ」の理念転換の兆しをみることができるのである。

4　むすびにかえて

　本章で取り上げた1910年代を中心とした3つの出来事は、1920年代により顕著となる「社会的」という意味での「社会」という言葉の普及に関わるものである。「社会主義」とは別の意味での社会という言葉は、支配（搾取）する階級＝資本家階級と、支配（搾取）される階級＝労働者階級というマルクス主義的な概念では捉えきれない生存＝生活問題に対する効果的なアプローチとして台頭したといってよい。
　西欧先進諸国で顕著だった出生率の低下とともに普及をみた中流論は日本にも取り入れられ、中流階級に光をあてることで社会を構成する階級を二元論で

はなく三元論的に捉える見方が社会政策論の一潮流となった。「産む子どもの数を減らし、少ない子どもに愛情や教育などの投資をする」といった行動として現れた彼らの心理的特性の法則化や、中流階級の生活を理想的な生活水準、ないしは模範的な存在とみなす価値判断は、社会の構成員としての国民の生存＝生活過程の改善、保障という問題をクローズアップした。それによって広がりをみた優生＝優境政策領域の展開が、社会政策における生活保障の理念の確立、すなわち救貧から防貧への転換を促したと考えられる。

1910年代から20年代にかけてこの動向をリードしたのは、京都帝国大学と東京商科大学、さらには大原社会問題研究所の人々であった。大阪商科大学は、東京商科大学の前身・東京高等商業学校で福田徳三の同僚として工業政策を講じた関一によって創設された。また、初代学長には京都帝国大学から河田嗣郎を招いて開学された。彼は初期の大原社会問題研究所の主要メンバーでもあった。このように大阪商科大学の社会政策研究の原点には、東京商科大学と京都帝国大学、さらには社会・労働問題の研究所としては日本で最も古い歴史をもつ大原社会問題研究所との関わりがあったことも強調しておきたい。

参考資料：日本人口問題研究委員会（1937年設立）会員候補者名簿

	名　称	設立年	目的および事業	代表者
1	内閣統計局			
2	内閣調査局			
3	資源局			
4	対満事務局			
5	外務省通商局			
6	内務省社会局			
7	内務省衛生局			
8	栄養研究所			
9	陸軍省大臣官房			
10	陸軍糧抹本廠			
11	文部省専門学務局			
12	農林省農務局			
13	拓務省拓務局			
14	遺伝学会			松村瞭
15	栄養学会			佐伯矩
16	財団法人大原社会問題研究所	大正15年	社会問題研究調査	高野岩三郎
17	大阪商科大学経済研究所			河田嗣郎
18	小樽高等商業学校北海道経済研究所			苫米地英俊

19	京都帝国大学経済学会		経済学の研究発表	神戸正雄
20	財団法人協調会	大正8年	社会政策研究	公爵　徳川家達
21	神戸商業大学商業研究所			
22	食養研究会	大正13年	食養保健衛生研究	門野幾之進
23	財団法人人口問題研究会	昭和8年	我国人口問題研究	侯爵　佐々木行忠
24	財団法人東亜経済調査局			平山敬三
25	統計学社	明治21年	統計学の研究	藤本幸太郎
26	社団法人東京統計協会	明治11年	統計研究及その普及	男爵　阪谷芳郎
27	東京人類学会			松村瞭
28	東京帝国大学経済学会		経済学の研究発表	山崎覚次郎
29	日本移民協会	大正3年	在外移民の後援	宮尾舜治
30	財団法人日本栄養協会	大正13年	栄養食物の調査研究	廣田恒之助
31	日本銀行調査局			洪純一
32	日本社会学会	大正13年	社会学の研究応用	戸田貞三
33	日本経済研究会			上田貞次郎
34	日本統計学会	昭和6年	統計学の研究	
35	日本精神神経学会	明治35年	精神神経病の研究	三浦謹之助
36	日本地理学会	大正12年	地理学研究および普及	加藤武夫
37	日本民族衛生学会	昭和5年	遺伝優生学研究	永井潜
38	日本労働科学研究所			暉峻義等
39	財団法人三菱経済研究所			青木菊雄
40	財団法人柳沢統計研究所			伯爵　柳沢保承
41	糧食研究所			鈴木梅太郎

出所：[日本人口問題研究連合会，1937] 国立社会保障・人口問題研究所，舘稔文庫蔵，より作成。

1) 大阪商科大学と同時に大学設置の基礎となった高等商業学校が改変された「大阪商科大学高等商業部」が設置され、その教授に就任した近藤文二も京都帝国大学の出身である。近藤はいう。「大正14年の春、京都帝国大学経済学部を卒業すると、大学院に進んだ。わたくしの研究生活はこの時に始まる」［近藤文二教授還暦記念事業委員会編，1963：219-220］と。近藤の実質的な弟子が小川喜一である。小川の人と思想については、玉井金五「小川喜一の社会政策論」『経済学雑誌』101（3）、2000年（［玉井, 2012］所収）を参照されたい。

2) 1914年に大阪市の助役に就く直前の関は、1913年7月に提示された文部省による東京高等商業学校を東京帝国大学の経済学部に吸収するという提案に対して「実業学校としての国家的使命をもつ東京高等商業学校を本格的な大学にする」という目標を掲げて反撃の最前線に立った（［Hanes／宮本憲一監訳，2007］などに詳しい）。

3) 『上田貞次郎日記』の昭和2（1927）年の末の項に「大阪商科大学長」というタイトルで以下の記述がある。「国際経済会議へ出発前、大阪で村田省蔵君から来春新設の大阪商科大学学長に君を迎へたしとの希望が大阪側にあるが何うかと話された。日本経営学会の為めに十月下旬下阪した時に再びその相談を受けたが辞退した。それと前後して関氏（市長）からも同じ話があつた。又野村徳七氏が経済研究所創設の為めに金百万円を大阪府へ寄付するに付て相談を受けた」［上田, 1965：119-120］と。そして、昭和3年の3月には、「関市長を訪ふて大阪商科大学長に就任の勧告を断つた。同氏は先月末

上京した時津村秀松氏と共に熱心に勧められたけれども何うもやる気になれなかつた。併し後になつてから断つたのが惜しいやうな気もした位動かされたのであつた。それは自分の研究が行詰りになつたものとすれば今頃世話役の方に向けた方がよいと思ふからだ」［上田，1965：125］と記している。

4) 杉原四郎はいう。「1922年11月現在の社会政策学会の会員名簿を見ると、当時在京会員、東京付近会員、地方会員の全部を合わせて282名の会員がいた。岡実や関一などの公務員や柳田國男のような民間人もいるが、大学や高専の教員が大多数で、その中では、金井延、高野岩三郎、吉野作造など東大関係者が28名で最も多く、東京商大の11名がこれにつぐ。ついで地方会員のところに名を連ねている京大関係者が東京商大とほぼ同数である。東京商大は福田徳三はじめ、左右田喜一郎、高田保馬、大塚金之助、上田貞次郎などがおり、京大では河上肇をはじめ、田島錦治、神戸正雄、戸田海市、小川郷太郎、財部静治、汐見三郎、河田嗣郎、山本美越乃の経済学部の9名の他、佐々木惣一（法）や米田庄太郎（文）の名前も見られる。社会政策学会は、おそらくこの頃が会員の数も一番多かったピークの時代で、それ以後衰退していったと思われる。」［杉原，2006：381］河上、福田の所説を詳細に検討するなど、日本経済思想史研究における杉原の貢献は大きい。その杉原は日本経済思想史に関心をもつことになったきっかけは、学生時代に受講した本庄栄治郎の講義であったと自身の研究活動を回顧している［杉原，2001］。

5) 20世紀初めの時代思潮である優生学、優境学に対応する政策領域のことであり、人口の質の向上につながる生存＝生活環境改善政策を意味する。

6) 設立当初の常務理事は桑田熊蔵、松岡均平、谷口留五郎であったが、設立から1年以内に皆辞任した。桑田の後任として常務理事に就任した永井亨（他に、添田敬一郎、田沢義鋪）も、1926年には辞任する。そのときのことを振り返って後の永井が以下のように述べていることは、協調会の掲げた協調主義＝階級闘争を否認し、人格主義を基調とする社会政策的観点の実践における困難を象徴している。「渋沢副会長とは労働争議に関する見解を異にし、資本家、経営者に対しては前述の如き政策（労働組合法の制定による団結権の確保、団体交渉による労働協約の締結、労資代表の加盟による協議会の開催等―引用者）を公にして毫も憚からなかつたから、遂に大正の末年工業倶楽部より渋沢副会長に対し私の退任を迫り、同副会長より私に対して辞表提出を申渡された。資本家団体が協調会の理事を追放するが如きは悪例を胎するものとは考えたが、四囲の事情に余儀なくされて辞表を提出し、就任後六年にして遂に同会を退いたことは当然の帰結と云わねばならぬ。後に平沼騏一郎首相が労資協調の最適任者である永井を放逐するが如きは我国資本家団体の不明の然らしむるところと詰られたと聞き、いささか知己を得たものとして自らを慰めたのであつた」（永井亨「協調会の思い出」［矢次，1965：181］。

7) 例えば、河田は早くも社会政策学会第3回大会（1909年12月；慶應義塾大学）で「人口問題と社会政策との関係」と題する講演を行って「社会の富の公正な分配」を唱えた。河津暹によれば、その内容は以下のとおりである。
「世に人口過剰を口にするものあり、人口問題は食料品その物が少きが為に生ずるには非ず、人口全体の問題にあらず、或階級の者の問題なり。或階級の者が食料品を得る上に困難を感ずるより生ずるものなり。その階級は無資産者なる労働者を指すなり。而か

もこれ等無資産者は、ますます増加するが故に、人口問題はますます急切の問題とはなれるなりと説き、既に人口問題は富の分配の不平均より来るものとすれば、之を救済するは実に社会政策なり。社会政策よりいへば、人口の増加を喜ばず、むしろ平和の生活をなさしむるを理想とすることを詳説し、社会政策と移民問題とに論及し、吾人にして社会の富の分配にして公正なることを得ば、人口の増加の如きは毫も顧慮するに足らず、と結べり。論旨明晰にして傾聴するに価す。」(「社会政策学会第3回大会記事」社会政策学会ホームページ (=http://jasps.org) から引用。「会員河津 (河津暹—引用者) 博士が国家学会雑誌第二十四巻第二号に寄稿せられたるものに就て、一二補遺したるものなり」とあり、河津暹が記したものとわかる)。河田は、労働問題から人口問題へと視野を広げて、「社会の富の分配の公平性」を重視した。

8) 鈴木啓史は、社会政策学会の解体と大原社会問題研究所の関連を以下のようにみている。「1919 (大正8) 年には労資協調をめざす官・財・学協同の機関『協調会』の設立に際し、この会への参加如何をめぐって学会内の対応は二つに分かれた。鈴木文治 (大日本労働総同盟友愛会) が労働組合を前提としない労資協調に反対してこれへの入会を拒否すると、堀江帰一ら総同盟に近い会員は『協調会』参加を拒否した。また、いわゆる学会左派の高野岩三郎・森戸辰男・河上肇・河田嗣郎、中間派の福田徳三が不参加を表明した。これに対し学会の旧世代あるいは右派である桑田熊蔵、河津暹、金井延、添田寿一、神戸正雄、気賀勘重らは役員として参加した。また同年、国際労働会議代表選出問題で高野岩三郎が東大辞職をよぎなくされ、大原社会問題研究所の設立に際して初代所長に迎えられた。さらに翌年の1920 (大正9) 年、雑誌論文をめぐる森戸筆禍事件 (森戸事件) により東大経済学部を失職した森戸辰男・大内兵衛、河田嗣郎が『大原社会問題研究所』に参加した。この結果、学会の現状に飽き足らなくなった左派の研究者たちは『大原社会問題研究所』に集結し、学会の旧世代あるいは右派は『協調会』に参加したということになる。すなわち学会は、ある意味において『大原社会問題研究所』と『協調会』に分裂したのである。戦後、1950 (昭和25) 年になって、大河内一男・岸本英太郎らによって再建されている。」[鈴木, 2010:163-164]

9) 櫛田民蔵は河上肇に学んだマルクス経済学者である。森戸事件を機に当時所属していた東京帝国大学を辞職し、大原社会問題研究所に迎えられた。

10) 権田保之助については、大城亜水に詳しい。権田は内務省衛生局の委嘱による東京・月島の住民を対象にした家計調査「月島調査」(1918〜1920年) などの社会調査を実施するとともに、娯楽に注目して人間生活の原理を導き出した ([大城, 2012;2013] など)。

11) 小河滋次郎は、内務省で監獄行政を担当したのち、1913年に大阪府嘱託の職に就いた。大久保利武知事、のち林市蔵知事のもと大阪府の救済行政をリードし、1918年の方面委員制度 (現在の民生委員制度の原型) の発足に大きな役割を果たした (この点については、[玉井, 1992:第一章] に詳しい)。

12) 高田慎吾は、内務省で国立感化院の設立に貢献したのち、大原社会問題研究所の母体である石井記念愛染園の研究員に就いた。

13) 高野は「戦後当分は人口膨脹過程を経て再び出産率の過少」(『大阪毎日新聞』1917年1月1日) において、今後の人口問題について以下のように見通している。「戦後 (第一次世界大戦—引用者) に於ける労働者及婦人の権力地位の自覚は、何れも出生率の増

加を阻止する大原因となると思う、戦後に於て労働者は益々自己の地位及子孫に就て極めて真面目なる省察を払うようになるであろうし、其結果、本能として与えられた自分の生殖能力に相当の自制をする事は言を俟たざる点であって、彼等が国民の大部分を占むる関係上、一般の出生率減退は決して免れることは出来まい。殊に婦人は今次の戦争で相当に地位を得たことに自覚も出来て、婦人運動は益々熾となるのが当然の傾向である。この傾向が延いて出生率の加減に多大の交渉を有するは申すまでもなかろう。怎う考えて見れば、戦後は反動的に一時人口の膨脹を見るかも知れないが、長い年月の経過に於ては、依然戦前の人口現象が持続され、出生率減退、人口過少憂懼問題は、戦後の各国を煩わすべき題目として残るであろう」と。

14）暉峻については、[杉田, 2013]の第2章で論じている。
15）森戸はいう。「この研究所は大学ではありません。いわゆる大学のようなアカデミックな研究に閉じこもらず、実際に即しながらの社会科学の研究に力を注ぎました。したがって、大学のように教授―学生の関係ではなくて、研究員―労働者・市民の関係が前面に出てきました。これは私自身にとっても、いわば新しい経験でした。教室で講義をしておればよい、研究室や書斎で本を読んでおればよい、というわけにはいきません。生きた、なまの社会問題をそのまま身に担っている労働者・市民と日常接触し、彼らの要求や疑問に応えつつ、社会科学の新しい分野を開拓し、発展させなければなりません。もちろん、研究以外の面倒な世情や人間関係が、研究所生活のなかに遠慮会釈もなく入りこんでくるのを回避することは許されません。場合によっては、私たち研究員がみずからすすんで、現実生活の複雑な葛藤の中に身を投じなければならないことも、しばしばありました。大原研究所は、そのようにして、『象牙の塔』どころかなまなましい実際社会に密着する研究所であり、ここで過ごした十数年間で、私は少なくとも、社会問題・政治問題を見る『眼』が、大学にあった時分とは非常に変わったことは、たしかです。さらに東京と大阪の思想的・風土的な差異も無視できません。東京は何よりもまず政治都市です。労働運動・政党運動をとってみても、当時の東京では観念的・非実践的で、政治主義的でした。これに対して産業都市大阪では、実際的・現実主義的・経済主義的な特徴があり、この対象・差異は際立ったものがありました。私はこうした大阪の気風、あるいは生き方から少なからず影響を受けました。あるいは、私の生来の気質のなかで、東京時代には眠っていたのが、大阪のこうした現実に日々接するうちに、しだいに表面に出て来たということかもしれません。空理空論といいますか、現実を離れた理想主義的な傾向は、大阪時代の私からはかなり払拭されたように私は思っています」[森戸, 1975：7-8]と。

あるいはまた、以下のように述べて「科学的調査方式の原型を打ち出した」ことも評価した。「大原社会問題研究所の誇っていい一つの分野に、いわゆる『調査』ということがあります。戦後の現在では、いろいろの名称をもつ『調査』が大流行のようです。そのこと自体に私はとやかくいうつもりはないのですけれども、科学的調査とはいかにあるべきか、その原型を打ち出したのは、まさに大原社研ではなかったか、と私は思います。『大原社会問題研究所雑誌』を見れば誰にも判るように、各号にはほとんど必ず『労働調査』『生計調査』『娯楽調査』という論題をもつ報告資料が掲載されています。これはいうまでもなく、社会問題の具体的な把握を強く唱道されていたとともに、統計学界の最高の権威である高野岩三郎先生の指導に負うところが多いのです。こうした社

会調査を担当し、それをいろいろの側面から推進したのは、権田保之助君、大林宗嗣君をはじめ後藤貞治君らでした。大原研究所が打ち出した科学的調査方式は、現在もなお生きていると、私は信じています」［森戸，1975：19-20］と。

16) 人口問題をめぐる議論が過熱するきっかけとなった1920年の第1回国勢調査の準備委員としてセンサスの実施を指導したのは高野であり、研究所の活動に限らない高野の存在感が研究所の運営や社会的な注目を集めることに大きく貢献したともいえよう。

17) 京都大学の河上肇文庫に遺された文献や資料について検討した杉原四郎は、『人口論』の入手年などの書き込みなどによって1910年からマルサス研究を本格化させたと特定した［杉原，2006：76］。

18) 先に述べた大原社会問題研究所の動向にも、河上は関わっている。河田嗣郎の提案で河上を研究員に迎えるべく孫三郎が河上を訪ねたが、河上は断った（1920年に評議員には就任）うえで高野岩三郎を紹介したとされている［兼田，2012］。

19) 1931年には、東京市や大阪市の具体的なデータを示しながら、所得と出生率の関連（富裕層に顕著な出生率の低下）を論じている。［Takata, 1931］。

20) 西淳はいう。「高田はそれらの社会学的な著作（『社会学原理』（1919年）や『社会関係の研究』（1926年—引用者）において、基本的には人類社会は「共同社会」から「利益社会」へと進化していくと主張していた。共同体的な有情性に基づく人間の関係性が薄れ徐々に市場を介した間接的な関係性が強まっていくのが人類史の一般的な傾向であるとみていたのであり、その意味で高田は近代主義的な社会進化論者だった」［西，2013］と。高田保馬については、牧野邦昭にも詳しい（［牧野，2012］など）。

21) 福田以外にも生存権を論じた者はいた。例えば米田庄太郎が、「法的社会主義の批判的考察」（1914年）（［米田，1919］所収）の中で生存権、労働権、労働全収権をもって「基本的な経済的権利」であると論じている。しかしながら、その保障を強く訴えたという点で福田が際立つ。

福田の生存権をめぐって、杉原四郎は福田の生存権を中核とする「人格主義的厚生経済論的な社会政策」構想は、河上肇が『貧乏物語』で提示した「貧乏が社会問題の根本である」とする見解に挑むものであったことを指摘している［杉原，2006：251-255］。福田の「生存権」が憲法第25条第1項で規定されたナショナル・ミニマムとほぼ同義であったとみる田中秀臣は、その先見的な議論がウェッブ夫妻やマーシャル、ピグーらのイギリス系の社会政策論や厚生経済学の影響を受けながらも、基本的にはドイツの社会政策学派を背景に福田の社会政策論が形成されたとしている（［田中，2007］ほか）。

22) その後の福田は、マルクス経済学に対抗するとともにピグー的な厚生経済学を乗り越えようと、「人間としての要求」「厚生闘争・厚生運動としての労働争議・労働運動」などによって「人間としての要求」や「社会的必要」を満たす（労資間の）賃金闘争＝「価格闘争」ではない「人格闘争」の実現を唱える厚生経済論を主張する。

23) 南については、［玉井・杉田，2014］を参照されたい。

24) 菊池城司はいう。「大学昇格から昭和の初めまでの約十年間は、教授陣の稀にみる充実によって、東京商科大学はいわゆる黄金時代を迎えた。なかでも、福田の経済原論、左右田の経済哲学、三浦の文明史、上田の産業革命史などは、時代の先端をいくものであったといわれる。京都から高田保馬、山内得立、大阪市史の編纂に長年従事していた幸田成友なども招かれている」と［菊池，1999：132］ここに名前の挙がっている高田

保馬は、1921年に東京商科大学に迎えられて25年まで「社会学」と「経済学史」の講座を担当する。臼井によれば、『社会学原理』を読んで感服した福田が、高田を東京商科大学に招く決断をした［臼井, 1981］。高田の『階級考』(1925年；『階級考』(1923年)の改訂増補版)や『階級及第三史観』(1925年)は東京商科大学在職中に執筆されており、その執筆に東京商科大学関係者からの影響を受けたと考えられる。

25) 永井亨は鉄道局経理局長を経て協調会の常務理事に就き、その職を辞任したのちに人口政策行政に関わることになった（注6参照）。一方で当時の永井は、社会科学同人という会を組織して社会科学という語を正当に世間に広めることを志していた。

26) 本章で取り上げた人物でいえば、高田保馬、高野岩三郎、暉峻義等、本庄栄治郎が本研究会の評議員に名を連ねた（50音順）。大正・昭和初期人口論争を起点とする人口政策立案に向けた動向については、［玉井・杉田, 2008］を参照されたい。1937年には「(1928年に設立された)人口問題研究国際連合に加入し人口問題に関する科学的調査研究の国際的連絡を図り人口問題調査研究の促進に努め適正妥当なる人口対策施設に資す」ことを目的に内務省統計局内に日本人口問題研究委員会（構想段階での名称は「日本人口問題研究連合会」）が組織される。その会員候補者名簿（日本人口問題研究連合会「日本人口問題研究連合会　設立趣意書及定款草案」1937年；国立社会保障・人口問題研究所、舘稔文庫蔵）をみれば、当時の日本における人口問題研究をリードしていた組織、機関の全体像がわかる。参考資料として本章の末にそれを掲載する。

27) ジェフリー・E・ヘインズは、関の議論がイギリスの進歩主義と同じダーウィン主義的な性格をもつことを指摘している。関は、個人の権利や自己実現が保障され、身体的、精神的、社会的に良好な状態にあること（well being）の実現に対する環境の重要性を確信していたとする［Hanes／宮本監訳, 2007：232］。

28) この兆候は、後に男女の性的役割分業を前提とする近代家族の成立という現象として扱われることになる（［木本, 1995］など）。当初「理想的」な扱いを受ける中流階級の暮らしぶりは、「一億中流階級」といった言葉が用いられるようになる戦後に至っては『一般的』「標準的」な暮らしぶりとして認識されるに至る。中川清は、当時の都市下層社会についても男女の性的役割分業を前提とする近代家族が成立したことを指摘している［中川, 2000］。

29) 中流階級ではなく知識階級という言葉を用いた米田の知識階級の定義は、「資産者階級及労働者階級に対立する一の社会階級」＝「智識や技能の力によって資産者階級や労働者階級に尊重されて智識や技能に対して与えられる報酬を生活の基礎としてひる人々」である。米田は「戦後に於ける智識階級と労働者の合同運動」(『大阪朝日新聞』1919年1月3日、および1919年1月4日)において、欧米の動向から自らの要求の哲学的倫理的基礎を確立することが難しい労働者運動の発達には知識階級の助力が不可欠であることを指摘した。

30) 久井英輔は、森本の〈中流〉観が社会政策学会での学問的交流からもたらされたことを指摘する［久井, 2012］。その久井が先行研究として参照した平出裕子は、米田庄太郎と森本、河津の〈中流〉論の類似性を指摘した（平出裕子「森本厚吉の「文化生活運動」―生活権の提唱と講義録発行―」『日本歴史』697、2006年)。［玉井・杉田, 2013］も併せて参照されたい。

戦前日本の社会政策と家政・生活問題
森本厚吉の消費経済論

1　はじめに

　社会政策学と家政学の接点といった課題設定をしたとき、いったいどのようなことが思い浮かぶだろうか。それについて、まずは大河内一男（おおこうち・かずお；1905-1984）の見解を検討するところから始めたい。

　『家庭経済学』（1960年）[1]で展開される大河内の「家庭経済論」は、「従来は主として生活問題として社会科学の中で取り扱われてきたもの」［大河内・籠山，1960：i］を、経済総体の循環の一局面として考えなければならないとするもので、従来の家政学である「主婦が、外から入ってきた収入を上手にやり繰りして、赤字を出さないように暮らしをたて、月末には、なにがしかの黒字を残す、その工夫や技術についての処方箋のようなもの」（傍点—原文）とは別のものであると宣言するところに始まる。

>　「家庭経済学なり家政学とよばれるものは、右のような（物を生産し、それを分配し、そしてそれを消費しつつ、次の生産のための条件をそのなかで準備していく—引用者）経済の循環なり再生産の流れの中の一局面、すなわちその『消費』の問題を、経済の再生産の一つの契機、それを可能ならしめるための要因として、体系的に理解しようとするところに成り立つのである。」［大河内・籠山，1960：3］

　こう述べる大河内は、消費生活の個々の分野についての種々の提案や忠言の集成は 1 つの学問としての「家庭経済学」や「家政学」を形作るものではないとする。それらは時代とともに変化するうえに階層によって異なるためであり、それを学問領域として成立させる可能性は以下に求められると考える。
(1)　消費生活の全構造はどのように異なっているか、そしてその差異はそれぞれの階層の世帯の消費構造や消費慣習の特殊性とどのように結びついているかを明らかにすること。

(2) 階層ごとに収入が増加したり、逆に収入が低下したりするような場合に、それに応じてそれぞれの世帯の消費生活がどのような反応を示すか、それによって世帯の中の「労働力」の再生産がどのような影響力を受けるかを検討すること。

　大河内によれば、ここでいう「消費」には二重の意味がある。1つはその世帯での主たる働き手の「労働力」の短期長期における疲労の回復と労働エネルギーの補填のための「消費」(睡眠、飲食、娯楽等)、もう1つは家族の中の次代の「生産力」を担当する子女・子弟の養育と教育のための各種の「消費」である。「社会的欲望」と対応する奢侈的消費は別にして、所得―生活必需物資の「消費」―「労働力」の回復ないし再生産という関係が営まれる賃金労働者階層の「家庭経済」の「消費」の問題に重点をおくのが家庭経済学の対象であるとした。1960年という時期にこのように提示された大河内の見解は、当時の日本社会政策学界に多大な影響を及ぼしていた大河内理論＝労働力保全理論との関わりで把握されることはいうまでもない。この点も含めて家庭経済学史を振り返る伊藤セツは、1990年に家庭経済学の特性を以下のように述べる。少し長くなるが、行論の都合上重要な内容であるので紹介しておく。

　　「社会政策学出身である筆者は、経済学部の中でも、『家庭経済学』にはもっとも近いところにいた。なぜなら、社会政策学の大家・大河内一男、籠山京、中鉢正美らが1950年代から1960年代にかけて、相次いで『家庭経済』という名の書物を世に送っていた(籠山・中鉢　1950、大河内・籠山　1960)からであり、それらに目をとおす機会に自ずと恵まれていたからである。また、1967年日本女子大学家政学部に家政経済学科が新設されたが、そのさい陣頭指揮にあたったのは、社会政策学の重鎮・松尾均であった。

　　　しかし『家庭経済学』が科学の領域として分類される場合は、あくまでも家政学の一分科であったし、今もそうである。わが国では、家政学は戦後の新興科学であり、大学における学としての『家庭経済学』の祖は、お茶の水女子大学の松平友子であった。その戦前の系譜は、女子教育としての家事・家計、つまり料理や裁縫教育と同じ技術教育のひとつであった。

　　　にもかかわらず、『家庭経済学』は、その名の示すとおり、ある意味では経済学の一分科として位置づけることもできる。なぜなら、『家庭経済学』は、経済学をその単なる隣接領域とするには、あまりにも経済学そのものである場合が多いからである。

　　　それには次のような2つの事情がある。

まず1つは、家政学がその科学としての体制を整える過程で、学的・人的必要から、『家庭経済学』領域では、戦後から今日まで、大幅な経済学との交錯をおこなわざるをえなかったし、今もなお、おこないつつあるということである。この過程で『家庭経済学』は、経済学の諸分科、つまり先にあげた社会政策学をはじめ、経営学、会計学、財政学、農業経済学、経済原論、そして最近では経済人類学とまで交錯し、実に多様な経済学を背景にもつ『家庭経済学』が存在することとなった。
　他の1つは、経済学自体がその対象を広げて、生産・流通と並んで生活・消費の領域を注目し、これらを取り込んだ研究を進めつつあるということである。1980年代に入って、生産過程・労働過程に対して生活過程（富沢　1987）が、生産様式に対して生活様式が経済学の対象としても意識され注目されるところとなった（井原　1981、角田　1983、1984、1986、橋本　1987、成瀬　1988）。新古典派の近代経済学は、アメリカの家政学のHome Economicsという伝統的用語法とは別に、New Home Economics なる用語を用いたり、マルクス経済学の側も『家族の経済学』領域を主張（成瀬・小沢編　1985）したりしている。」[伊藤，1990：i-ii]

　このように、伊藤に従えば、戦後しばらくにおける家庭経済学は家政学と経済学と狭間にあって、非常に不安定な地位にあったとされる。家政学の視点からいえば、当時の技術的な議論に収斂をみる家政学論の流れのなかで消費経済学的な視点は失われていく傾向にあった。それは生活問題への対処としての性格が薄れることを意味するが、家庭は消費生活の場であり、生命の再生産の場であるという視点を重視し、生活経営学の基礎として家政学を確立しようと試みたのが松下英夫（まつした・ひでお；1923-2006）である。その松下の家政学＝生活経営学は、当時の家政学の対象を家庭生活に限定する潮流のなかでは異端な存在であった。「家政学とは有限な人生における家族の生活周期に従って、生命の再生産のための家庭における生活力の循環にもとづく生活の営みを対象とする科学である」と定義し、その対象を「生命の再生産のための家庭における生活力の循環にもとづく生活の営み」（『新家政学原論』家政教育社、1968年）とみなす松下の家政学原論は、生命の再生産の場としての家庭、生活の営みを扱う学としての「家政学」にこだわるところに特徴がある。[2]

　「従来、家政学の定義としてそのほとんどがその目的に『家庭生活の幸福』あるいは『家庭生活の向上』ということをあげているが、この目的自身は誤りではないとしても、家庭生活の『幸福の増進』あるいは『向上、進歩』という定義づけは、他の科学、例えば医学にしろ、経済学にしろ、法律学にしろ、その他すべての科学に

もいえることであって、これをもって家政学の根本的な本質と見ることはできない。」[松下，1968：149-150]「『家政学とは有限な人生における家族の生活周期に従って、生命の再生産のための家庭における生活力の循環にもとづく生活の営みを対象とする科学である』となるだろう。」[松下，1968：151]

『新家政学原論』のなかでこう述べている松下は、『ホーム・エコノミックス思想の生成と発展』（1976年）の「緒言」でも日本家政学原論界をめぐる当時の状況に批判的である。

> 「わが国におけるホーム・エコノミックス研究は、近年、ようやく長かった雑学的技芸論の冬眠時代よりめざめ、ことに最近における『生活科学論議』を契機として、その本質が活発になりつつあることはのぞましい傾向である。
> しかし、まだその論議の焦点は、少数の研究者をのぞいてほとんど共通の問題意識からの発言ではなく、閉鎖的な主観的発想が多く、また数少ない著作におけるその歴史的考察もたんに文献資料の所在を模索するにとどまり、その生成・発展の母胎である古典的業績についての吟味はもとより、その学説の成立の基礎となるべき歴史的・社会的因果関係にまで追究し、十分に検討する段階に達していないといってよい。
> すなわち、いまや、われわれは、ホーム・エコノミックスの思想史的あるいは学説史的研究を緊要とする段階に直面しているのである。」[松下，1976：3]

先ではあえてふれなかったが、大河内と松下は師弟関係にある[3]。その松下の第一作が『新家政学原論』（1968年）であり、本書の序文を大河内が執筆した。

> 「私などは、以前から、家政学がひとつの学問体系になるためには、個々の家計の中の日々の消費の意味が『労働力』の家庭消費を通じての再生産確保という立場から体系づけてつながりをもつことができるものと考えていたが、本書の著者のこの文献史的研究を読んで、自分の視野を拡げる必要についていろいろと示唆を受けたことを感謝する」[松下，1968：1]

大河内理論が転回をみせるきっかけを与えたとみなせなくもないこの発言[4]は、当時の家政学論の潮流を批判的にみる松下の視点と交錯するものとして実に意義深い。というのも、本稿の冒頭で引用した籠山京との共著『家庭経済学』（1960年）は何度か版を重ねており、その度に大河内は、当初（1960年版で）自身が提示した以下の家庭経済学の定義に疑いを投げかけているのである。

> 「世帯を中心として消費生活をいとなむ人間集団の、世帯内における消費財の消費を中心にすすめられる日々の生活、そしてそれをとおしての世帯の中の『労働力』要因の保全と再生産とが達成される世帯内人間関係と、そこを支配する秩序と、またこの秩序を維持する組織、そしてそれと結びついた組織技術というべきもの、それらを、世帯の消費生活の問題として、研究対象とするものが、いわゆる家庭経済学(論)である」

それから10年を経た、先の松下の序文執筆の2年後の刊行である『新版　家庭経済学』(1970年版)で、大河内はいう。

> 「賃金給与が経済成長に伴って急速に上昇し、いわゆる生活必需物資への支出はその中でネグリジブルな分量しか占めなくなってしまい、ごく短縮された労働と豊富な余暇とがわれわれに近い将来訪れたとするなら、『労働力』の再生産という『家庭経済』を理解してきた視点は、意味のないものになってしまうのではないか」

さらにそれから14年を経た『家庭経済学　第二版』(1984年版)の大河内は、「我々がいま当面している『家庭経済』とよばれるものが、著しくこれまでとは異質な条件のもとで営まれなければならず、……(中略—引用者)……従来『家計』や『家政』とよばれてきたルールや理念はあてはまらなくなってしまうのではないか」と考えるに至っている。このような事態をどのように考えればよいのだろうか。大河内が「家庭経済学」と呼び、松下が「生活経営学」と呼んだ消費経済領域の日本的系譜に注意を向ければ、消費経済学と家政学および社会政策学の史的交錯が浮かび上がってくる。そのことを身をもって示してくれるのが、森本厚吉(もりもと・こうきち：1877-1950)の消費経済論である。アメリカで消費経済を学び、独自の観点から個々の家庭生活をどのように捉えるべきかという問題に取り組んだ森本の消費経済論は、大河内と松下の乖離に象徴される矛盾の理解に役立つと考えられる。

2　森本厚吉の消費経済論

まずは、森本の社会政策学会との接点を確認するところから始めよう。1918年に開催された社会政策学会第12回大会において、森本は「日米最少生活費の研究」というタイトルで講演を行っている。また、第14回大会(1920年)で

図表6-1　戦前の社会政策学会研究大会一覧

回	開催年月	討議題目	「討議」報告者
1	1907年12月	工場法と労働問題	金井延、桑田熊蔵、田島錦治
2	1908年12月	社会政策より観たる関税問題	神戸正雄、河津暹、矢作榮藏
3	1909年12月	移民問題	福田徳三、財部静治、中島信虎
4	1910年12月	市営事業	河田嗣郎、塩澤昌貞、関一
5	1911年12月	労働保護	高野岩三郎、桑田熊藏、粟津清亮
6	1912年10月	生計費問題	堀江帰一、津村秀松、山崎覚次郎
7	1913年11月	労働争議	平沼淑、田島錦治、気賀勘重
8	1914年11月	小農保護問題	高岡熊雄、添田壽一、横井時敬
9	1915年10月	社会政策より観たる税制問題	田中穂積、小川郷太郎、河津暹
10	1916年11月	官業及保護会社問題	堀江帰一、神戸正雄、堀光龜
11	1917年12月	小工業問題	添田壽一、上田貞次郎、服部文四郎
12	1918年12月	婦人労働問題	河田嗣郎、森戸辰男、
13	1919年12月	労働組合	小泉信三、三邊金藏、鈴木文治
14	1920年12月	中間階級問題	河津暹、森本厚吉
15	1921年12月	賃金制度並に純益分配制度	福田徳三、神田孝一
16	1922年12月	我国に於ける小作問題	石黒忠篤、佐藤寛次
17	1924年12月	労働組合法	高野岩三郎、福田徳三、永井亨

出所：[玉井・大森，2007：21] より作成。

は河津暹と並んで今日の共通論題に相当する討議の報告者となっている（図表6-1参照）。その森本が展開したのが、戦後大河内によって「家庭経済学」、松下によって「生活経営学」と呼ばれた消費経済論である。

　戦後「個々の家計の中の日々の消費の意味を『労働力』の家庭消費を通じての再生産確保という立場から体系づけることによってのみ、個々の家庭の中に封鎖された消費行動がはじめて社会経済全体とのつながりをもつ」という立場から社会政策という学問領域を切り開いていく大河内、「有限な人生における家族の生活周期に従って、生命の再生産のための家庭における生活力の循環にもとづく生活の営みを対象とする科学」としての家政学の体系化を目指した松下に対して、森本は「規範階級としての中流階級」を論じていく視点や、中流階級の定義づけをめぐる議論との関わりのなかに社会政策や家政学の意義を見出していく。

　この三者の関係であるが、後述するようにあたかも大河内の社会政策学と松下の家政学を繋ぎ合わせるかのような議論として森本の主張が位置づけられるようである。後半生といえばよいだろうか、森本は1927年に理想的な女子教

育を行うべく女子文化高等学院を、その翌年には財団法人女子経済専門学校（現、新渡戸文化学園）を設立して女子教育の普及、改善に腐心する。それへの傾倒による多忙を理由に、1932年には北海道帝国大学を辞職する。このような経歴もあって、森本の功績は女子教育をめぐるものの方がより知られているかもしれない。それに対して本章は、先の問題意識に沿って森本の原点である消費経済学の専門家としての思想の方に焦点をあてたい。

消費経済論としてのそれは、1920年代初めに展開される。森本は札幌農学校を卒業（1901年）後、東北学院で教鞭をとったのちジョンズ・ホプキンス大学大学院に入学（1903年）する。消費経済論はそこでの研究成果に基づいて、『生活問題―生活の経済的研究』（1920年）や『生活経済の新能率』（1920年）、『生存より生活へ』（1921年）、『新生活研究』（1922年）などで展開されている。これらの著作から、森本の消費経済論を明らかにするところから始めよう。

「由来、学者は実務に、実際家は学理に遠ざかり易いものであるが、先づ、此二者が近寄つて学理と実際の調和を図るのでなければ、何事でも、真に進歩改善の実を挙ぐる事は出来るものではない。今日、高唱されて居る生活問題の解決も同様である。19世紀の経済学者の内には、生活問題の如きは、人類の常識に放任すべきもので、学術的研究を行ふべきものでないと考へて居るものが少なくなかった。20世紀の今日では、かかる愚論に執着するものは無い筈であるが、今尚、我経済生活の実際は、矢張、学理よりも習慣の方に多く囚はれて居るのである。実に、今日、社会及び経済問題の根本である生活問題程、学理と実際の調和を欠いて居るものはあるまい。故に、我が国民の生活状態は、之を欧米先進国に比すると、百年又は二百年の時代後れをして、甚だ憐むべきものである。斯の如き欠陥を補ひ、消費経済論の進歩と生活改善の実現に貢献せん事を希望して、本書を公にしたのである。」［森本，1920b：序1-2］（以下、同書で頁数のみ表示）

『生活問題―生活の経済的研究』の「序」でこう述べられるように、当時の日本は生活問題の科学的考察が皆無であった。そのような状況で衣・食・住を中心とする生活水準、その望ましい基準を定めようとしたのが森本である（図表6-2、参照）。

生存（Existing）と生活（Living）の区別を主張する森本は、以下のように述べて経済的かつ能率的な生活＝経済的生活の実現を主張する。

図表6-2 森本厚吉『生活問題』の目次

第1章	総論	第10章	日本の「国民食料」	第19章	住家の職務と住居費
第2章	経済的生活の基礎	第11章	日本食糧消費の現状	第20章	米国に於ける住居
第3章	奢侈的欲望と経済的生活	第12章	食物消費の改善	第21章	英独仏に於ける住居
第4章	経済的生活と富力	第13章	麺麹食と米食の比較	第22章	日本に於ける住居
第5章	生活の標準	第14章	被服の職務と被服費	第23章	住居の改良
第6章	生計費研究の発達	第15章	日本の「国民衣服」		
第7章	現代に於ける生計費の研究	第16章	都会に於ける被服の現状		
第8章	食物の職務と保健食料	第17章	衣服の改良		
第9章	日本保健食料と其価格	第18章	日本人及び子供服の改良		

(筆者作成)。

「現今一般国民の生活状態を改良し、各自が進歩せる時代に適合する経済的生活を営むことに依りて初めて生産の主体なる人類は健全なる生活を営み、社会は眞正の発達を為し茲に生産の実挙がり経済的活動は盛になり、従て民力は増進し国富は漸次大となるのである。実に生活難の個人的救済法の根本義は消費を合理的に行ひ、経済的に生活を営むことにある。而して一人でも多く国民を生活難より脱出せしめたる時に夫だけ国富は増進するのである。要之舊生活（生存）より進み新生活（生活）に入ることは今日の他の生活の分野に於て必要なるのみではなく、経済社会に於て最も必要な問題である。国民経済の進歩を謀り国を富まさんとせば、先づ人類がより多く活動的であらねばならぬ、活動を盛にせんと欲せば先づ吾人の生活の方法を改良し現時代に適応する『経済的生活』を営ましむる様にせねばならぬ。」[12]

この「経済的生活」を基礎づける概念におかれたのが欲望である。森本は欲望を「欠乏の感覚及び其欠乏を満足せんとする の状態」[14]と定義し、以下のように分類する。

　Ⅰ　肉体的欲望
　　Ⅰ―1　一般的肉体的欲望　　　　　Ⅰ―2　特殊肉体的欲望
　　　　　　食物に対する欲望　　　　　　　　アルコール分に対する欲望
　　　　　　衣服に対する欲望　　　　　　　　阿片に対する欲望
　　　　　　住居に対する欲望　　　　　　　　其他特殊のものに対する欲望
　　　　　　性情に対する欲望
　　　　　　休息せんとする欲望
　　　　　　活動せんとする欲望
　　　　　　睡眠せんとする欲望
　Ⅱ　精神的欲望
　　Ⅱ―1　必然的欲望：生存に必要なものを得ようとする欲望
　　Ⅱ―2　身分的欲望：社会上の関係から発生

Ⅱ—3　快楽的欲望：適当な心身の休息、慰安を得、眞正の意義における生産的エネルギーを養うことができる
Ⅱ—4　奢侈的欲望：快楽的欲望以上のもので、個人及び社会にとって絶対的に不必要なもの、及び絶対的不必要ならずとも個人並びに社会の富力の関係上不釣り合いと認めるべきもの　　　　　　[15-19]

　このなかで奢侈的欲望を満たすことは一種の浪費となって経済界に害を及ぼすため快楽的欲望に留めるべきとする立場から、「奢侈的欲望の顕れざる能率多き生活にして、必然的、身分的、及び快楽的欲望の満足に依りて成立する」[29] 経済的生活の実現を唱える。その経済的生活を定める生活標準には「絶対的標準」と「相対的標準」があり、前者にある生活状態は「辛うじて人類としての生活を続け得るにすぎざる、衣食住に関する必然的欲望を満足し得るのみで何等の余裕なきもの」[39] で、生活というよりは生存という方が適当であるという。それに対して後者にある生活状態は、「単に人類としての生活を辛うじで支え得るにとどまらず、社会の一員として、相当又は夫れ以上の生活を営む」[39-40] とした。

　「生存から生活へ」として語られた生活問題は、森本によれば国の発展をその根底で左右するものである。例えば、労働問題との関係については以下のように述べる。

　　「今や労働問題は、唯一の経済問題であるかの如くに、盛に議論され、国際労働会議には代表者を派遣して、之に参加せしめ、列強の代員とともに労働改善の策を討議し労働力商品、八時間制、婦人及未成年者労働制限、等に於て夫々何等かの解決を得て、やがて我国に於ても然るべき労働条件改善に益ある法規の制定を見るに至るであらう。然しながら、労働の根本は、労働の能率であることを忘れてはならぬ、凡ての労働条件に関する事項は如何に重大視されて居るものでも労働能率問題に比すると皆枝葉の問題である。」[森本，1920a：2]（以下、同書で頁数のみ表示）

　「労働能率は労働者の体力、知力、及び徳力の如何に依りて決定せらるべきものである」[3] という森本は、「国民の体力、知力、及び徳力の源泉は生命にして、生命の保全は健全なる生活を営む事に依りて初めて期し得べきものである。故に労働問題否凡ての経済問題の根本論は、国民の生活問題に帰すべきもので、国民の生活状態如何が、国の経済進歩を左右するに至る」[3] と主張する。そして、このように位置づけられる生活問題の解消、生活の安定を実現

する手段として国家的手段と個人的手段に言及する。国家的手段とは具体的に社会政策のことであり、個人的手段とは家庭経済学に基づく（個人による）生活改善を指している。前者について森本は、次のように説く。

> 「現代国家の職務は、保護機能の外に商業的及び文化開発的機能を充分に発揮する事が必要である。而して文化開発的機能の内、今日最も重要なるは、所謂社会政策の実行である。富の分配が正当に行はれて居ない為に、又社会及経済制度が不備であるが為に、中産者以下のものが受けねばならぬ不当なる経済的圧迫は社会政策の実行により幾分軽減され得るのである。自ら生計を営む事の出来ない国民を扶助する事、一般に国民の窮乏を予防し、又奢侈を防止する為に適当なる処置をとる事等は、国家の義務である。而して社会政策的施設の重なるものは、公設住宅、職業紹介所、公設質屋、公設市場、施療院、小児預所、公設運動場、公設浴場、社会的台所、貧民小学児童に昼食給与、貧民部落社会事業、等である。」[42]

後者である家庭経済学については、米国家庭経済学会第4回総会（1911年12月）における定義によって「家庭に於ける家族或は其他の団体によりて行はるる衣食住の選択、準備及び使用に関してその経済的、衛生的及び審美的方面を研究する特別なる一学科」[268-269] であると定義したうえで、その研究内容を**図表6-3**として提示している。

森本の消費経済論は「欲望」に基づいて生活水準を規定し、理想的な水準としての経済的生活を主張する。森本によれば、その経済的生活を実現する人々が中流階級である。「新日本の規範階級」「国家の中堅であるべき階級」「ブルジョア階級とプロレタリア階級の中間にたつ階級」［森本, 1921：3］（以下、同書で頁数のみ表示）と形容されるそれは、おおよそ以下のように定義されるという。

- 「多少責任ある地位、業務、教育、財産又は所得、或は社会的地位により、又は国民としての生活様式の全部に亘って、労働者の大階級の上に立って居るものであるが、其所得の大さを以ては資本家又は富者階級に属する事が出来ない国民」[13-14]
- 「標準生活を営むに必要な所得を有する事が経済的には第一の条件で、其条件を備へたるものならば各種の職業者を含ましめ得る」[14-15]
- 「即ち、官公吏の大部分、製造業者、商売人（小売商人を含む）の大部分、手工業者、特殊職業者の大部分、自由職業者、会社員、地代収入及び恩給生活者、農夫の大部分、最後に労働者の上流階級に属する者等である。」[15]

図表 6-3　家庭経済学

第一編　食物編
　　　第一章　食物選択に関する研究
　　　　　　　理論、分類、成分及び性質、滋養価値、生産及び製造、不正食品、食物価格
　　　第二章　食物準備に関する研究
　　　　　　　食物調査、貯蔵、取扱法
　　　第三章　食物使用に関する研究
　　　　　　　理論、飲食論、給食法、食物の世界的関係、食物の標準
第二編　被服論
　　　第一章　被服の選択に関する研究
　　　　　　　理論、分類、成分及び性質、不正品、生産及び製造、被服価格
　　　第二章　被服調製に関する研究
　　　　　　　衣服調製、修繕修理、清潔及び洗濯、取扱及び貯蔵
　　　第三章　衣服の使用に関する研究
　　　　　　　衣服着用に関する事、衣服の処理、社会的関係、科学的考察、衣服の標準
第三編　住居論
　　　第一章　住居の選択に関する研究
　　　　　　　分類、不正品、価格
　　　第二章　住居準備に関する研究
　　　　　　　総計、權成、採光、室内温度の調節法、換気、給水、排水及下水、設備、修繕、手入れ
　　　第三章　住居使用に関する研究
　　　　　　　理論、住居論、家屋問題、社会関係、家屋の標準
第四編　経営に関する研究
　　　第一章　家屋の物質的基礎
　　　　　　　理論、収入（財源及収入分類）、勤労、家庭管理
　　　第二章　社会的契約
　　　　　　　理論、法律及政治的考察、経済的社会的及倫理的考察
　　　第三章　活動及び機能に関する研究
　　　　　　　理論、家族生活、団体生活、社会的活動
　　　第四章　目的及び結果に関する研究
　　　　　　　理論、肉体的幸福、精神的訓育及発達、愛情及趣味の発達

出所：[森本，1920a：269-271] より作成。

- 「大体に於て次の三つの重要なる特徴を備へたる者ならば総べて是を中流階級と見做すのは最も当を得たものとする。
1、安全なる生活を営むもの。
2、主として資本及労働の結合によりて生計を営む者。
3、所得及財産の中庸を得て居る者。」[15-16]

また、正確に定義することの難しさにも言及する。「中流階級を所得額に

よってのみ決定するのは必ずしも当を得たものではない。能力別、身分別、職業別、知識別、等所得と同等又は夫れ以上に有力なるものが存在して居るのであるが、現代の如く経済生活が他の生活に比して比較的に重視され、而も近来生活の資料が騰貴して国民の所得が是れに伴はず為めに経済生活の安定を得る事の出来ない場合に於ては、一家の生活に最も実際的で直接の影響を有するものは所得であるから、経済上の見地から所得額によつて人類社会の階級を区別し標準的中流者の決定を所得高によつて行ふ事は必ずしも無益の業ではあるまい」[17-18] と。

　そのうえで、生活の根本は欲望であるとする観点から、前節の整理でいうところの「一定の時及場所並に一定の社会に於て必然的、身分的及快楽的欲望の満足に適応せんとする活動の状態を生活の能率的標準と云ふ。此標準を具備したるものの家族及び集団を標準階級としての意義に於て中流階級と私は称する」[23] という。その森本によれば、「国民全体の標準となつて居る中流階級の職務は実に偉大なものである。彼等は合理的で又経済的なる生活の様式の範を一般国民に示し、模範的の生活を送つて能率の高い愉快なる生活を一般社会に普及する職務を有して」[25] おり、それは自己の生活水準の維持と発達であるとともに上下階級の調和を図り貧富の差を最少にすることでもあると。そのために、「奢侈的消費や有害消費に対して極力排斥し、夫等の点に就て深く上流階級の反省を促し、彼等の冗費を省いて是れを有益に消費し得るよう絶えず規範的行動を採らねばならぬ。下級階級に対しても彼等の低級なる生活は結局個人の為にも社会の為にも不利益であるから、生活を一層充実し得んが為に下級階級に対して生活改善の指針となり、彼等を中流階級に引き上ぐるよう努力す可き職務を有して居る」[25-26]。

　森本の定義するところの中流階級と呼べる人々がどのくらい存在するのか。森本は、先行研究によりながら経済的生活＝理想的な生活水準を保って生活しうる所得を有する中流階級の基準（食費・被服費・住居費・その他によって算出される生活費を満たす所得標準）を定め、「東京税務監督局税務第彙報第18号（大正8年4月から大正9年3月に至る1年間の事実について当局が国民の所得申請に基づいて調査したもの）」をもとに階級別による家族数の分布を明らかにしている（図表6-4）。

図表6-4 階級別による家族数の分布（大正8年4月〜同9年3月）

	階級細別	年間所得額（円）	家　族　数	割合（％）
下流階級（貧民）	下	650以下	9,390,594	98.67
	上	650-2000	939,594	
中流階級（日本標準）	下	2000-3000	63,820	1.01
	上	3000-5000	41,576	
上流階級（富者）	下	5000-30000	31,985	0.32
	上	30000以上	2,017	
計			10,469,586	100

出所：[森本, 1921：54] より作成。

　森本によれば、中流階級に位置づくだろう知識階級の代表が官公吏である。その観点から文官を対象にその所得額（大正8年末）を調べると、武官を除く俸給額の高い順に勅任（812人；1年平均〔以下同〕5561.3円）は上流階級、奏任（9442人；2375.0円）は中流階級に属したものの、それ以下の判任（7万7591人；743.7円）、雇用（8万7815人；475.0円）、有給市吏（1万5772人；736.3円）、有給町村吏（5万7505人；242.1円）、小学教員（16万9460人；710.0円）は下流階級に属するという。

　そのことを驚くべき事実であるとして、森本はいう。「現今の如く誤った経済制度の下にあつては、……（中略—引用者）……中流階級は我が国に於いてほとんど滅亡せんとし、其中堅である知識階級の大部分は今は真に憐れむべき社会的境遇に処して居るのである。斯かる事実は単に中流階級自身の問題ではなく、国民全体の運命に関する重大問題である。爰に於いて中流階級問題が一大社会問題として考究されなければならぬのである」[58] と。

3　社会政策学と家政学

　消費経済論としての生活問題をめぐる考察は、森本自身に「理想的な生活水準を実現する階級としての中流階級が多くを占める社会の実現」というビジョンをもたらした[5]。それは、1920年代半ばに至って①資本家階級を「滅ぶべき階級」とみなして資本家階級の撲滅に繋がる社会政策の発展と、②（男子のみで

できるという生産の発達に対して）消費経済の発達には女性の協力が必要であるとする政策的主張として展開された。①は例えば『滅びゆく階級』（1924年）、②は例えば『生長する愛の生活』（1924年）として表れた。

まず①についてである。森本は、資本家階級が滅び、無産階級が栄えるという論理に沿うもの、それを促すものとして社会政策を把握する。そして、当時における社会政策的精神の普及を以下のように称賛した。

> 「必ずしもロシアのように根本的の革命を断行しなければならぬといふのではない。現在の法律制度に於て行われつつある改正の精神が、如何に資本家階級に対し、以前よりも強い圧迫を加へて居るのであるか、如何なる程度に累進税が将来行はれんとして居るか、近来所得税改正の要点は何処に在つたか、或は土地増加税その他の方法で不労所得を社会に還付せしめやうとする精神が如何に盛んに活動を始めんとしてゐるか等熟考するならば、政府当局が進んでその発達を抑制せんとする階級は有産階級であるといふことを知る。此の階級こそ結局滅びゆくものであるとの暗示を受けて居るのではあるまいか。」（傍点―原文）［森本，1924a：32-33］

それに対して②で焦点化されたのが、女性である。以下のように定義される福利運動としての文化生活運動の担い手として、森本は女性に目を向けた。

> 「文化生活運動は何時も社会の最大多数者の福利増進を目標とするものであるが、其最大多数者といふのは普通に無産階級を含む意味で用ゐられて居る。けれども実は人口の半分を占めて居る女が其重なるものであるのは明らかである。而して彼等が男子と同様に能率の高い生活を営み、価値の大なるものとなつて始めて社会は真に発達をするのである。男ばかり栄えて居る社会には真の文化生活はない。女人を圧迫して其能力を発揮させることの困難な国は、文明国であつても文化国ではない。浪費節約運動の盛な今日、女人を圧迫して其自由を束縛し、単に男子の附属物として取扱つて居ること程、大きな人間経済の浪費はないのであるから、現代文化の恩恵が女人にも自由に楽しまれ得るやうに、彼等の生活を拡張して其向上を計るのは、文化生活運動の根本義である。」［森本，1924b：25］（以下、同書で頁数のみ表示）

これらの主張を結びつけるような形で、森本は当時の日本の社会政策の遅れを以下のように指摘した。

> 「未だ我国に独立した労働省もなければ労働局も存在して居ないといふことだけでも、労働問題が欧米先進国の如く重要視されて居ないことを示して居る。漸く内務省に社会局が新設されたといふやうな有様で、其重大な任務を有する社会局が、ど

れだけ新時代に適合する有益な仕事を為すことが出来るかを批判するには、未だ日が浅いといふやうな時代おくれの状態であるのは、世界一等国の一つと誇つて居る我国の大なる恥辱ではあるまいか。而して現在我国当局のとつて居る社会政策に於て、最も大なる誤謬の一つであると考へるのは、各種の社会事業が今尚男子中心主義であつて、女性生活充実に関して適当の注意が払はれて居ないことである。
　我国には非常に沢山の婦人労働者が居つて、凡ての点から日本は『女の国』であるといふ事実を、どれだけ慎重に我社会が注意を払ふて居るかは疑問である。」[26]

　先に取り上げた①を社会政策学者としての森本、②を社会運動家としての森本と呼ぶとすれば、これ以降の森本は②としての活動に力を注ぐことになる。その分岐が社会政策学会の思想的混乱による行き詰まりの時期と重なっているが、それは偶然ではない（図表6-5参照）。経済学を取り巻く混乱状態から距離をとった森本は、「生産論や富国論の上にのみ成立した我が国の経済社会が、新たに消費論や生活充実論の上にたてかへられるのでなければ必ずゆきつまりになる」という視点から、生産経済だけでなく消費経済の発達こそが重要であるとする主張を「或る程度までの生産経済の発達は男子のみで出来るが、消費経済を発達して根底から経済能力を最高限度に引きのばし、『物を安価に人を高価に』すべき現代経済学の目的を全うするには、どうしても男性の努力の上に女性の協力が加はらねばならないのは当然の事である」と述べて、女性の社会的重要性を指摘するところに昇華したのである。
　森本はいう。

　　「私は男女の能力は『猿心』とか『豚頭』とかいふやうな方面にそれぞれ特色を有して居つて、必ずしも同一でないことは勿論であるが、元来両性間に本質的の優劣があるものでないと考へる。真理は、之を求むるものには、女にも男にも同様に自由を与へる。而して自由は女にも男と同様に力を与へて彼女を強きものにする。女が強くなるのでなければ、男も充実した生活を楽しむことが出来るものでない。相互的関係で発達する社会に於ては、当然男女が相互的に教育しあつて、初めて文化的意義のある生を営み得らるると云ふことは当然の理であらう。家族のものを豚小屋式の陋屋に押し込めて置いて、主人のみが所謂社交の美名を借りて贅を尽したり、訓育の足りない妻女を教育し向上せしむる労をとらないで、自分ばかり高等な知識生活を楽しめば足れりとする者のごときは、共に文化生活の真義を解したものではない。文化人の生活は個人生活から家族生活へ、更に社会生活に進んで初めて完全な発達をとげることが出来るのであるから、夫婦、子供がこぞつてそれぞれ各自の生活能力を最高限度に発達させることが、社会改造の第一歩であることを忘

図表6-5　森本厚吉の略歴

1877年	京都府舞鶴田辺に生まれる
1895年	札幌農学校予科第4年級入学
1897年	札幌農学校本科入学
1901年	札幌農学校本科卒業（卒業論文、農民論）
	私立東北学院教授となり歴史および経済学を担当
1903年	米国ジョンズ・ホプキンス大学大学院入学（経済学および歴史学専攻）
1905年	ボストン市レットパス講演協会講師となり、米国東部諸学校にて講演
1906年	シカゴ市ウインチェル講演協会およびヒッツパルグ市デイタノン講演協会講師となり、米国中部諸州を巡講。
	札幌農学校講師を嘱託（英語歴史および農史を担当する）
1907年	米国学事視察のため渡米
	米国連合夏期学校の歴史経済講師に任用され、中部夏期学校で29回講演
	東北帝国大学農科大学予科教授に就任
1908年	東北帝国大学農科大学助教授に就任
1909年	日英博覧会出品英文大学一覧編纂委員を命ぜられる
	東北帝国大学農科大学教務主任を命ぜられる
1911年	小樽高等商業学校講師を兼任、経済学を講ずる
1915年	東北帝国大学農科大学で経済学および財政学の講座を担当
	経済学および財政学研究のため満2か年間米国へ留学
	ジョンズ・ホプキンス大学大学院にフェローバイ・コーテーシーとして入学
1916年	ジョンズ・ホプキンス大学大学院の選抜により米国名誉学会「ファイ・ベータ・カーパ・ソサエティ」の会員となる
	ジョンズ・ホプキンス大学大学院へ博士論文を提出、ドクトル・オブ・フィロソフィー（経済学）の学位を受ける
1918年	北海道帝国大学農科大学助教授（官制改正）
	法学博士（総長推薦）の学位を受ける
	北海道帝国大学農科大学教授に就任
	北海道庁より農家食糧に関する調査の委嘱を受ける
	「The Standard of Living in Japan」をジョンズ・ホプキンス大学より出版
1920年	同文館より『生活問題』を出版
	（この年から4年にわたって）講義録『文化生活研究』を刊行
	文化生活研究を組織し、事務所を東京銀座警醒社内におく
1921年	月刊雑誌『文化生活』を文化生活研究会より出版
	『私どもの主張』を文化生活研究会より出版
1922年	北海道帝国大学農科大学、農政学および農業経済学講座主任を命ぜられる
	『新生活研究』を文化生活研究会より出版
	財団法人文化普及会を設立し、事務所を東京市本郷区元町1丁目におく
1924年	『滅びゆく階級』を同文館より出版
	『生長する愛の生活』を同文館より出版
1925年	『話方の経済』を広文堂より出版
1926年	『アパートメント・ハウス』を文化普及会より出版

	『創造の生活』を文化普及会より出版
	文化アパートメント開館
	女子文化高等学院を創設、森本静子（森本の妻）が院長に就任
	『今日の問題』を文化普及会より出版
1928年	財団法人女子経済専門学校（学院昇格）を設立し理事長に就任
	月刊雑誌『文化生活』を『経済生活』に改題
	新渡戸稲造が財団法人女子経済専門学校の校長に、森本厚吉は副校長に就任
	北海道帝国大学より欧米各国へ出張を命ぜられる
1929年	『苦悶の経済生活』を広文堂より出版
1930年	『女子経済専門学校同窓会会報』を創刊
1931年	成美高等女学校を付属高等女学校として併合し、新渡戸稲造が校長に就任
	『公民の知識』を四条書房より出版
1932年	北海道帝国大学教授を依願退職
	女子経済専門学校に家庭科を設置
	付属高等女学校校友会誌『いずみ』を創刊
1933年	専門学校に商科を設置
	新渡戸稲造校長逝去に伴い、専門学校および付属高等女学校校長に就任
1934年	『経専タイムス』を創刊
1939年	専門学校に裁縫科設置、五号館完成
1940年	『消費経済』を大日本図書株式会社より出版
1942年	専門学校に家事経済科と家事理学科設置
	『経専タイムス』を『経専学報』と改題
1943年	「文化アパートメント」閉鎖
1944年	女子経済専門学校を東京女子経済専門学校と改称、専門学校に経済科、保健科および育児科を設置
1945年	家庭科、裁縫科を廃止
1946年	専門学校に英文科を設置
	『文化生活』を復刊
	家事経済科と家事理学科を廃止
	東京経専幼稚園を開園
1947年	新学制により東京経専中学校、同高等学校校長に森本厚吉が就任
1948年	『文化生活』復刊第4号で廃刊
1949年	脳溢血にて卒倒
	学制変更により付属高女、専門学校育児科を廃止
	専門学校に臨時に別科（経済科家政科）を設置、幼稚園園長に就任
	『家政学通論』を大明堂書房より出版
1950年	逝去

出所：[藤井, 1996] より作成。

てはならぬ。」[30-31]

このような森本の価値観は、以下の誤謬を正すこととして示された。
1―女性が独立生活を営む資格に欠けている
　「ふつう一般婦人の任務である一家に於ける料理、裁縫、掃除等の家事に関する婦人労働は従来不生産的なものであるとして、女子を劣等視して居つたものであるが、近来の学説ではそれらの労働も必ず何等かの効力（ユーティリティー）を造りだすものであるから、貴重な生産的労働であると認めるようになつた。けれどもこれらの事実は未だ充分に社会が認めて居ないから、今尚女性は生産的労働に従事する男子の附属物であるかの如くに考へられて居る。」[31]
2―女性独特の病気
　「健全な女であるならば、必ず約4週間ごとに子宮内に新しい卵子が成熟し、或化学的変化を起こして所謂月経の苦しみを受けるのである。此時期は普通3、4日であるが、其1、2日前から婦人は非常に神経が鋭敏になり、少しのものにも刺激を受けるのが常である。従来の養生法によると、此時期を全然病人扱ひにするのが普通であるから、女子は男子に比すると、1ヶ月に数日間労働の時間が減少することになり、それだけ経済的価値が先天的に劣るものと認められる。」[34]

　これらの誤謬を正すべく森本が取り組んだのが、文化生活運動である。先にもふれたように、森本は1932年の北大教授辞職をもって学者から社会運動家へといってもよいような大きな転身を遂げる。このような森本のキャリアパスがその連続性をみえにくくするが、ここに森本が見出した女性問題の論点は今日に至ってはジェンダーをめぐる議論によって部分的に克服されるとともに、依然として見受けられる女性の処遇問題で持ち上がるテーマである。性別役割分業の定着というのは森本にとって望ましいものであったとはいえないだろうが、戦後の日本では森本が望んだ中流階級の増加という現象がみられていく。その後その中から、あるいは諸外国からの刺激を受けて生じたジェンダーをめぐる議論によって先に挙げた女性問題の論点が一層クローズアップされていった。

　森本の消費経済論は、消費経済への注目とその改善をめぐる重要な担い手としての女性への着目という形で、ジェンダーの問題を孕んでいる。この森本の議論は戦後、性別役割分業をはじめ議論が深まっていく女性問題論へと展開する。だとすれば、特に消費生活の向上に果たす女性の役割という観点からその社会的認知を促進するための課題を提起した森本の議論は、その限りで先見的

思想というべきであるだろう。そして、実践家としての活動にシフトしていったことで途切れてしまう森本の消費経済論は、学問的系譜という観点からいえば社会政策学（との関わりで再定義される「家庭経済学」）と家政学に分かたれる形で戦後に受け継がれたとみることができよう。

ここでいう社会政策学とは、森本が実践家としての活動を本格化させる1930年代に台頭し、戦後にかけて影響力を強めていった大河内社会政策論（社会政策＝労働問題研究と定義）のことである。他方の家政学は、今日的にみればより相応しい松下のいう生活問題の科学、「有限な人生における家族の生活周期に従って、生命の再生産のための家庭における生活力の循環にもとづく生活の営みを対象とする科学」としての科学ではなく、技術的な側面に焦点化された家政学である。

戦後、大河内社会政策論が影響力を増すとともに森本によって論じられた戦前の消費経済論の存在感が薄れていった。その森本がアメリカから持ち帰ったアメリカ家政学（Home Economics）において見出せる経済学と家政学の結節は、戦後に至って見出しにくくなる。それは先に引用した伊藤セツも指摘しているように、戦後の「家庭経済学」の定義が大河内社会政策論を前提に、それとの辻褄が合うように定義されるからである。「社会政策学の大家・大河内一男、籠山京、中鉢正美らが1950年代から1960年代にかけて、相次いで『家庭経済』という名の書物を世に送っていた（籠山・中鉢　1950、大河内・籠山　1960）。」［伊藤，1990：i］

この戦後の家庭経済学の定義の前提にあるのは、戦中の大河内による国民生活論であるだろう。「国民経済の生産力の保持及び拡充」のために議論となったそれは、生活問題の核心を「軍需生産力の人間的担い手によって営まれる生活」とみなした。生活といえば「勤労生活」と「消費生活」の2分野から形成されるが、すべての国民は原則として働く国民でなければならならない戦時下における消費生活（＝衣・食・住、教養・娯楽、医療・衛生等から成り立つ生活）はそれ自体として何らかの意味があるのではなく、「働く国民たる資格を維持するために不可欠なもの」、いいかえれば勤労生活のためのものとしてこそ有意味な存在となるという見解である。

それは、例えば1960年代あたりから日本でも本格的な普及をみた生活過程、

したがって生活保障を正面から捉えようとする生活経済学の発達を拒むだけの力があった。かくして戦後もたらされる家庭経済学は、「あくまで労働生活と関連するものとして把握される」生活問題を対象とするものとして構想された。その社会政策＝労働問題研究という定義の影響を受けた生活問題は、労働力再生産の場としての家庭を対象とする消費経済学とその家庭生活の運営に関わる主に技術的なことを対象とする家政学という両者の役割分担にまで影響が及んだのである。

　1949年に森本は『家政学通論』を刊行し、そこで以下のような課題提起をしている。しかしながら、当時の森本が学界に十分な影響力を持ちえるほどもはや関与していなかったというのは皮肉なことである。

> 「家政学は一種の消費経済学であらねばならぬ。生産経済学が早くから相当に発達しているにもかかわらず、消費経済学は我国では頗る幼稚であるから、従来の『家事』とか『家庭』という学科では、家庭経済学の理論を家庭生活に適用して、生活力の増強をはかるという使命は全うされていないのである。
> 　私は日本経済の再建は家庭生活の合理化から始められねばならぬと信ずる。そしてそれに最も役立つ家政学は新しい機構の上に、その研究や教育が進められねばならない。そうすれば、自然日本国民の生活能力を世界的標準に引き上げることが可能になるのである。それは消費経済学又は家政学の有する任務である。」［森本，1949：2］

4　むすびにかえて

　本章の主要な主張は、消費経済学と家政学の交錯である。そして、それを論じる手がかりとなる重要な論者として取り上げたのが森本厚吉である。後半生の、したがって実践家としての森本がクローズアップされることが多いなか、本章では消費経済論者としての森本の意義を注視することに努めた。学者から実践家へともいうべき転身によって、それがある時期に途切れてしまうことで森本の議論を学説史的に位置づける作業は難しいが、今日的な視点からみれば森本の消費経済論は極めて貴重な存在であることを指摘した。

　それに加えて、戦後における消費経済学と社会政策学との関わりが本章における副次的な主張である。本来多分に繋がりを有してしかるべき両者が戦後著

しく乖離をみた理由を明らかにするにおいて重要な論者となったのは、大河内一男をはじめとする当時の支配的な社会政策学者たちである。彼らの主張と森本の議論の関連にも言及した本章が導き出した結論には、戦後に至っての社会政策の学界内に留まらないほど大河内社会政策論の影響力が大きかったことも含まれる。これら2つの論点が、本文中に述べた消費経済学の森本、社会政策学の大河内、家政学の松下の三者の関係が「大河内の社会政策学と松下の家政学をつなぎあわせるかのような議論として森本が位置づけられるようである」と述べたことに対応する。

　さらに考察の深化が求められる社会政策論史の視点に立った整理によって、本章を結ぶことにしたい。消費経済学に対する見解での大河内の転回と、社会政策学をめぐる大河内理論の転回が連動していることは実に興味深い。より厳密にいえば、消費経済学に対する見解の変更の先に、大河内一男社会政策論の転回の一契機がもたらされたと考えられる。その消費経済学に対する見解での大河内の転回に関わっていると考えられる弟子の松下は、当時の家政学論のなかでは異色であった。しかしながら、技術的な、したがって家庭科としての側面に収斂することで家庭生活の向上ないしは幸福を主眼においた定義がそのほとんどを占めるなかで、松下は浮いた存在であった。松下の「人生における家族の生活周期に従って、生命の再生産のための家庭における生活力の循環にもとづく生活の営みを対象とする科学」とする家政学定義もまた、生活問題を正面から議論せざるをえなくなっている今日的な視点からみれば森本同様に時代を先取る性格を有している。

　森本はまだしも、松下を社会政策論史との関わりで論じるのはいささか無理があるかもしれない。しかしながら、日本社会政策論史の歩みのなかで大きな存在感をもつのが大河内理論である。その大河内理論の足跡に影響を与えたと考えられる「家庭を労働力再生産の場としてみた」大河内と「家庭を生命再生産の場としてみた」松下の出会いは、極めて有意義なものというべきである。それは、皮肉なものというよりは運命的なものだったということになるだろう。

　　1)　本書は籠山京との共著であるが、第一、二章が大河内、第三、四章が籠山による分担

執筆である。
2) この点をめぐっては、[杉田, 2012] を参照されたい。
3) 松下が東京大学大学院経済学研究科在籍時のもう一人の指導教官が中村常次郎(なかむら・つねじろう;1907-1980)であり、中村は『ホーム・エコノミックス思想の生成と発展』(1976年)の序文を執筆している。松下はのちに、次のように振り返っている。家政学および生活経営管理論構築の基盤は東京大学経済学部、経済学研究科在籍中に形成された。大河内からは「労働力の再生産」という視点から「国民経済学」と「家計(家政学)」の関係を、中村からは家政を根源経営とする H. ニックリッシュの「組織論」や H. シャックの「経済形態学」の知識を、また、指導教官ではなかったものの馬場敬治(ばば・けいじ;1897-1961)からは自然科学と社会科学の総合科学の必要性と L. マンフォードの「生活問題論」に関する知識を得た、とも述べている [松下, 1994]。
4) 1930年代に登場する大河内理論(社会政策＝労働政策と規定)により、その後の日本の社会政策は本来それに包摂して論じられなければならない生活政策の領域を切り捨てる形で労働政策に著しく収斂することになった。その大河内が、1970年代に至ってその見解を見直すことになる(社会政策＝労働政策＋生活政策と再規定)。この点については、[玉井, 1992] で論じている。
5) 生活改善運動をめぐる系譜のなかにおける森本の位置づけを論じたものとして、[中川, 2012] がある。

社会政策と生命・生活／第7章

日本における〈都市〉社会政策論
山口正と磯村英一

1 はじめに

　社会病理学（social pathology）という学問体系は、19世紀末にロシアの社会学者リリエンフェルト（P. von Lilienfeld；1829-1903）によって示され、その後は主にアメリカで発展をみたというのが一般的な理解である。『社会病理学事典』（1968年）の序章を執筆した大橋薫は、その歴史と構造、定義をめぐる曖昧さについて以下のような指摘をしている。

> 「社会病理学が何を研究する学問であるか、またそれにはどんな理論的立場があるかについてはまだ十分な一致をみない。研究者によっては、『社会病理（学）』ということばが社会有機体論の残滓があるとしてこれを嫌い、かわりに『社会問題』とか『社会解体（論）』とかで論じたり、あるいは『社会解体（論）』に批判的な者は、クライナードのように『逸脱行動（論）』を提唱している。このように、社会病理学には、理論的立場どころか学問的名称をめぐってさえいろいろ論議がある。」［那須，1968：4-5］（以下，同書で頁数のみ表示）

　また、社会病理学の研究対象としての社会病理と社会問題の関連についての意見もまちまちであることも指摘している。「社会問題は資本主義社会の構造的な矛盾や欠陥から発生する本質的な社会生活上の困難であり、社会病理はそうした社会問題から派生する副次的な生活困難である」［6］とするマルクス主義的な立場や「社会問題はすべて社会病理的状況を基礎とし、そのなかでもとくに社会生活に重大な脅威や不安を与えると判断されたものを、とくに社会問題とする」［6］アメリカ社会学の立場などがあると。

　「社会問題と社会病理の関係は、アメリカ社会学で主張するように、社会問題はすべて社会病理的状況を基礎とし、そのなかでもとくに社会生活に重大な脅威や不安をあたえると、普遍的に（階層、地域のいかんを問わず）判断される

もの」[7]とするのが『社会病理学事典』(1968年)の立場であり、社会問題の解決のための政策には「社会福祉」「社会政策」「社会保障」「社会開発」「社会運動」があるとされている。

それぞれの項目の解説執筆者は異なる(社会福祉は副田義也、社会政策と社会保障は三浦文夫、社会開発は松原治郎、社会運動は真田是)が、一冊を貫く見解として「社会福祉」「社会政策」「社会保障」「社会開発」「社会運動」の関係性は以下のように説かれている。

> 「社会問題の解決のためには、種々な対策が樹立され、現実に多少ともその成果をあげているわけであるが、その主なものは、社会福祉、社会政策や社会保障、社会計画ないし開発、社会運動などである。このうち社会福祉は、狭義にはいわばミクロないし小範囲の次元からの社会問題に対する制度的・技術的対策であり、社会政策や社会保障は、いわばマクロないし大範囲の次元からの制度的な対策であり、社会計画(開発)は、生活環境の改善という視点からの対策である。そして社会運動は、住民なり市民なり大衆なりの自主的・自覚的な問題解決へのアプローチであり、そしてこれが民主主義社会ではとくに重要なのである。」[228]

ところで、筆者らはこれまで社会政策論史をめぐって戦前まで遡る日本的系譜の独自性を主張してきた[1]。その立場からさらなる議論を展開する本章は、〈社会学〉系社会政策論と名づけた戦前日本における社会政策論との関わりで「社会病理」概念の史的展開を明らかにすることを試みるものである。筆者は大阪市やまた東京市と呼ばれていた頃に先行して展開した社会政策を〈都市〉社会政策として特徴づけることで日本社会政策論史の伝統のなかに位置づけたが、本章でクローズアップする社会病理の概念の展開と〈都市〉社会政策の形成は深く関わっている[2]。

2　山口　正

冒頭の繰り返しになるが、社会病理学はロシアの社会学者リリエンフェルトの著書で1896年に提起され、その後20世紀初めにかけて世界各国に広がりをみた。当時の体系書とされるクウィーンとマンの『社会病理学』(1925年)の翻訳が刊行されるなど、日本でも戦前に「社会病理」概念の普及の兆しがみられ

た。その翻訳が刊行された1935年当時の日本における「社会病理学」がおかれた状況は、訳者の序文から知ることができる。少し長くなるが、その全文を引用してみよう。

「資本主義経済の社会的機構が必然的に生み出して行く多くの病的社会事情、失業、放浪、売淫、離婚、児童遺棄、児童虐待、貧困、不良少年等々に関して、吾々は、今こそ正確なる認識を持つべき迫られてゐるのではあるまいか。なぜならば、これらの事象は、文明諸国において、益々増加するのみであり、日本にあつては、特に心中、自殺等までが続出してゐる状態だからである。

もとより、道徳は、貧困や失業に対して個人の人格的反省を促し、宗教は、離婚や放浪に対して個人の精神的無力を責め、法律は、売淫や児童虐待、児童遺棄に対し、一方的な厳罰を強いてゐる。しかしながら、この態度は果して妥当であらうか。吾々はまた、それらを一個の私問題として、伝統的な法律家、宗教家、又は道徳家の判断にのみ委せて置くべきであらうか。否！この否定こそ、すでに現代識者の常識の一つである。

まことに、現在の道徳、宗教、法律、その他あらゆる社会的規範は、伝統の孤塁を守つて個人の責任を求めるに忙しく、かかる病理的社会現象に導いた社会の相関的責任に対しては、敢て顧みることをしなかったのである。一個人の精神的向上や、道徳的精進を、いかに説いても、それら個人をとり巻く環境の醜汚にして是正されざる限り、人間の理想的生活なるものは存在し得ない。それは恰も、いかに豪華な一台の自動車が作られても、泥土のごとき道路をのみ馳駆するならば、決してその美しさを保ち得ないのと同じことである。

この著『社会病理学』Social Pathology は、各般の社会的疾病の症状をありのままの事実として記述し、これを社会学者の立場から臨床的に診断して、病原の由つて来るところを追求しその治療法を述べたものである。然してその診断の立場と方法とにおいて、吾々に多くのものを暗示しないでは置かない。

著者は、各章の始めに、病的社会現象を詳細に列挙し、その病症の中に、いづれに病根があるかを徐に分析し、解説しつつ、適切なる治療の方針を指示せんとしてゐる。用ひられてゐる一々の病的社会現象は、吾々の生活に近接することであり、また小説的事実でもあるので、読者はおのづからに深い興味を感じるのであるが、興味そのものの中に、科学とセオリーを感得せしめて行くのが、この著者の独自の手腕である。吾々はかくして社会学を、吾々の日常の生活の中に親しみ深く消化して行くことが出来るのである。

経済学は今や全く講壇の上より下ろされて、大衆の生活に溶け込んで行ったが、社会学は、より広く大衆と接触する部面を持ちながら、いまだ象牙の塔に立籠るの感がないとは言へないのである。然るに、クヰーン及びマン両教授によって試みられた本書の新しい取扱ひ方が、たまたま社会学をして大衆のものたらしめ、吾々の

<u>生活により正しき認識を与へることに役立つならば、喜びは決して訳者のみに止まらないのである。</u>（下線―引用者）
　もちろん本書の論旨の凡てに対して、訳者の二人が全的に賛同するものではないが、本書が前述の如く勝れた内容を有するものであるならば、将に訳出されるべき充当の理由ありと言ひ得るであらうと信ずる。」[Queen, Mann／高津・新保訳, 1935：1-3]

　ここに記されているように、当時の日本における社会学と「病的社会現象」[4]をめぐる議論は、少なくともそれが「社会病理学」という学問として確立するまでには至っていなかった。というよりは、「社会病理」と同じように普及しつつあった「社会改造」「社会衛生」「社会医学」といった言葉によって、社会学と病的社会現象の関係づけが様々な形で模索されていたというべきかもしれない。

　政策論議のなかにこれらの概念が持ち出される1920年代終わりから30年代にかけて、日本では社会問題の対応策としての社会政策が「社会政策」と「社会事業」という形で分化していくという独特の展開をみた。これは極めて日本的な現象であり、それまで労働政策と生活政策を含みもつものとして展開してきた社会政策が、労働政策としての社会政策と社会事業に切り分けられることになった。本章の主題である「社会病理」概念の展開と社会政策と社会事業の分化は並行してみられたが、それは偶然のことではない。[5]

　というのは、本章でクローズアップする「社会病理」、また「社会衛生」や「社会医学」といった生活問題への対処に関わる概念は、1920年代を通じて普及をみた社会学的な、あるいは医学的な観点からの社会政策論者によって提起されたものである。優生学に象徴される選別主義を根拠に社会的に「異常」「逸脱」「偏倚」とみなされる現象が問題とされ、その原因解明と解消に向かう実践の発展はもう1つの「社会政策」の系譜を形作るものとして普及がもたらされていくのである。

　そのことを象徴するかのような存在が、戦前の大阪市における社会政策実践に大きな役割を果たした山口正（1887-1943）と1954年に『社会病理学』を刊行する都市社会学の専門家・磯村英一（1903-1997）である。もちろん、両者の所説をめぐってはすでにいくつかの先行研究がもたらされている。しかしなが

図表7-1　山口正・磯村英一の略歴

山口　正		磯村　英一	
1887年	誕生		
1911年	広島高等師範学校卒業		
1912年	京都帝国大学に入学		
1915年	同、卒業		
1919年	大阪市主事、調査係主任		
1921年	労働調査課長		
1924年	『都市生活の研究』の出版		
1925年	社会部長		
1928年	『都市社会事業の諸問題』の出版（29年に改版）	1928年	東京帝国大学文学部社会学科卒業後、東京市（現、東京都）に就職
1934年	『社会事業研究』の出版		
1935年	大谷大学教授		
1943年	死去		
		1953年	都庁を退職して東京都立大学人文学部の教授就任『都市社会学』の出版
		1954年	『社会病理学』の出版

（筆者作成）。

ら、山口と磯村の関係性および社会政策論史への位置づけについてはまったく言及されてきていない。確かに両者の生きた時代、活躍した時代にそれなりの相違は認められるものの、都市における社会政策の実践家としての経験を活かして学説を展開したという性格をはじめ、共通項が多い（図表7-1参照）。

　まず、京都帝国大学の米田庄太郎のもとで社会学を学んだ山口は、大阪市の職員として社会政策の実践に尽力した。実務家として大阪市における大都市特有の問題に直面した山口は、実践面で社会問題の解決に尽力する一方で、社会問題をめぐる理論的考察にも精力的に取り組んだ。『都市生活の研究』（1924年）に始まる一連の都市問題論は、その後専門分化をみるいくつかの学問領域を横断するような性格を有している。社会学の知識をベースとする社会政策論、また実務家でもあったがゆえの独自の視点からの社会問題理解は、以下で取り上げる「社会病」概念の提起などに結実する。それは、多くの経済学者が陥った生産関係へと収斂をみる視点とは対置されるものとして注目に値するのだが、当時の社会政策学界における経済学優位という状況のなかで、社会学か

ら発せられた社会政策論としてのアイデンティティを獲得するところまでは及ばなかった。

社会政策学会が思想的混乱から休止状態に陥る1920年代半ば以降、人口問題をめぐる「マルサスかマルクスか」の学説論争を経た社会政策論は、著しく経済学に傾斜する形で労働力を対象とする社会政策としての「社会政策」と非労働力を対象とする「社会事業」という概念的な切り分けが進んだ。『都市社会事業の諸問題』(初版1928年、改版1929年) において「社会政策」と「社会事業」の違いについて以下のように論じているように、山口もまたその波に飲み込まれたのである。

> 「社会は支配階級と被支配階級とから成り、この支配階級と被支配階級とは時代によつて異なる。……(中略—引用者)……現在に於いては、人は総べて宗教的に解放され又政治的に解放されて各人平等となり、最早宗教上、政治上支配被支配の区別がなくなつた。然るに経済生活の方面に於いては、社会的に或は政治的に支配するところの支配階級即ち資本階級、有産階級といはれるものと、それらによつて支配される被支配階級即ち労働者階級或は無産階級といはれるものとが対立する。社会が完全に進歩発達するためには、人間の発育と同じく相調和して均斉的に一体的に発達しなければならない。換言すれば支配被支配といつた階級的差別がなく全く無差別な状態を理想とする。併しながら現在に於いては中々さうは行かない。そこで支配階級たる資本家階級と被支配階級たる労働者階級とが所謂階級闘争を惹起し、これが偶像として労働者問題、失業問題、小作問題といつた重要な諸問題が高唱されてゐるのである。これは社会が均斉的に一体的に発達せんとする途上に起こるところの問題即ち社会問題に外ならない。而してこれを解決せんがために、社会の常態的な健康増進法として社会政策が提唱されるのである。」[山口, 1929:2-3]

それが健康体=常態の場合のことであるのに対して、社会には病態——寡婦、無縁者、私生児、孤児、浮浪児、犯罪児、浮浪人、老癈者等家庭的に恵まれざる者、貧困、職業の不安定、少年労働、工場の災害等社会上、経済上の苦痛を舐めている者、酒精中毒、神経および精神病、聾唖、心身の薄弱および不具癈疾等個人的に恵まれない者等——いろいろあるが、「これを治療し、又は予防することによつて社会の均斉的、一体的発達を遂げしめねばならない。而して社会の疾病を除去し又は予防することは社会の福利を増進することに外ならぬが故に、これらの問題を指して社会福利問題といひ、これを取り扱ふも

図表 7-2　社会政策と社会事業（山口）

	社　会　政　策	社　会　事　業
目的1	社会の均斉的、全一的、調和的発達	
目的2	支配階級を厭へんとする	被支配階級を引き上げんとする
対象1	社会問題（社会の均斉的、一体的或は全一的発達の過程の常態に於ける諸問題＝「常態に於ける社会の発達上の諸問題」）	社会福利問題（常態ではない社会の疾病の治療と予防＝「社会の病態の治療又は予防」）
対象2	主として社会を構成する階級	主として個人
手　法	主として立法的手段	主として行政的又は自助的方法
関　係	社会事業は社会政策を助成する関係	

出所：[山口，1929：5-6] をもとに作成。

のを社会事業といふのである」[山口，1929：5] と。

　ただし、山口は社会政策と社会事業の統一的理解という視点も残していた。「社会の常態的な健康増進法」としての「社会政策」、「社会の病態の治療又は予防法」としての「社会事業」を「社会の均斉的、全一的、調和的発達」という目的において統合し、「社会事業が社会政策を助成する関係」と把握することで両者を関連づけた。これが理論家としての山口の主張とすれば、他方の実務家としての山口は、「社会病」という概念で社会問題を把握した。この実践を通じて提起された「社会病」への対応策としての「社会政策」と「社会事業」も統一的なものとして理解されている。『都市社会事業の諸問題』（1929年）の末尾に収められた「大阪の社会病」と題する一篇で山口はいう。

> 「大阪市といふ大都市に潜在し蔓延しつつあるところの社会病」とは、「人類の社会生活に於ける病気即ち生存過程に横たはる人間的社会病」であり、それを「結核病、花柳病、トラホームに限局する見解は、双眸を現在社会に向けるものにとつてはやや狭少の感がないではない」。「社会の本質、換言すれば一体社会とは何であるかと謂ふことは、社会学研鑽の途上に投げられたテーマとして種々論ぜられてゐるところであるが、仮に社会を人間に比喩して見ると、人間の精神上や肉体上に支障あるときはこれを病気と称する如く、社会に於いてもその一部分に欠陥が胚胎した場合には、その欠陥を社会病と謂ひ得るわけである。従って人間の病気は専門家の医師によつて解剖、診察等の方法を以つて診断治療せらるる如く、社会の病気は一に社会事業家の診断、治療を必要とするのである。」[山口，1929：187-188]

図表 7-3　社会病一覧

病　名	程度（人数）	病　名	程度（人数）
不良住宅	140,735	精神薄弱者	40,375
失業者	19,762	貧児	10,177
貧民	56,497	不良青少年	3,675
窮民	9,943	朝鮮人	35,017
老癈者	189	モルヒネ及類似中毒者	178
軍事救護者	432	癩患者	352
棄児、迷児	56	乞食	232
犯罪者	10,582	浮浪人	384
結核患者	58,785	行旅病人及行旅死亡人	586
乳児死亡者	11,901	芸妓	4,943
盲人	2,500〜3,000	公娼	7,291
トラホーム	280,000	私娼	283
聾唖者	300	酌婦	569
不具癈疾者	74,349	女給	5,051
工場の傷痍者	339	仲居	3,529
精神病者	2,022	花柳病者	46,676

出所：[山口, 1929：210-211] をもとに作成。

以下図表 7-3 は山口が取り上げた「社会病」の一覧であり、その治療または予防方法に社会事業と社会政策を対応させた。

> 「我々は右（本章では上記の一覧─引用者）に列挙したやうに多種多様な社会病が如何に根深く広き範囲に且つて大阪といふ社会に巣喰ひ蔓延しつつあるかを知るのであるが、社会病はそれが如何に軽症であつても社会全般の健全な発達を阻害するものであることは、あたかも人体に於いて例へば目の中に小さな埃が飛び込んだ場合に人体の完全な機能は阻害せられ少なからざる不快と苦痛とを覚えるに異ならないが、人体がその場合に苦痛より逃れんとして反射的に局部に手を触れて異物を除去せんとすると同様に、社会はその患部に対して治療又は予防方法を講ぜねばならぬ。この種の仕事は乃ち社会事業及社会政策の範囲に属する。されば社会事業は社会病の治療又は予防手段であり、それに一貫せる精神は社会生活を共にする者の義務即ち相互連帯の観念である。異常社会調査のメスを振つて大阪の社会病を暴露して来た所以のものは、大阪と呼ばれる都市社会に生活を共にしつつある人々に、社会病に対する注意を喚起して相互連帯の観念を強めたいために外ならないのである。」[山口, 1929：212]

図表 7-2 として提示した概念的な区別をしつつも、山口は「社会病」への対応策として両者を統一的に理解し、社会事業が「社会生活を共にする者の義務

即ち相互連帯の観念」で貫かれていると理解していた。その『都市社会事業の諸問題』(1929年)の翌年には大阪市社会部報告(第121号)として『本市に於ける社会病』(1930年)が刊行されるが、そこでは「社会病」に関するよりまとまった考えが示されている。「近世産業の発達、都市人口の集中、無産階級の発生、特に自由競争の高度化などの諸契機によつて、余程培養せられ、斯くしてそれが根強く社会に浸潤するに至つた」[大阪市社会部調査課編, 1930:1](以下, 同書で頁数のみ表示)「私生・離婚・犯罪・貧困・失業・不具癈疾・精神異常」などの社会病が「道徳的家庭的に、或は経済的保健的に人間生活につき纏ふて、彼れ等の困難を惹き起こし社会的孤独隔離を醸し、社会の福利共同生活の目的に脅威を与へて来た」[2]として、それへの対応策として社会事業と社会政策の必要に言及する。「所謂社会事業なり社会政策は、これ等の疾患を治療し芟除せんとするものに外ならないのであるが、これ等の活動をして組織的に且つ合理的に意義あらしめんがためには、先づよく病症を認識し其の病理の究明に努むることが、予防的にも対症的にも極めて必要なりと云はなければならない」[2]と。

これらは先の『都市社会事業の諸問題』(1929年)における議論の繰り返しであるが、本書では幾多の種類がある社会病について以下に「家庭的疾患」「経済的疾患」「保健的疾患」の3分類が加えられている。

〔家庭的疾患〕
　寡居
　離婚(離婚、遺棄、棄児)
　私生
　家なき人々(木賃宿宿泊人、浮浪者、乞食、行旅病人及同死亡人)
　犯罪(犯罪人、刑事要観察人)
　少年非行
　老癈
　自殺(自殺、親子心中)
　売笑(娼妓、芸妓、やとな、女給)
〔経済的疾患〕
　貧困(貧民、窮民、被救護者、被軍事救護者)
　失業(失業者、日雇労働者)
　不良住宅
　朝鮮人労働(渡来朝鮮人労働者、モルヒネ中毒者)
　災害(工場災害、交通災害、其の他の災害)
〔保健的疾患〕
　花柳病
　結核
　癩
　失明(盲人、トラホーム)
　不具癈疾(不具癈疾者、聾唖者)
　精神異常(精神病者、精神薄弱者)
　乳児死亡

第 7 章　日本における〈都市〉社会政策論　131

　この分類をめぐる山口の説明は、次のとおりである。「社会関係の中第一次的であり且つ根本的なものは彼れ等の家庭と其の家族関係であらう。従つて先づ家庭の崩壊と云ふ見地から各種の疾患を考察することとした。次いでこの第一次的団体を離れて重要な関係にあるものは経済生活に関連するものであらう。従つて第二に経済的見地からこれ等の疾患を観察し、更に保健的見地に立つこととした。健康はただに自己に対する関係に於いてのみならず、家族及び他人に対する関係に於いても余程影響を与ふるものであり、人間の経済的成功、家庭生活、個人の発展に緊密な利害関係を伴ふものに外ならない。」[2]

　本冊子は、先のように分類される各社会病についての解説に紙幅が割かれるが、「結言」としてその考察もなされている。これらの疾患全体を通じて考察するならば、それは「個性に対する関係」と「社会組織に対する関係」に収斂し、「この二つは必然に同時に現はれると云ふのではないが、それは大抵同一の事態に於いて連繋せられ、従つて其の間に密接な関係があることは云ふ迄もなからう」[116]という。あるいは、社会病とは「正常な機能又は状態から執拗に外れるところに特色ある事象を其の範囲とすべきもの」[116]という定義をもってその概念をより明らかにしうるものの、「正常な家庭」「正常な就業者」「正常な身体」などの、その限界を定める事は容易ではないことを指摘する。

　また、あくまで個別に取り扱われた事象についての包括的研究の必要が唱えられる。「本冊子に用ひた寡居以外の斯く表題は一見単一の事象に考へられるが、実際に於いては決して独立した一事象ではなくして、そこには各種の事態が競合相錯綜してゐるのであり、従つてそれ等は何れも複雑なる社会生活に於ける表徴的の事象に過ぎないことを見逃してはならない。例へば本冊子の初めに掲げた事例は寡婦の問題であり、親の保護を離れた子供の問題であり、しかも其の反面に貧困、結核の問題を伏在せしめてゐる。斯くの如く一般に多方面の事情が交錯してそこに個人、家庭又は団体を困難に陥れる。従つて又個人、家庭又は団体の何れに於いても、それ等の困難の主要なる事態として当初に現れたものが必ずしも主要な要素をなすのではなくして、実際は其の他の障碍が多分に保有せらるることが甚だ多いことを注意せねばならない。」[116-117]

さらに、社会病と社会的分離の重要な関係、いいかえれば社会病（貧困其の他家庭的、肉体的、精神的欠陥）が社会的分離（孤独、隔離といった社会的接触上の何らかの障碍）をもたらしてしまうことを次のように指摘する。

「貧困は種々の社会的接触を妨げるが就中文化との接近を封鎖し、不具癈疾、結核病者は社会の大多数から分離せしめられ、又正常な家族関係を喪ふた老衰者は余程困窮に陥るであらう。反社会的、不道徳的な行動をとるものも、同様色々な状態に於いて社会的孤独を負担せしめられよう。未婚の母は面をそむけられ、売笑婦は仮令知名の後援者を有しても善良なる社会から擯斥せられ、犯罪者は収監中は勿論釈放後にも前科者として排斥せられる。ホーボー（渡り鳥労働者—引用者）、浮浪者の如きは彼れ等の仲間以外の総ての社会から顰蹙（ひんしゅく—引用者）せられてゐる、斯やうな孤独はそれ自身社会的ハンディキャップに相違ないが、しかもそこに個人の憤怒、辛苦、卑下、失望の気分を生ずることが甚だ関心を要するものと云はれなければならない。」［118］

あるいはまた、自由競争が社会的分離に繋がるという事実も指摘する。

「経済競争に於ける敗残者は所謂スラムへ押込めらるることはこれが明らかなる一事象であらう。しかも斯かる隔離は次第に一つの反動的団体の色彩を加へる。何日迄も労働者以外の何ものにもなれぬ桎梏（しっこく—引用者）が加へられることによつて無産階級を台頭せしめる。他方に於いてこれ等の隔離なり負担が競争能力に関与して来る。経済的破綻、健康又は家庭の崩壊などの何れにしても競争上に障碍となることが極めて多い。……（中略—引用者）……所謂弱者は競争に於いて必要なる教育、訓練、休養、医療及び食糧すらも獲得することに障碍を加へられてゐる。家庭の崩壊も亦競争上多大の負担となり、遺棄された婦人、子供のある寡婦は爾後困苦を続けなければならないだろう。親の保護を喪ひたる子供は他の少年、少女に比してより困難な過程を辿るであらう。未婚の母とその私生児は闘争の社会に直面せねばなるまい。斯やうに家庭の崩壊は彼れ等をして競争上に於ける成功の機会を余程剥奪することは云ふ迄もない。斯くして競争は多数のものに負担を課してこれを分離するの傾向あるとともに、他面その負担分離によつて其の競争能力が抑制せられることも知られよう。」［118］

「社会的隔離孤独の存する間は真実の社会福利を実現し得ないであらう。」［118］あるいはまた、「社会病の問題は結局人格の改造と社会的不整の問題に帰着するであらう。そこに経済的、保健的、精神衛生的活動の振興を期せねばならないと同時に、教育訓練の力にも俟つべきものが甚だ多いことも強調せら

図表7-4 『都市社会学』(1953年) 目次

第一編　都市社会の理論
　第一章　都市社会の意義
　第二章　都市人口の生態
　第三章　都市社会の形成
第二編　都市社会の実態
　第一章　都市と農村の問題
　第二章　都市の人口問題
　第三章　家族結合の問題
　第四章　地域社会としての問題
　第五章　利益社会としての問題
　第六章　組織社会としての問題
第三編　都市の社会病理現象
　第一章　スラム
　第二章　浮浪者
　第三章　売淫

(筆者作成)。

図表7-5 『社会病理学』(1954年) 目次

第一章　社会病理学の概念
第二章　血縁的病理現象
第三章　地域的病理現象
第四章　職能的病理現象
第五章　社会病理学の展開

(筆者作成)。

るべきであらう。併しながら予めこれが症状を究めて而も其の社会的認識を止揚しなければ如何なる予防的方策も臨床的療法も十分に其の活動と効果を期し難いであらう」[118-119] という考えからもたらされた山口の「社会病」概念とその対応策としての「社会政策」と「社会事業」、また両者の関係づけをめぐる主張は、大阪市の社会問題と向き合い続けた実務家がもたらした社会政策論として個性的なものであった。

3　磯村英一

　この山口との関連を指摘できるのが、磯村英一である。鈴木榮太郎らとともに日本都市社会学の第一世代として知られる磯村は、1928年に東京帝国大学文学部社会学科卒業後、東京市（現、東京都）に就職する[7]。1953年には都庁を退職し、東京都立大学人文学部の教授に就任する。実務家として社会問題と向き合った経験を活かす磯村の議論は、性格的に山口の議論と類似する。そのことを確認できるのが、磯村の「社会病理」論である。その「社会病理」がタイトルとなっている『社会病理学』(1954年) は、磯村の第一作である『都市社会学』(1953年) に続いて発表された。いずれの記述にも、実務家としての経験が

図表7-6 社会病理現象（磯村による）

	個人的病理	血縁的病理	地縁的病理	職能的病理	偏倚する社会形態
失業	精神病者 自殺者 年寄り	離婚 未亡人 心中	赤線区域 ドヤ街 部落	テキヤ 内職 質屋 射倖集団	大衆社会
貧困	身体障害者	非行者 里子 売春	仮小屋生活者 水上生活者 スラム	バタヤ ニコヨン	下層社会
（犯罪）			ポンチュー	ギャング 浮浪者	（ルンペン社会）

出所：[磯村, 1954：42] をもとに作成。
注：「（磯村が）実際に調査したものに限られる」という注意書きが付されている。

満ちている。[8]

『都市社会学』（1953年）と『社会病理学』（1954年）の目次（図表7-4、図表7-5参照）を示したが、『都市社会学』の第三編と『社会病理学』で論じられる磯村の「社会病理」の主張は、山口の「社会病」をめぐる議論の延長にあるといってよい。東京市の現状から拾い上げられた多種多様な「社会病理」は山口同様に実務経験からもたらされたものであり、図表7-6として示した磯村の「社会病理現象」の分類（「個人的病理」「血縁的病理」「地縁的病理」「職能的病理」）と先に示した山口の「社会病」の分類（「家庭的疾患」「経済的疾患」「保健的疾患」）にも類似性を見出すことができる。

「社会病理」概念の提起に留まらず、その理論化を試みた磯村はいう（図表7-7参照）。「社会病理現象を社会的偏倚の過程においてとらえると、そこに二つの状態が考えられる。一つは社会的偏倚によつて母集団と部分集団の結合が連帯性を少なくしつつ緊張をましてゆく状態、今一つは社会的偏倚によつて母集団と部分集団の結合が連帯性を断つ状態である。前者は社会的緊張の理念で理解できる。後者は通常社会的解体と呼ばれ、社会的偏倚の終末過程である」[磯村, 1954：319]（以下, 同書で頁数のみ表示）と。社会生活の基盤の上に米価の高騰という条件が加えられ、社会的緊張が極点に達し爆発の症状として「騒動」となったと解説される1918年の米騒動はその例であり、ブルーマー（当

図表 7-7　社会病理現象の分類（磯村による）

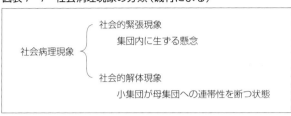

(筆者作成)。

時、シカゴ大学教授)の定義を引いて社会的緊張とは「己の安全・福祉・利益および価値観が他の集団の行動によって妨害され、危うくされ、侵害されつつあると感じている集団内に生ずる懸念である」と定義している。それに対して社会的解体とは、スラム地区や赤線区域、テキヤ集団といった小集団に対する統制力を母集団が失い、小集団が母集団への連帯性を断つ（＝分化集団化した）状態を指す。磯村によれば、「社会的緊張現象のすべてが社会病理学の対象となるのではなく、後進性をもつ社会的偏倚が、母集団との関係において、又前進性の偏倚集団との関係において緊張状態をもつときに、はじめて社会病理に関連があるとする」［325］。

このように解説したうえで、偏倚状態の過程において現れ、その究極として社会的解体をもたらす社会病理現象と、その対策としての「社会政策」と「社会事業」、（さらには「社会保障」）との関連づけを試みている。

「現代資本主義社会における病理現象の探求は、必然的にその偏倚現象の調整・対策と不可分の関係にある。そしてその方針は同情という感情が支配する。そしてあくまでも同質の個人なり集団とみる。既にあげたような個人的・地域的・利縁的な偏倚も社会を解体に導く異質的なものでなく、同質のものの落伍者・弱者・敗残者という見方をする。したがつてその調整や対策は本質的のものではなく派生的であり、便宜的・打算的である」［335-336］という資本主義社会における社会病理対策の限界を指摘する。そのうえで、生活環境の落差現象をどのように認識し、その対策の実行方法として部分的緩和（慈善・施興・喜捨）をとるのか全体的調整（改良・改革）をとるのかは行為者（個人・団体・社会）の意志によって決まり、その行為が組織的・計画的・継続的な行動に転化したのが「階層的調整である」社会政策・「個人的調整を主とする」社

会事業であると説明した。また、「社会病理現象の拡大と集団化に伴つてその対策としての慈善事業が社会福祉事業に変り、社会政策の他に社会保障という名称までも生まれるに至つた」[338]とする。

部分的任意的な社会事業に対して、国家社会を中心とした病理現象を一応包括的に対象とするのが社会保障で、社会保障の概念は「国民生活の経済的保障を基盤としている、従つてその本質が国民の最低生活の確保となり、方法が国民所得の再配分となる。いいかえれば社会における成員の偏倚状態のうち経済的関係に重点をおいており、社会病理現象の基本的一つを対象にしている」[338]という。そのうえで磯村は、社会病理現象への接近には以下の3つの方向があるとし、それらは相互に関連しているとした。

1．社会の一部の成員がその社会への連帯性を失い偏倚して行くことに対する同情を基礎とする組織的行動（社会事業）
2．偏倚状態が社会に脅威を与えることを防止しようとする対策（社会保障）
3．病理現象を科学的に把握する方法（社会病理学）[342]

また、応用社会学における新潮流（＝社会の病的現象を分析し、この対策に社会学的基礎を求めようとする努力）としての臨床社会学についても言及する。社会政策や社会事業が応急的・便宜的方法であるのに対して恒久的・科学的方法であるという臨床社会学を、磯村は次のように定義、解説する。

「社会の病理的現象を追及し、診断し、その類型や原因を判断し、不適応の状態は適応の状態に病的現象は正常な状態に恢復させる方法である。この場合社会諸科学、特に社会学の理論及び応用の分野は極めて有効な資料となる。臨床社会学は、一般社会学が社会の分析及び理論の説明を目的とするのに対し、さらに一歩すすめ、その原因の究明とこれに即応した対策を見出すことを特長とする。社会事業や社会保障は、臨床社会学を基礎としてその対策を樹立するのが正しい。」[343] さらに続けて、社会病理学と臨床社会学の関係性についていう。「社会病理学と臨床社会学とは、うらはらの関係にある。前者が社会集団の病理状態を社会学等の理論を基礎として科学的に把握するに重点をおき、後者は社会の病理状態の実験的—社会学の方法を応用して—治療方法の発見に重点をおいている。いずれも同じ対象である社会事業や社会政策と密接な関係をもつことはいうまでもない」[343]と。

以上が、磯村の社会病理をめぐる主張の要点である。分類に留まった山口に対して、磯村は学問（社会病理学）として体系化することを試みた。前節で紹介した山口の「社会病」と磯村の「社会病理」をめぐる議論との連続性について指摘したところで、以下ではさらに踏み込んで磯村の〈社会学〉系社会政策論者としての位置づけを確認したい。

　日本社会学の史的展開をめぐって近代まで遡れば、東京（帝国）大学の建部遯吾―戸田貞三、京都（帝国）大学の米田庄太郎―高田保馬は、それぞれ日本社会学の第一世代、第二世代にあたる。そして、高田保馬と同じ米田門下の山口は京都（帝国）大学の系譜に、磯村は東京（帝国）大学の系譜に連なるという整理ができる。山口は米田庄太郎の門下生であることはすでに明らかにしたところなので、ここでは磯村をめぐる学問的系譜について知ることができる資料を確認したい。それは、先に取り上げた『都市社会学』（1953年）と『社会病理学』（1954年）の「はしがき」であり、都市社会学者としての磯村が誕生した経緯が記されている。

　まず、「昭和28年4月」に記したとされる以下の『都市社会学』の序文からは、磯村が研究の道へと歩み出したきっかけ等について述べられている。

> 「今から丁度3年前、当時日本社会学会の会長でおられた恩師戸田貞三先生から急に『都市社会学』の勉強のために渡米するようにとのお話があった。
> 　当時私は東京都の民生局長として、一生の目標であった『都市社会問題』と真向から取りくんでいた最中であったので、はじめいささか躊躇したが、安井東京都知事のすすめもあったのでお受けすることにした。それから約百日私はアメリカの社会を見ることに熱中した。その内でもシカゴ大学でバージェス教授に14年振りで同じ研究室で再会したことは私の忘れられない思い出の一つである。
> 　私は東京に生まれ、育ち、そして『郷土東京』に無限の愛着を持っている。その歴史をたずね将来を案ずることは、私の一生にかけられた責任のように思っている。又そのようにいつも変わらず指導して下さつたのは、私の学生時代にシカゴ大学の留学から帰られた恩師戸田先生であり、現に東大社会学主任教授である林恵海先生である。」［磯村, 1953：1］

　次に、以下は「昭和二十九年八月」に記したとされる『社会病理学』の序文の一部である。こちらでは、学生時代を振り返って都市社会の研究、とりわけ下層社会に関心を抱くようになった経緯等について述べられている。

「今から丁度30年前になる。大正の大震災のあつた直後、東大のバラック教室で戸田貞三先生から『救貧問題の研究』という特殊講義をきいた。内容は主として最低生活の基準についてであつたが、非常に感銘深い講義であつた。それが契機となつたか、或は早く両親を失つた自分の青年時代の生活経験のためか、卒業後も公私の生活を通じて『貧しさ』ということに郷愁に似た感情をもつてきた。震災後のバラック調査のアルバイト学生から東京市社会局につとめるようになつて30年そして今の生活に移るプロセスを反省してみても、この生活感情が影響していることを否定できない。
　このような生活の中で横山源之助氏が50年前に書いた『日本之下層社会』という本はいつも私の刺激になつた。それを読むたびにできればあのような記録を残しておきたい、特に敗戦後の日本の下層社会の実情は、今後50年後にどんなに変るかも知れない日本にとつて貴重な資料になるから、是非それを実現したいと思つていた。」［磯村，1954：1-2］

　『都市社会学』の序文のなかで、磯村は戦前から戦後にかけて活躍した社会学者・戸田貞三を恩師と呼んでいる。そして、学者に転身を図るきっかけをつくったともいえる渡米のチャンスを与えたのも戸田であったという。さらに、『社会病理学』の序文では学生時代に受講した戸田の講義「救貧問題の研究」に感銘を受けたとし、その「救貧問題研究」や横山源之助の『日本之下層社会』といった研究の延長で自身を把握している。

　先の整理に山口と磯村をおき直すと、磯村は近代における日本社会学の二本柱の1つとしての東京（帝国）大学の系譜に「建部遯吾―戸田貞三―磯村英一」として連なることになる。それと並ぶのが、京都（帝国）大学の「米田庄太郎―高田保馬、山口正」である。彼らは、1924年に設立をみた日本社会学会のなかで人的交流がみられた。戸田が理事を、高田と山口が常務委員を務めるなどした当学会の第5回研究報告会（1929年）の共通研究報告題目は「都市」であり、磯村英一は三橋逢吉、井上吉次郎、今井登志喜、小川市太郎、弓家七郎、小野秀雄、阿部重孝、藤田進一郎らと並んで報告者を務めた。他都市に先行する形で、また凝縮される形で表出した社会問題＝都市問題への対処の経験を踏まえた社会政策論の系譜としての山口や磯村の学説は、〈社会学〉系社会政策論者の日本社会政策論史における戦前から戦後への連続性を示す有力な1つの根拠となりえよう。

4 むすびにかえて

　本章でクローズアップした山口や磯村も含む社会学的な視点からの社会問題観を特徴とする〈社会学〉系社会政策論は、戦前から人口問題、児童・少年問題、保健医療問題、優生問題等といった領域で学説を展開するだけでなく、社会政策の具現化にも随分貢献した。にもかかわらず、第二次世界大戦を経た戦後に社会政策学者としての彼らの系譜を導き出すのは困難である。例えば、戸田は家族社会学者、磯村は都市社会学者という肩書で呼ばれたように、戦前から活躍してきた〈社会学〉系の社会政策論者はことごとく社会学者へと（少なくとも肩書を）移行した。

　それに対して、1970年代頃までの日本社会政策論史の主流派として描かれてきたのが〈経済学〉系社会政策論である。1930年代に台頭して1970年代までの日本社会政策論をリードした大河内社会政策論を中心におく〈経済学〉系社会政策論は、社会政策を社会政策＝労働問題研究に収斂させた。それによって日本社会政策論史からはみ出さざるをえなくなった〈社会学〉系社会政策論者（および〈社会学〉系社会政策論者となるはずだった人々）は、社会学者として、あるいは少なくとも社会政策学者としての肩書を前面に出さない形でそれぞれの分野で活躍することになったのである。学説史的にはこのような状況ではあったが、彼らの議論が少なくとも本来の社会政策（＝労働政策＋生活政策）としての実践を理論的に支えてきたことに違いはない。

　本章の冒頭で取り上げた『社会病理学事典』（1968年）の執筆者らこそは、まさにそれに該当する。本書で社会問題の解決のための政策として挙げられている「社会福祉」「社会政策」「社会保障」「社会開発」「社会運動」のそれぞれの解説者、すなわち「社会福祉」は副田義也、「社会政策」と「社会保障」は三浦文夫、「社会開発」は松原治郎、「社会運動」は真田是、のいずれもが社会学者であり、「社会病理学の研究対象としての社会病理と社会問題の関連についての意見もまちまちである」という指摘や社会問題の解決のための政策としての「社会福祉」「社会政策」「社会保障」「社会開発」「社会運動」の関連づけの難しさをめぐる指摘を行った。それは、後に訪れる大河内社会政策論の転回に

向かう，1つの課題提起であったとみなしてよいかもしれない。

1) ［玉井・杉田，2008；2010］を参照のこと。
2) とりわけ，以下で述べる山口の思想および大阪市の〈都市〉社会政策については，玉井金五「第6章 日本資本主義と〈都市〉社会政策―大阪市社会事業を中心に―」［杉原・玉井，1996］などで論じている。
3) ［Queen, Mann／高津・新保訳，1935］など。
4) 本書（同上書）で具体的に「病的社会現象」として論じられているのは，「寡婦」「離婚」「家族の遺棄と扶助忌避」「両親の扶助なき児童」「児童の放任と酷使」「困難な児童」「私生児の家庭」「買淫」「家庭なき人々」「老齢による落伍」「貧困」「不規則労働」「失業」「婦人労働」「少年労働」「疲労」「労務災害」である。
5) 本来，労働政策と生活政策を含むものとしての社会政策が，1930年代には労働政策へと収斂をみせる。これには，1930年代に台頭する大河内理論が深く関わっている（詳しくは，［玉井，1992］）。
6) 「大阪の社会病」は，『都市社会事業の諸問題』(1928年)の改版に際して付け足された論考である。初版は1928年であり，「本版においては舊版に多少の改訂を加へ新たに『大阪の社会病』なる一篇を追加した」と「改版のことば」(1929年4月1日)で述べられている。
7) 山口の日本都市社会学者としての位置づけは曖昧である。山口と磯村の連続性を主張する本章の意図は，それを検証することにもある。
8) 磯村は，［戸田・土井，1954］の一節も執筆している。そこでは，病理現象の一種としての失業・貧困について論じている。

第Ⅲ部

社会政策と人口問題

社会政策と人口問題／第8章

人口問題と日本社会政策論史
南亮三郎の位相

1 はじめに

　経済学の父と称されるアダム・スミス（Adam Smith；1723-1790）が「富」を研究対象にしたのに対して、人口論の父と称されるトマス・ロバート・マルサス（Thomas Robert Malthus；1766-1834）は「貧困」を研究対象とする人口研究の潮流をもたらした。この経済学史上の分岐をどのようにみるかという問いは、実は社会政策の概念規定をめぐる問いとも密接に結びついている。
　国民の生活の安定を相対的に重視する福祉国家は、完全雇用への関与や社会保障制度の充実度などによって特徴づけられる。それを支える労働法制や生活保障のシステムこそが社会政策という学問の研究対象であり、生活環境の改善＝貧困の排除や福祉サービス、衛生事業の普及によって、国民の生存や生活の保障＝社会保障理念の原型がマルサスの命題を様々に乗り越える形でもたらされた事実は見逃されてはならない。
　高出生率を前提とするマルサスの絶対的過剰人口の主張は、政策論としては「出産権か生存権か」の二者択一を迫ることになった。出産権の確保か出産権を抑制（産児数を制限）して生存権を確保するかをめぐって、マルサスは個人の生活は個人が責任をもつという原理の確立による道徳的抑制の普及を説くなど、出産権に力点をおいた。それに対して産児調節によって貧困の解消に繋げる新マルサス主義を主張したジョン・スチュアート・ミル（John Stuart Mill；1806-1873）は、生存権を重視した。この対立は、最適な人口の水準を求める適度人口論の形成へと展開をみた。しかしながら、結局のところ19世紀終わりから20世紀初めにかけての西欧先進諸国の現実はマルサスの命題を否定することになる。優生思想の普及を背景に産児制限や生活改善をめぐる政策論議や社会運動が高まり、それが人々の出生行動や生活スタイルにおける変化として現れ

たのである。

　人口増加から人口減少へと人口問題をめぐる議論の論調が転じるなかで、いいかえれば「出産権か生存権か」の二者択一が解消されたなかにもたらされたのが、ケインズの「完全雇用」、ベヴァリッジの「社会保障」、ミュルダールの「予防的社会政策」といった福祉国家を支える理念である。[1]とりわけ、人口問題をめぐって「生まれも育ちも」(*Changes in Family Life,* 1932年、など) を唱えたベヴァリッジや「治療から予防へ」(*Population:A Problem for Democracy,* 1940年、など) を主唱したミュルダールらの主張は、社会政策 (＝労働政策＋生活政策) における労働政策と対置しうる生活政策の領域を理念的に切り開く大きな原動力になった。それは、エリザベス救貧法以来の貧困者救済としての公的扶助やビスマルク社会保険以来の社会保険、社会福祉、公衆衛生といった社会保障制度の個々の体系を貫くだけの普遍性の面を有するものであったといってよい。

　西欧先進諸国における人口減少の危惧を背に社会保障概念が定着をみていった経緯は、人口問題研究の視点から社会政策を概念的に問い直すきっかけを与えてくれる。それは、限界革命からケインズ経済学の台頭までという理論経済研究における没・人口の時代に広がりをみた人口政策思想との関わりで社会政策という概念を捉え直すことである。特に、マルサスの『人口論』から生物学のダーウィンを経て遺伝学者のゴルトンや社会学者のスペンサーによる「適者生存」や「社会ダーウィニズム」の主張をもたらした優生思想は、人口問題をめぐる議論に新たな流れを形成したのである。その人口の〈質〉に関する問題意識は、生命の〈質〉だけでなく、妊産婦や乳幼児、児童の保護、教育、保健衛生といった環境の改善 (生活の〈質〉) に関わる政策論議を高めることにも繋がった。ここに、「人口問題と社会政策」の学説的な系譜を見出すことができる。

　翻って日本に関していえば、高田保馬の少子化論＝「産めよ殖えよ」を出発点とする大正・昭和初期人口論争に注目すべきである。戦前の社会政策学会が休会に陥って間もない1926年に生起する本論争は、社会政策論史における新たな流れをもたらすことになった。本論争はマルサス対マルクスの学説論争を軸に展開したが、その背後で優生思想をはらむ人口政策論や社会運動として結実する人口論が興隆した。それらは生活改善主義と一括しうるものであり、生命

の質、生活の質が政策対象として大きくクローズアップされることになったのである。

過剰人口論が優勢であったとはいえ、1920年代はちょうど日本における人口転換(「多産多死」から「多産少死」を経て「少産少死」への転換)の始まりであり、それが完了する1960年代までの人口論の系譜の存在は、社会政策の概念規定をめぐる問い、その日本的特質に史的な観点からアプローチするにおいて決して無視できないものがある。なぜならば、西欧先進諸国において人口減少の危惧を背に社会保障概念が定着をみていった経緯に相当するものが、わが国ではむしろ地域レベルでの取り組みや社会運動といった実践面でみられたからである。その特質がはっきりと現れる1920年代半ば以降の「人口問題と社会政策」の系譜をめぐる動向を押さえておくことは、日本社会政策論史の深層を知るうえで決定的に重要である。

こうした経緯のなかで、重要人物として浮上するのが南亮三郎（みなみ・りょうざぶろう；1896-1985）である。南は人口論者として戦前から戦後を生き抜き、人口学の体系化を試みた数少ない論者である[2]。というのは、「産めよ殖やせよ」の戦時人口政策がもたらした混乱や反省によって、戦後には多くの人口論者が人口論壇から遠のいていった。そのような状況下で、南は教職を追われて一時は人口研究を中断したものの、戦後もそれを貫いた数少ない一人なのである。マルサスと対峙し続けた南の研究は、マルサスまで遡る人口論とドイツ歴史学派に由来するとされる社会政策の交錯のなかに位置している。それは、社会政策の概念規定についての議論を深めるにおいて、極めて肝要であるといわざるをえない。

以下では、戦後になされた南の２つの問題提起に注目する。それは、人口政策と経済政策、また社会政策との関連づけと、人口研究の本質に関するものである。それらを社会政策の概念をめぐる議論に繋げることで、日本社会政策論の史的特質である社会政策＝労働政策へと学説的に偏った時代の制約から自由になるべく、本来の社会政策を新しい視点から再構成することが本章の目的である。

図表8-1 南の年譜（大学卒業から1960年代まで）

1923年	東京商科大学を卒業
1923年	小樽高等商業学校専任講師（経済原論と社会政策を担当）
1948年	教員不適格（公職は適格）の判定を受け、小樽高等商業学校の教壇を去る
1949年	北海道知事室嘱託となり、北海道立労働科学研究所の初代所長に就任
1951年	教職追放を解除
1952年	中央大学教授を兼務（人口論を担当）
1953年	同専任教授
1966年	駒澤大学教授

出所：南亮三郎「南亮三郎経歴」［南博士祝賀論文集刊行委員会編，1973］より作成。

2 南亮三郎の問題提起

1 南亮三郎と社会政策

　まず、社会政策論史における南の位置づけを確認しておこう。南が研究者として歩み出した時期は、ちょうど思想的混乱により学会が休会に陥った時期と重なっている（図表8-1参照）。そのような事情もあって、南が中心的に活動したのは戦後に設立をみる日本人口学会や日本経済政策学会であった。とはいえ、学会員として共通論題の報告を担当するなど、社会政策学会での活動も見出すことができる（図表8-2参照）。

　南も登壇した1954年の社会政策学会の共通論題は「過剰人口問題」がテーマになっているが、当時の日本の社会政策論壇における人口問題はあくまで労働問題との関わりで捉えられていた。それは、人口問題をめぐる議論でのマルクスへの偏向という極めて日本的な現象を反映している[3]。その起点といってもよい大正・昭和初期人口論争（1926～1933）は、過剰人口をめぐるマルサス対マルクスの学説論争へと収斂した。それ以来のマルクスへの偏向からして、日本におけるマルサス研究の系譜は見出しにくい。しかしながら、（久保芳和の整理に従うと）堀経夫（ほり・つねお：1896-1981）に始まってマルサス学会の創設（1991年）に結実する系統(1)と、人口学の建設を指向した南亮三郎の系統(2)を日本におけるマルサス学の代表的な流れとして見出すことができる（図表8-3参照）[4]。

　堀は1950年に設立をみた経済学史学会の発起人の一人であり、マルサス学の

図表8-2　社会政策学会第9回学会大会（1954年、於：北海道大学）の記録

【第1日　7月18日】
挨拶：高岡熊雄
自由論題
1　アメリカ労働運動と人口問題：慶應大　川田寿
2　わが国社会保障とILOの最低基準：早稲田大　末高信
共通論題「過剰人口と労働問題」
1　炭鉱地帯における相対的過剰人口：北海道労研　中村順子　渡辺貞雄　徳田欣次
2　漁村における過剰人口―出稼労働を中心として：北海道庁水産部　中井昭
3　山村における過剰人口問題―和歌山県における地主制との関係において：和歌山大　南清彦

【第2日　7月19日】
（共通論題の続き）
4　相対的過剰人口の一環としての家内労働の諸問題：慶應大　野口祐
5　過剰人口の一形態としての中小企業：東京女大　松本達郎
6　農村過剰人口と労働力の性格：労研　高木督夫
7　戦後日本の失業問題：大阪社大　山本開作，同志社大　西村豁通，大阪市大　儀我壮一郎
8　過剰人口の本質について：中央大　南亮三郎
綜括討論：座長　同志社大　住谷悦治

出所：社会政策学会ホームページ、http://www.sssp-online.org/nenpo03kiji.html（=『社会政策学会年報』第3集、学会記事）より作成。

図表8-3　日本におけるマルサス学の系統

出所：[久保編著, 1996：211-217] より作成。

系統(1)は経済学史学会の会員のなかで展開をみた。それに対して南は、この系統とは距離をおいた。1948年には公衆衛生や人口統計を専門とする学者、人口

政策行政に携わる者を中心メンバーとする日本人口学会の創設もあり、南はそれに加わった。当会は現実の人口問題への関心に議論が偏っていたが、南はそれがマルサス研究の先にもたらされる課題と考えていた。1958年には自身で人口学研究会を立ち上げたが、この頃から南は人口学の建設に力を注いでいく。当会は現実の人口問題への対応というよりは、「人口および人口問題の理論的ならびに政策的研究によって人口学の建設に資する」ことに意義を求める学問的な性格の組織であった[5]。その立ち上げは、人口学を学際的科学から1個の独立した科学に高めたいという南の強い意思、こだわりを反映している。

このように、戦後の南の歩みは独立した一科学としての人口学の建設にシフトする。しかしながら、もともと戦前の南の議論は人口問題への関心を抱えながらの社会政策論からスタートしている。南も関わった1910年代の生存権論争や大正・昭和初期の人口論争など、マルサス研究や時代思潮としての優生思想を根拠とする政策論、社会運動が形成期の日本社会政策論に広がりをもたせたことを、南の第一作である『人口法則と生存権論』（1928年）や『人口論発展史』（1936年）の記述が明らかにしているからである。前者は「出産権（の保障）か生存権（の保障）か」という命題を浮かび上がらせ、後者ではマルサス対マルクスに留まらない人口論の広がりを描き出した。それを経て南はマルサスを意識した理論研究を志したのだが、戦後の1960年代終わりから70年代初めに発表された論考では、原点回帰ともいうべき政策論や人口論史をめぐる議論が展開された。それが、以下で紹介する2つの問題提起である。

2　人口政策と経済政策、また社会政策

その1つ目が人口政策と経済政策、また社会政策との関係性をめぐるものである。南は、「国民福祉の増進をめざす」経済政策や「国民の経済的福祉の平準化をめざす」社会政策と人口政策は切り離すことはできないとする立場から、人口政策の学問的独立の可能性や、人口政策と経済政策、また社会政策との関連性を追及した。ここで取り上げるのは、『人口政策』（1969年）である。

> 「〈人口政策〉は、政策目標そのものが空漠としている。ローマ時代やマーカンティリズムの時代には人口増加を明確な政策目標としたが、その人口増加が国民の経済的・社会的福祉とどう関係しあうかといった点には顧慮がはらわれなかった。単純

第8章　人口問題と日本社会政策論史　149

無条件な人口増加の謳歌が今日の人口政策の目標とはなりがたい理由がここにある。まさにその点で、人口政策は今日、経済政策や社会政策と結びつかねばならぬのである。国民福祉の増進をめざす経済政策と無関係で人口政策がありうるわけはなく、また人口政策は、国民の経済的福祉の平準化をめざす社会政策ときりはなすことはできない。」[南，1969：3]（以下、同書で頁数のみ表示）

本書での南は、政策目標の観点から人口政策を「結婚とか、出産とか、あるいは移動とかの人口要因の上におこる不調整を調整し、人口過程そのものを望ましい姿に導こうとする」人口過程の調整策と、「人口要因の作用の結果としてその時々の経済との間に不釣合いをおこしていわゆる人口問題を発生せしめたときその解決をはかるために行われる」人口問題の解決策に分けて把握した。そのうえで、人口政策が内容的に不明確な部分を残している根本原因を政策目標そのものが明確にされないところに求めた。「経済政策の高調は人口政策を無視する傾向をつくっており、一方また社会政策の力説は、人口政策との関連を見逃さしめる機縁となっている」[123] と危惧する南はいう。

「経済政策が経済的福祉の高まりのために経済の成長なり安定なりを政策目標として掲げるかぎり、それは経済政策であって人口政策ではない。同様に社会政策もまた経済的福祉の階級間の平準化をとげるために社会の安定なり平等化なりを目標とするかぎり、それは社会政策であって人口政策ではない。人口政策はそれに反して、独立の、はっきりした志向（intention）をもたなければならない。その志向とはすなわち、経済的福祉の高まりとその平準化とを顧慮しながら一国人口の再生産を持続するということであって、このために出生・死亡・結婚・移動などの諸要因に適切な干渉を加えることを政策目標としなければならない。しかしこの政策目標のためには、本来の経済政策も、社会政策も、それぞれ重大な関係をもつであろう。そして経済政策や社会政策がそういう人口政策の政策目標を志向して行われるかぎり、それらの諸政策は人口政策の補助者として、ないし政策手段として役立つということになる。かくて人口政策にとっての最大の課題は、この政策目標を明確に把握すること、そして次いでは人口政策と経済、社会政策との関連に考慮を払うことである。」[123]

本書の刊行から10年以上遡るが、南が人口政策をどう定義するかという問題に直面したのは『人口大事典』(1957年) の編集を担当したときである。それを『人口政策』(1969年) のなかで、南は以下のように振り返っている。「1957年に『人口大事典』を執筆するにあたって苦心したことの一つは、その中におさむ

べき〈人口政策〉の部分をどう編成したらよいか、ということであった。実際に、〈人口政策〉という言葉は日常用語としてしばしば語られていながら、その学術的な規定が十分に展開された例はなく、その内容も、方向も、専門学者によって問題とされて来なかった。その事情は、『人口大事典』刊行当時とほとんど変わらないのである」[108] と。その『人口大事典』において南が与えた「人口政策」の定義は人口政策を2つに分けて、①人口過程の調整政策（＝結婚、出産、移動といった人口要因のうえにおこる不調整を調整し、人口過程そのものを望ましい姿に導こうとする政策）と、②人口問題の解決政策（人口要因の作用の結果としてその時々の経済との間に生じた不釣合いの解決を図るための政策）とするものであった。このとき以来の人口政策をどう定義するかという問いが、経済政策や社会政策との関連づけという関心へと展開したのである。

3　人口研究の本質

もう1つの問題提起は、人口研究の本質に関わるものである。『人口大事典』の編集を機に組織された人口学研究会の第1の産物である『人口論史』(1960年)のなかで、南はいう。「経済学者が体系の変化のために人口研究を枠外に投げ出していた間に、それを譲り受けるもののごとく勃然として興りはじめた他の諸学からの研究方向であった。少なくともわれわれはいま、ケインズ以後において人口研究の復位をとげようとしている経済学のほかに、社会学と生物学、そしてデモグラフィーが、三重にも四重にもかさなり合いながら人口現象をめぐって活潑に動きつつあるのを目撃する。そこには少なくとも四つの人口論が、四つの人口研究の見地が対立しているのである」[南, 1960：13-14] と。

研究者としての成熟段階にあった南は、「人口研究の本質について」(1973年)、「人口研究における心理学的方向の台頭」(1974年)、「人口研究における社会学的方向と経済学的方向」(1975年)と題する論考を連続して発表している。これらは、南の集大成といえるものである。

> 「人口に関する科学研究は相当に古い歴史を持ち、またその研究所産はほとんど無数と言っていいほど堆積されてきながら、いまだかつてこの根本問題が問われたことがないのは不思議と言ってよい。私は永い間、これに疑問をはさみ、機会あるご

とにその問題に触れてきた。私は今日においても、この問題を明快に説き得たとは思わないが、いささかその思考過程を振り返りながら、思うところを整理したいと考える。」[南，1973：8]

「人口研究の本質について」でこのように述べた南は、マルサスが登場する18世紀の終わりまで、またその後にも「非経済学的」な人口研究の系譜、具体的には社会的、統計的、生物学的な見地があることを指摘した。統計的な方向は17世紀のペティやグラントまで、社会的な方向は法律的ないし政治的色彩の強いモンテスキューの人口論まで、生物学的な方向は動物組織の理論のブリュックナーまで遡ることができるとする。

「人口研究における心理学的方向の台頭」では、結婚や繁殖、移動などに強く作用すると考えられる心理学的側面に着眼したデュモンやブレンターノの人口理論を紹介している。そのうえでいう。

「実体的な人口研究が一つの〈人口科学〉に統合されねばならぬということは、長年にわたる私の主張であった。その際に、統合化の対象とされた科学は統計学、経済学、社会学および生物学であった。その後、〈統計学〉は他の科学に溶け込み、残るところは経済学、社会学、および生物学の3者になったが、近年ではその途上で障害や困難のために、むしろ個別科学の見地を尊重するという方向に傾いている。私自身の考えがこういうように変化しているので、断定的な評言はこの新たな心理学的方向にくだすことはできないが、仮に統合化という線で観察すれば、この心理学的方向の登場にどう対処するかという問題に出くわすであろう。個別科学の見地を尊重するならば、心理学的方向は、他の諸方向と並んで進められてよいことになる。経済学の見地も、社会学の見地も、そして新たな心理学の見地も、相互の立場を尊重し合いながらそれぞれ独自の見地を押し進めてよいことになる。私は近年では、そういう個別科学の見地に落ち着こうとしている。しかし、一国の〈人口政策〉ということになると、さまざまな科学見地が一つのものに統合されて来なければならない。個々の科学的見地がそれぞれ特有の〈人口政策〉を樹立するのではなく、一つの〈人口政策〉の樹立に、——換言すれば、一つの〈人口政策〉の意思決定に、さまざまな個別科学者が参加するという形をとるべきであろう。」[南，1974：14]

「人口研究における社会学的方向と経済学的方向」では、新たに人口研究における地理学などの意義も認めるとともに、1個の独立した人口科学の建設にこだわり続けた。本論考は、以下のように結ばれている。

「人口は"生きた生命体"であります。その生命体としての人口が構造や、変動や、諸関連において、隈なく説明し尽くされることを求めます。その全き説明が果たされるとき、私どもはそこに一個独立の人口科学（Population Science）を語りうるのではないでしょうか。世上にはデューク大学のスペングラー（Joseph J. Spengler）あたりが表現しだした〈学際科学〉（Interdisciplinary Science）という言葉が流行し、人口科学は所詮、もろもろの科学の寄せ集めだといった見解が普及しています。私は、スペングラーの多くの研究は高く評価していますが、少なくともここに示された見解は、きわめて安価な、無反省な考えだと思います。個々の科学の成果を取り入れることによって、体系的に統一のとれた独立の学問領域が開けてくると思います。人口科学はそうした方向において、はじめて開花するのではないでしょうか。」[南，1975：14]

3 人口政策論の系譜

　南の人口研究の到達点でもあり、依然として残された課題ともなったこれらの問題意識は「人口問題と社会政策」というテーマからみて大変重要なものとなる。南の問題意識を踏まえて、以下では日本における人口政策論の系譜を辿ってみることにしたい。その際、先にもふれたようにマルサス対マルクスの学説論争に収斂した大正・昭和初期人口論争は大きな転換点である。当時思想的混乱から学会は休会に陥ってしまったが、人口問題論としての社会政策論の多様性がぶつかりあうなかに非経済学的なものとしての社会事業論や社会政策的人口政策立案に向けた動きなど、学説的にも実践的にも新たな潮流がもたらされたからである。ドイツ歴史学派は没・人口に向かった主流派経済学とは対照的に人口論を重視した（例えば、ワグナーはマルサスを肯定的に評価し、人口学が経済学と並ぶ独立した1個の社会科学を成しうると考え、ブレンターノはマルサスとは逆の人口減退説の観点から人口と福祉の関連を指摘した）が、日本の社会政策論も人口問題への関心によって労働政策と生活政策にまたがる広がりを保っていたのである。

　ドイツに関してはユダヤ人の虐殺との関連で優生政策が強調され、福祉国家をめぐる動向とは切り離されがちだが、19世紀終わりから20世紀初めにかけて出生率の低下に直面する西欧先進諸国では、時代思潮としての優生思想を介して人口の〈量〉と〈質〉への関心が交錯するなかに、「完全雇用」や「社会保

障」といった福祉国家を支える理念へと繋がる人口政策論が芽生えた。こうした戦前から戦中における西欧先進国の動向と、先に取り上げた到達点としての南の2つの問題意識は見事に呼応している。それは、人口増加から人口減退へと転じるなかにもたらされた人口の〈質〉への関心が、その考察における諸科学の交差と人口政策と経済政策、また社会政策の融合をもたらしたという点にある。

もっとも、戦前の日本でも人口問題と関係づけて社会政策学を体系化しようと試みた人物がいた。それは、永井亨や北岡壽逸といった官僚出身の社会政策学者たちである。南が研究者としてマルサスとの対峙＝理論研究に重点をおいていたのに対して、永井らは戦前から戦後にかけて社会＝人口政策の立案に向けた動きを主導し、それは戦時人口政策の時代をはさんで戦後も続いた。永井らの政策立案を中心とする精力的な活動と南の人口学の体系化に向けた活動は、ちょうど対をなすように日本における人口政策論の系譜を浮かび上がらせてくれるが、彼らの日本社会政策論史への位置づけはなされないまま時間が経過してきた[6]。それはまさに学説的に社会政策＝労働政策へと偏った時代によって特徴づけられる日本社会政策の史的特質の1つの現れであり、人口を労働力と非労働力という観点からみる周知の大河内理論の枠組みは、社会学や心理学、生物学的な視点による人口の〈質〉の観点から離れさせることになったのである。

大河内的解釈による社会政策の枠組みから外れた非労働力を中心とする議論・研究が学界として発展をみたのが、1954年設立の日本社会福祉学会である。戦前の社会事業から戦後の社会福祉へとして語られる枠組みのなかに、非経済学的な視点からの人口の〈質〉をめぐる議論が組み込まれていった。大河内自身も、例えば「個々の家計の中の日々の消費の意味を『労働力』の家庭消費を通じての再生産確保という立場から」家庭経済学の体系化といったことに関わるなど、社会政策とは区別されるものとして非経済学的な視点への配慮を行いながらも、社会政策の概念は労働政策へと収斂をみた[7]。こうして、大河内理論を中心とする社会政策＝労働政策という日本的な社会政策の概念規定が定着したのである[8]。

この状況が根底から転じるのは、1970年代である。それを象徴づけるものに

図表8-4　総合社会政策基本問題研究会（名簿）

委員長：馬場啓之助（社会保障研究所所長） 主　査：加藤寛（慶応義塾大学教授） 委　員：飽戸弘（東京大学助教授）　　　　伊部英男（厚生年金基金連合会理事長） 　　　　江頭淳夫（東京工業大学教授）　　竹内靖雄（成蹊大学教授） 　　　　富永健一（東京大学教授）　　　　並木正吉（農業総合研究所長） 　　　　橋口収（国土庁顧問）　　　　　　正村公宏（専修大学教授） 　　　　丸尾直美（中央大学教授）　　　　村上泰亮（東京大学教授） ヒヤリング講師：梅棹忠夫(国立民族学博物館長)、大来佐武郎(前海外経済協力基金総裁)

出所：[経済企画庁国民生活局国民生活政策課編, 1977：324] より作成。

総合社会政策論の台頭がある。大河内理論の時代というべき社会政策における経済優位から社会優位への転換を唱える総合社会政策論は、社会政策と経済政策を関連づける社会政策論として登場した[9]。この総合社会政策論を世に送り出したのは、1976年に経済企画庁国民生活局に設けられた「総合社会政策基本問題研究会」である（図表8-4参照）。当会は「①資源・環境の制約、経済の安定成長への移行などの経済的条件の変化　②高学歴化、高齢化、高密度化などの社会的条件の変化　③国民意識、価値観の変化などの経済社会環境の変化が予測される中にあって、これらに対応した国民生活の安定と質的向上を確保していくためには、国民生活政策の総合的展開が要請されるとの認識の下に、各種政策を総合的体系的に推進するにあたっての理念・手法などに関する基本的な諸問題について、幅広い観点から研究を行う」[経済企画庁国民生活局国民生活政策課編, 1977：序] 目的で設置された。

当研究会の報告書として出版された『総合社会政策を求めて―福祉社会への論理―』（1977年）の主張は、以下の6つの提案としてまとめられた。

1．基本的認識の転換

　　従来の産業経済主導型の発展パターンを基本的に考え直し、経済、社会、文化などのシステムを包含した広い意味での社会システムの調和のとれた発展を重視すべきである。「経済の論理」優先から「社会の論理」優先への転換が必要である。

2．「総合社会政策」の提唱

　　各種の水準と範囲での政策の「総合化」を多層的に進めるとともに、トータルな社会システムのパフォーマンスを高めることを通じ、国民生活

と福祉の向上を実現するための政策の枠組みと理念を体系的に示す「総合社会政策」を導入すべきである。
3．社会理念の見直し
　「総合社会政策」の確立のために、既成の概念にとらわれず社会諸理念を基底的レベルで再検討し、対立する諸理念の調和の道を探り、これを「総合社会政策」の基礎とすることが必要である。
4．「ソーシャル・ミニマム」の確立
　社会的公正と連帯のもとに個人の自由と社会の活力が最大限に発揮されるよう、個人にとっての生活の最低限の必要を満たすとともに、社会が満たすべき最低限の機能を確保すべきである。
5．合意形成過程の整備
　市場機構と議会制民主主義の機能を最大限に生かしつつ、それを補完するために行政の公開、地方分権、各種の参加などを促進する必要がある。
6．社会計画のために
　「総合社会政策」の具体化としての「社会計画」の策定に向かって、「社会計画」の基本的性格の明確化を進めると同時に、その方法論的準備として、社会指標の一層の整備、社会システムモデルの開発、長期ビジョン作りなどを進めるべきである[10]。

　ここで注目したいのは、「総合社会政策」の具現化としての「社会計画」という新たな社会政策像が「社会問題研究は社会学によって基礎づけられるようになる必要がある」という主張からもたらされたということである。その主張は、以下のように社会政策の概念規定を見直すところから生み出された。

　「『総合社会政策』を定義する前にまず『社会政策』という言葉の意味するところをみておこう。『社会政策』という言葉は従来種々の意味に使われてきた。例えば、1870年代から20世紀初頭にかけてドイツ歴史学派によって担われた『社会政策』（Sozialpolitik）思想がある。ここでは、社会問題は利潤を指向する私企業活動の倫理的な『悪』に起因するものとされ、これに対して国家を倫理的、道義的な悪の救済者として位置付けるとか、国家の手による私企業制度の漸次的廃絶（1910～20年代当時の用語でいう『社会化』）とかが社会問題解決の処方として提唱された。我が国では戦前主としてドイツから『社会政策』の概念を取り入れ、労働力の保全政策ないしは分配政策を指す言葉として盛んに用いられた。」［経済企画庁国民生活局

国民生活政策課編，1977：15-16］（以下，同書で頁数のみ表示）
「我々が用いる『社会政策』は一定の幅のある概念であるが、いずれにしても上述の戦前のドイツ—日本的な意味とは全く異なるものであり、英米系の系譜を継ぐものである。『社会政策』(social policy)の語は、第二次大戦後のイギリスでもベヴァリッジ、T. H マーシャル、ティトマスなど社会学、社会福祉学の分野の学者によってキイ概念として用いられ、また、アメリカでもパーソンズやカーンらによって取り入れられているが、その意味はドイツ社会政策の考え方と根本的に異なり、市場経済の機能を前提としたうえで、市場行動によっては充足されえない物的および社会的な欲求充足機会を政府の活動によって作り出すことを指している。」[16]

報告書は、各委員とヒヤリング講師の報告が1回ずつと総合討論という形で進められた審議を経て取りまとめられた。そのことからこの記述は「全委員による共同作業の成果」として発表されているが、ここに引いた社会政策の概念規定をめぐる議論は富永の報告「社会計画の論理と手法」によっている。富永は、「社会計画」という言葉がアメリカ由来であり、「社会問題（social problems）、社会事業（social work）、社会福祉（social welfare）、社会病理（social pathology）、社会政策（social policy）、地域社会組織化（community organization）などそれぞれにニュアンスを異にしながらあい関連するいくつかの名称によってカバーされる1つの実践的問題領域を、社会学理論の応用というかたちで体系化することが行われてきたのは、アメリカと一部イギリスを含むアングロサクソンに固有の知的伝統である」[125]とする。富永はその理由を、以下の3点に求めている。

「①英米系の社会問題研究は、マルクス主義の影響を受けることが少なかった。社会問題研究が公式化されたマルクス主義的思考の枠の中で行われると、すべての社会問題の根源は資本主義的私企業制度とこれにもとづく階級対立に帰着するとされ、したがって問題解決の方向は、革命的政治行動ないし街頭における大衆行動の組織化に直結することになりやすく、政策科学を指向する努力の意義は素朴ラディカリズム感情によって否定されてしまいがちである。このような事情はフランス、ドイツ、日本などにおいてとくに強く、イギリス、アメリカでは相対的に弱かった。
　②英米系の社会問題研究は、客観的・経験的な実証科学の精神によってささえられ、性急な倫理的価値判断をもちこむことを避ける訓練を身につけてきた。これと対照的なのが1870年代から20世紀初頭にかけてドイツ歴史学派によって担われた『社会政策』(Sozialpolitik)思想で、ここでは社会問題は利潤を指向する私企業活

動の倫理的な『悪』に起因するものとされ、これにたいして国家を倫理的道義的な悪の救済者として位置づけるとか、国家の手による私企業制度の漸次的廃絶（1910〜20年代当時の用語でいう『社会化』（Sozialisierung））とかが社会問題解決の処方として提唱された。
　③『社会政策』（social policy）の語は、第二次世界大戦後のイギリスでも、T・H・マーシャルやティトマスなど社会学・社会福祉学の分野の学者たちによってキイ概念として用いられているが、その意味はドイツ社会政策の考えと根本的に異なり、市場経済の機能を前提とした上で、市場行動によっては充足されえない物的ならびに社会的（この場合の『社会的』は『対人的』『他者関係的』の意味）な欲求充足機会を政府の活動によってつくり出すことをさしている。」[125-126]

　富永はいう。「日本での社会問題研究は、マルクス主義とドイツ歴史学派との両方からの影響の強いところでなされてきており、また日本では社会学はアメリカにおけるほどに優勢な学問とは考えられておらず、研究の水準からいってもまた知的世界において占める影響力からいってもアメリカに比していまだ劣る。しかし、国民的価値が社会主義を指向しない日本において社会計画が現実化されうるためには、社会問題研究ははじめの２つの影響から脱して、社会学によって理論的に基礎づけられるようになる必要があると思われる」[127]と。
　経済から社会へ、ドイツから英米系へとして語られるこの転換は、その間に大河内社会政策論の時代をはさむ日本社会政策論史の転機を的確に捉えている。しかしながら、政治的にいえば「社会計画」は、1964年11月に成立した佐藤内閣が経済優先の政策の歪みを是正するべく福祉や保健政策の推進を唱えるスローガンとして登場する。また、公的な文書のなかに「社会開発」という概念が最初に登場するのは、1962年７月に人口問題審議会から出された「人口資質向上対策に関する決議」＝人口政策をめぐる文脈からである。このことは本章の趣旨からして極めて重要である。
　1959年から1962年にかけての人口問題審議会における議論を踏まえて出された本決議は、健康増進、母子衛生、生活環境の改善、社会保障制度の拡充などの（経済開発と並ぶ）社会開発の必要性を提言するものだが、舘が人口問題について「今日のところ経済的要因と社会的要因との定義や、両者の相関関係の分析は少なくとも適正な均衡状態を論断する程度までは発達していない」[舘，

図表 8-5　戦前日本における人口論と社会政策

学説（心理学、医学、生理学、社会学、生物学、法学、経済学、など）
　　高島平三郎　永井潜　米田庄太郎　河上肇　上田貞次郎　暉峻義等　海野幸徳
　　福田徳三　高野岩三郎　富士川游　高田保馬　永井亨　矢内原忠雄　三田谷啓
　　戸田貞三　北岡壽逸　三宅鑛一　杉田直樹　寺田精一　穂積陳重　小河滋次郎　など

実践（社会事業家、社会運動家、官僚、など）
　　原胤昭　石井十次　山室軍平　倉橋惣三　留岡幸助　池田林儀　など
　　内務官僚、地方政府　など

　　　　　　　　大正・昭和初期人口論争（1926年～）

人口問題研究と人口政策立案　　　　　　マルサス対マルクスの学説論争（1927-1933）
人口食糧問題調査会（1927-1930）　　　（＝マルクス、経済学への傾斜）
〔答申〕
内外移住方策・労働の需給調節に関する方策　　大河内社会政策論の台頭（＝社会政策
内地以外諸地方に於ける人口対策・人口統制　　と社会事業の分化、社会政策論の労働
　に関する諸方策　　　　　　　　　　　　　　政策、経済学への収斂）
生産力増進に関する答申・分配及消費に関す
　る方策答申
〔決議〕
人口問題に関する常設調査機関設置に関する件
社会省設置に関する件

人口問題研究会（1933～）　　社会運動、学問運動の展開
〔調査〕
人口現象に関する基礎調査
人口問題およびその対策に関する調査
〔人口問題研究〕
将来の人口予測、国民所得の分配に関する事項
移民に関する事項、人口統制に関する事項 etc

厚生省人口問題研究所（1939～）

戦後へ
優生保護法と家族計画（新生活運動）
社会保障研究所（1965～）

（筆者作成）。

1964：12］と指摘したように、出生率の低下によって〈量〉的な人口問題が解消をみたところに、〈質〉的な議論が相対的に重んじられるなかで「社会」という言葉が急速に影響力をもち始めた。人口資質の向上という新たな目標のなかに、「社会福祉」「社会政策」「社会保障」「社会計画」「社会運動」といった人口問題への政策的対応に関わる領域が再構築、再編されることになっていくのである。

「再構築」「再編」という言葉を用いたのは、これらの概念が学説的にいえば大正・昭和初期人口論争の時代に台頭した社会学者を中心とする人口の〈質〉への配慮を引きずるものだからである（図表8-5参照）。大正・昭和初期人口論争のなかで社会学系の論者による人口論は（社会政策に対して）社会事業論（戦後の、社会福祉）へと収斂していくが、社会運動や学問運動として体現した人口の〈質〉をめぐる視点、人口政策立案に向けた動きとして、生活改善の指向が戦後へと受け継がれていったことなどは無視されてはならない。

その戦前からの系譜と戦後のアメリカ社会学に由来する「社会開発」ないしは「社会計画」というキーワードがぶつかるところに、社会政策の概念規定をめぐる問いが浮上する。それが、大河内理論の転回として語られる日本社会政策論の1970年代的状況なのである。本章で取り上げた南の「人口政策の学術的な規定の難しさ」や「人口研究の学際性」をめぐる指摘こそは、そのまま大河内理論の影響が強かった時代（＝「人口問題の解決策としての社会政策について、それを心理学、社会学、生物学といった非経済学的なアプローチからみる視点を社会政策論の枠組みから排除してきた」時代）への問題提起となりうるのではないだろうか。

4　むすびにかえて

マルサスの『人口論』から新古典派の時代を経て、理論経済研究において再び人口への関心が戻ってくるのは、ケインズ経済学の時代である。ケインズは『平和の経済的帰結』（1919年）以来支持してきたマルサスの過剰人口論を擁護する立場から転じて、『一般理論』（1936年）、「人口減退の若干の経済的帰結」（1937年2月16日のイギリス優生学会での講演原稿：1937年）においては人口減退に

よる長期停滞を危惧するようになった。その「人口増加は有効需要を促進することで経済発展を促す」という主張を踏まえてもたらされたベヴァリッジの社会保障論は、社会政策の新たな潮流となる。戦後の先進諸国では、社会保障制度の充実と完全雇用の実現によって、国民の健康で文化的な生活の保障に努める国家体制＝いわゆる福祉国家が主流となっていった。

出生率の低下という現実によって「出産権か生存権か」の二者択一が解消されていく過程に横たわっているのが、産児調節をめぐる議論である。先に列挙したケインズ、ベヴァリッジ、またミュルダールも、産児調節をめぐる関心を乗り越える形で生活保障に関わる理念の提示に至っている。生殖行動への問題関心が、人口の〈量〉だけでなく〈質〉への関心となって生活保障をめぐる議論をもたらし、それが人口問題研究の発展と福祉国家の形成を刺激していった。19世紀終わりから20世紀初めにかけて出生率の低下を経験する西欧先進諸国で、人口の〈量〉と〈質〉の観点の融合による出生減退への対応としての人口政策と経済政策、また社会政策の連携による公共政策の形成が進んだのはその証左である。

1930年代の西欧先進諸国にみられた出生減退を前提とする人口政策と経済政策、また社会政策の連携を模索する動向とは対照的に、日本の社会科学は1920年代半ばから大きな転換期を迎えた。社会科学の総合的な学会として活動を続けてきた社会政策学会が1920年代半ばに休会に陥る一方で、経済学に関していえば1930年に社会経済史学会、1934年に日本経済学会の創設をみた。マルクス経済学者を中心とする前者と、それとの違いを意識して設立された後者という当時の構図のなかで、日本の社会政策論は大河内一男を軸とする社会政策の理論化へと向かった。

人口増加から人口減少へと人口問題をめぐる議論の論調が転じるなかに社会政策が構想されていった西欧先進諸国の動向と、1930年代以降の大河内理論を中心におく社会政策論の日本の動向は対照的である。人口を労働力と非労働力として切り分けて労働力を社会政策の対象とみなす議論は、人口の〈質〉という非経済学の視点を社会政策論から排除する。この傾向が富と貧困への眼差しを背後にもつ〈労働政策＋生活政策〉の枠組みを歪めることで、1930年代から1970年代に至るまでの大河内社会政策論を主役とする日本社会政策論の学説的

特質をもたらした。本章で取り上げた南亮三郎の問題意識は、それを背後から見事に照射しているかのようである。

1) この点をめぐっては、近年厚生経済学の創世記が新しい社会理論、歴史・倫理主義、社会政策学派、制度主義が国際的に展開していった時代であったことに着目した研究成果が多く出されている（例えば、[小峯, 2007a；藤田, 2010；西沢・小峯, 2013] がある）。なお、ベヴァリッジをめぐっては [玉井, 1992]、ミュルダールをめぐっては、[杉田, 2010] でも論じている。
2) 人口理論家としての南の評価については、吉田忠雄「南理論とマルサス理論」[南博士祝賀論文集刊行委員会編, 1973] などがある。
3) 1930年に設立をみた社会経済史学会においても、長きに及んで人口史研究が閑却されてきたという経緯がある。1968年5月の第37回社会経済史学会の共通論題は「経済史における人口」であったが、そのテーマが選ばれた経緯について小松芳喬はいう。「わが国の人口史研究の重要性を強調してやまなかった上田貞次郎氏のような物故会員はしばらく別として、会員中にも、本庄栄治郎、関山直太郎、高橋梵仙の諸氏など、日本人口史に関する優れた先駆的業績を公にされた碩学がかぞえられるにもかかわらず、おそらくはマルクスが蔑視したマルサスが、人口研究とあまりにも密接に結びつけられてしまうことも一因であろうか、不思議なほどわが国では人口史研究が一般に閑却されていること、これに反して欧米では、ことに戦後、史学者が工業化と人口変化との関係に強い関心を懐くようになったのと相並んで、人口学者もまた、低開発国の人口変化の研究の理論的枠組設定の欲求から史的研究への関心を増し、イギリスの経済史学会ではすでに1949年の大会に共通論題として人口を選び、その翌年のパリの第9回国際歴史学会議で中世人口に関する共同報告が見られたのをはじめとして、1960年代以降すでに三回を記録した国際経済史会議でも人口史に対する関心は大きなものがあったこと、そして1963年には人口史国際会議がリエージュで誕生した」（小松芳喬「序」[社会経済史学会編, 1969：序1-2]）と。
4) 大正・昭和初期人口論争以前の日本では、マルサス研究もかなり活発であった。「まるさす生誕百五十年記念号」として刊行された京都帝國大學法科大學編『經濟論叢』第2巻第5号（1916年）などはそれを示している。執筆者は戸田海市、福田徳三、米田庄太郎、財部静治、河上肇、高田保馬らであり、彼らもマルサス研究の系譜に位置づけられる。
5) 当時の日本の人口政策をめぐる実践面と学説面の動向を繋いだキーマンとして浮上するのが、舘稔（たち・みのる；1906-1972）である。当時厚生省人口問題研究所長であった舘は、人口学研究会に若手の研究者を連れて参加したとされる。舘は、人口対策の立案にも深く関わっていた（舘については、[高岡, 2011] に詳しい）。
6) 永井亨、北岡壽逸らが、日本の人口転換が完了する1960年代までの時代の人口政策を思想的にリードした。この点については、[杉田, 2013] を参照されたい。
7) この点については、[玉井・杉田, 2013] で論じている。
8) 日本社会政策論の学説的系譜は、〈福祉〉系≒〈社会学〉系と〈労働〉系≒〈経済学〉系という二潮流で捉えることで、その特質を大局的に把握できる。この点について

は、［玉井，2012］を参照されたい。
9) 1970年代は、日本社会政策論史における1つの大きな転機である。日本社会政策論史の時期区分をめぐっては、［玉井・大森，2007：序章］で論じている。
10) 報告書は、各委員とヒヤリング講師の報告が1回ずつと総合討論を経た「全委員による共同作業の成果」としてまとめられた。各委員のテーマは、（報告の早い順に）「福祉社会政策の理念」（村上）、「社会政策総合化への視点」（丸尾）、「社会目標と国民合意」（正村）、「社会計画の論理と手法」（富永）、「社会環境の変化と国民意識形成、その社会政策への影響」（飽戸）、「社会的公正と効率」（竹内）、「福祉政策の系譜と展望」（伊部）、「経済社会と文化」（江頭）、「財政の展望と問題点」（橋口）、「人類史からみた現代社会」（梅棹）、「国際社会の中の日本社会」（大来）であった。

社会政策と人口問題／第9章

人口の〈量〉・〈質〉概念の系譜
上田貞次郎と美濃口時次郎

1 はじめに

　以下は、厚生省人口問題研究所の創立40周年を記念して発行された雑誌の冒頭におかれた、その創立（1939年）の経緯が記されたくだりである。

　「昭和6、7年頃は食糧問題から失業問題へと重点が移り、ここに半官半民の財団法人、『人口問題研究会』が設立されるに到るのである。……（中略―引用者）……この研究会は人口の調査研究を行う機関として発足し、当時、研究面を担当する理事として、上田貞次郎氏、那須晧氏、永井亨氏が中心人物として活動した。研究員としては、舘稔氏、上田正夫氏（いずれも元人口問題研究所所長）などが参加して研究活動を行っていたが、斯かる民間団体では研究が十分に出来難い憾があったようである。
　勿論、人口問題研究会は『人口問題』という機関誌を発行し、さらに『人口問題全国協議会』というものも開催して大いに官民の啓発活動を行ってはいたが、財政上の理由のため研究が十分出来ず、ここにどうしても人口問題に関する基本的な研究は政府の機関でやらねばならないという気運が醸成されていった。そこで、昭和12年、13年と二回にわたって、人口問題研究会は人口問題全国協議会を開催、この席で国立常設調査機関たる人口問題研究所の設立を建議したのである。」［人口問題研究所編, 1979：1-2］

　近代以降の日本における人口問題を主題とする政府機関は、内閣に設置された人口食糧問題調査会（1927～1930年）を起点に財団法人人口問題研究会（1933年～；以下、人口問題研究会）、厚生省人口問題研究所（1939年～；以下、人口問題研究所）と展開する。人口問題研究会と人口問題研究所は以降車の両輪のように機能し、三位一体と呼ばれた人口問題研究会―人口問題研究所―人口問題審議会というネットワークが構築されていく戦後のある時期までの人口問題研究と政策の構想、立案をリードすることになった。
　本章は、それらの動向と関わって人口政策の形成を支えた学説を跡づける作

業の一環である。とりわけ、大正・昭和初期人口論争の火つけ役である高田保馬(たかた・やすま；1883-1972)の第三史観を起点に、人口の〈量〉〈質〉概念の形成、展開を描き出したい。以下で中心的に取り上げるのは上田貞次郎(うえだ・ていじろう；1879-1940)と美濃口時次郎(みのぐち・ときじろう；1905-1983)であり、その上田と美濃口は師弟関係にあった。人口問題の定義、人口問題と社会政策の関連づけといった考察をめぐるキーマンとして浮上する両者は、政策の構想や立案といった実践面からみた重要人物である永井亨(ながい・とおる；1878-1973)との関係によって重要な影響力をもった。

1940年でこの世を去った上田の遺志を受け継いだ美濃口は、戦後も人口理論を体系的に考究する姿勢を保ち続けた。『人口理論の研究』(1949年)として発表される研究成果からは、戦後間もない時期における日本の人口研究の到達点を知りうる。あるいは、社会政策本質論争の時期に刊行された『社会政策』(1952年)では、幅広い観点からの社会政策概念の検討が試みられている。それらをクローズアップすることで、「人口問題と社会政策」をめぐる日本的系譜の全体像に迫る一助としたい。

2 東京商科大学における社会政策の系譜と人口問題研究

上田の師は、福田徳三である。東京商科大学(現在の一橋大学)の「社会政策」の最初の担当者が福田であり、それは東京高等商業学校が東京商科大学に昇格した1920年に設けられた(図表9-1参照)。

福田の学問的功績は弟子によって様々に受け継がれ、発展させられることになるが、生存権論争や大正・昭和初期人口論争における福田の功績は、次節で詳述する上田が晩年に取り組んだ人口問題研究とそれを受け継いだ美濃口によって発展させられ、日本における人口問題論をリードすることになる。[1]上田によって大きな発展をみた東京商科大学(一橋大学)の人口問題研究は、1947年の「人口問題」講座の設置という形でひとつの結実をみる。それとは別に大正・昭和初期人口論争を起点とする社会政策＝人口政策立案に向けた動きももたらされたが、それをリードしたのは永井亨である。

高田保馬の少子化論「産めよ殖えよ」[2]に始まる昭和初期に生起した人口論

図表9-1　東京商科大学（一橋大学）における社会政策論の系譜

```
1920年    社会政策                        福田徳三
            ↓ 二部に分かれる
          社会政策   第一部（総論）     福田徳三　藤井悌
                    第二部（各論）     岡実　永井亨　緒方清
            ↓
1928年    社会政策   第一部（総論）     井藤半彌
                    第二部（各論）     緒方清
            ↓
1934年    社会政策   第一部（総論）     井藤半彌
                    第二部（各論）     山中篤太郎
            ↓
1954年    社会政策   第一部（総論）     太陽寺順一
                    第二部（各論）     山中篤太郎
            ↓
1965年    社会政策                     太陽寺順一
          労働問題                     津田真澂
```

出所：［太陽寺，1983］より作成。

争は、「マルサスかマルクスか」の学説論争と社会政策的人口政策（人口政策＝社会政策）立案に向けた動きをもたらすことになった。後者をリードしたのが永井であり、その活動は人口食糧問題調査会から人口問題研究会へと引き継がれた。その間に永井が構想した社会政策的人口政策＝社会政策は、「マルサスでもマルクスでもない」人口論に基づくと形容された。永井の『日本人口論』（1929年）は、高田、那須、矢内原の所論の批判的考察に紙幅が割かれており、社会政策的人口政策論はすでに発表されていた『社会政策綱領』（1923年。のち、1926年に改訂版）と高田（マルサスもマルクスも否定）、那須（マルサス的理解）、矢内原（マルサスとマルクスの両立）をはじめとする諸家の人口論の批判的考察からもたらされたといってよい。「人口問題は、国民がいかにして生計を立て、生活水準を維持、発展させるかの問題である」とする上田が人口問題研究に精力的に取り組むようになってからは、上田とも接近した。[4]

図表9-2は、前にもふれた人口問題研究会の設立当初（1933年）の理事の名簿である。その組織化をリードした永井が当時注目していた人口論者のうち、那須と上田は理事に、高田と矢内原は評議員に就いた。また、那須と上田、そ

図表9-2 人口問題研究会役員

〔会長（理事）〕 衆議院議員　伯爵・柳沢保恵 〔理事（常務）〕 内務次官　赤木朝治 社会局長官　半井清 海外興業株式会社社長　井上雅二 〔理　事〕 経済学博士　永井亨 東京大阪朝日新聞副社長、法学博士　下村宏 東京帝国大学教授、農学博士　那須皓 貴族院議員、法学博士　山川端夫 内閣調査局長官　吉田茂 貴族院議員　堀切善次郎 内閣統計局長　長谷川赳夫 貴族院議員　河田烈 社会局社会部長　狭間茂 東京商科大学教授、法学博士　上田貞次郎 国際労働機関帝国事務所所長　吉阪俊蔵 〔監　事〕 貴族院議員　関谷貞三郎 第一生命保険相互会社社長　矢野恒太 〔評議員〕 内閣調査局参与　池田宏	京都帝国大学教授、経済学博士　本庄栄治郎 東京帝国大学教授　戸田貞三 前内務省衛生局長　大島辰次郎 大阪毎日新聞社取締役、法学博士　岡実 北海道帝国大学総長、法学博士・農学博士 　高岡熊雄 京都帝国大学教授、文学博士　高田保馬 人原社会問題研究所長、法学博士 　高野岩三郎 東京帝国大学教授、医学博士　永井潜 東京帝国大学教授　矢内原忠雄 第一生命保険相互会社社長　矢野恒太 京都帝国大学教授、法学博士　山本美越乃 慶應義塾大学教授、法学博士　気賀勘重 倉敷労働科学研究所長、医学博士　暉峻義等 衆議院議員　安部磯雄 貴族院議員　伯爵・有馬頼寧 慶應義塾大学教授、医学博士　宮島幹之助 早稲田大学理事、法学博士　塩沢昌貞 東京帝国大学教授、経済学博士　土方成美 貴族院議員　関谷貞三郎

出所：〔人口問題研究会編，1983：36-37〕より作成。

して永井自身は指導理事として人口問題研究の中心的役割を担う役に就いている。図表9-3にある研究項目はそれぞれの専門とする領域であり、永井（社会政策学）と上田（経営・経済学）は経済・社会問題としての人口問題、那須（農学）は食糧問題としての人口問題への関心を有していた。

　日本における人口問題をめぐる論戦の起点が高田にあるならば、（人口食糧問題調査会の延長上に）人口問題研究会が組織化されたあたりに人口問題の基礎的研究の出発点があるとみてよい。その高田と上田の議論は次のような点で関連づけて把握することができる。

　まず、日本における人口論戦の起点となった高田の「産めよ殖えよ」（多産放任論）が戦時人口政策を擁護するイデオロギー（多産奨励論）として機能するに及ぶ頃、上田は「育てよ病ますな」を提唱した。「産めよ殖えよ」と同時に「育てよ病ますな」を考えなければならないという観点から、「産まれた者の健

図表9-3　指導理事の研究項目

担任		項目
上田貞次郎	1	人口の構成特に年齢構成の変動に関する事項
	2	将来に於ける人口の予測に関する事項
	3	人口と産業、貿易、一般経済との関係に関する事項
	4	産業の人口吸収力、就中商工業の発展に関する事項
那須皓	1	人口の分布及移動に関する事項
	2	都市及村落人口に関する事項
	3	人口と食糧、農業、土地経済との関係に関する事項
	4	食糧自給の限界並に収容人口の極限に関する事項
永井亨	1	過剰人口及過少人口に関する事項
	2	職業人口就中労働人口に関する事項
	3	人口と職業、過剰人口と失業との関係に関する事項
	4	国民所得の分配に関する事項
	5	生計調査及消費経済に関する事項
井上雅二	1	移民に関する事項
下村宏	1	人口統制に関する事項

出所：[人口問題研究会編，1983：34-35] より作成。

図表9-4　高田保馬の第三史観

```
　（基　礎）　　　　　　　　　　（上部構造）
社会の量質的組立　→　社会的関係　→　政治的法律的制度
　　　　　　　　　　　　　　　　　　→経済
　　　　　　　　　　　　　　　　　　→観念
```

説明：基礎となる社会の「量質的組立」は、多くの人々が密集し、性質的に異質の者が社会的相互作用をしないで単に「共存」している状態を指す。異質性の具体的内容は、宗教的信念、政治上の意見、言語、風俗、権力、富等に加えて生理的、心理的異質。この「量質的組立」をもった人口が、「社会的関係」を決定。「社会的関係」の内容は、分業、階級、社会的集団の分立。そして、社会的関係がその上部構造としての社会の固定的組織（特に政治的法律的制度、経済、観念）を規定する。

出所：[高田，1925：321] をもとに作成。

康を維持し、その死亡を減らすこと」の重要性を指摘する。あるいは高田が社会の基礎を「人口の量質的組み立て」におく第三史観（図表9-4参照）に対して、上田はその人口の〈量〉と〈質〉についてより深く追究した。さらに高田は次のように述べて「社会政策と結びつけた人口政策の樹立」を主張しているが、この議論も以下で取り上げる上田に受け継がれる。

「総量の統制は、一方において、出生、従って婚姻の助長または阻止の方針となって現れ、他方において生まれたものの生活の上に加わる統制となって現れうる。その生まれたものの生活に関する政策は、一方において、それは医療保健に関する政策であり、他方において、それは生活保障の政策である。後者は生活を可能にする条件に干渉するものであり、前者は生命を脅かす危険の取り除きに関する政策であるとし、これらは一般に人口政策といわれるものではなく、いわゆる社会政策と称されるものである。」[高田, 1935：23]

　高田が論点提起に終始した問題について掘り下げたといってよい上田は、「今日までに成し遂げられた生物学、地理学、経済学、社会学の分野における諸々の理論が、日本人口問題の解釈に対し、如何なる寄与を為し得るかを概観せんとする1つの試み」[上田, 1937]（引用は [上田, 1976：22]。以下、引用の同書で頁数のみ表示）として、人口問題研究を①人口の質的側面の研究、②人口の量的側面の研究、③人口増減予測に関する研究、④人口増減の原因に関する理論、⑤人口と生活資料の関係（マルサスとマルクスの理論）、⑥適度人口の理論、⑦生活程度――人口増加と産業発達の速度の方面、に分けて整理する。行論の都合上、本章では人口の〈量〉や〈質〉の定義をめぐる①②と、生活保障の主張に関わる⑦を取り上げ、上田の所説の主要点を確認しておこう。そのために、長文の引用が続くことをお断りしておきたい。

　①　人口の質的側面の研究
　　「人口問題の研究を最も広汎なる意味に解し、これを系統的に取り扱はんとする学者は普通にいふところの人口即ち人口の数の問題と相並んで人の質の問題を論ずべしとする。質の問題といふのは一国又は一社会を組成する分子の肉体上及び精神上の素質の向上又は低下の問題であつて、一面には社会衛生の研究となり、一面には体質遺伝の研究となり、何れも頗る広汎なる生物学的研究の分野を構成するものである。
　　ユーゼニックス（優生学）は特に生物学上の遺伝の法則から出発し、現在の国民の中で体質優良なる分子の出生率高ければ将来の国民の質は向上すべく、それと反対に劣弱なる分子の出生率高ければ国民の質は低下するといふ原理を立てて社会各層の差別的出生率の研究を行つた。この種の研究は19世紀の80年代にゴルトンが始めてこれを唱へて以来多くの業績を挙げた。この説は遺伝の法則をあまりに簡単に見過ぎた誤があり、且遺伝以外の力の作用を十分に考慮しなかつた欠陥があるといはれてゐるが、しかしながらそれが一の原理たるに相違なく、応用の方面においても精神病者、遺伝的悪疾者等の子孫を遺さざるやうにするための断種に関する立法

が既にドイツを初め数箇国に実行されることとなつた。但し我国の所謂人口問題は数の増減を問題とするのであるから、優生学の方面から解決の途を開かるることは恐らくないであらう。

　然るに社会衛生学は従来の衛生学が専ら健康保持の理想的条件を研究したるに対し、或る国の或る階級に属する人民の普通の生活状態をも研究の対象とするもので、伝染病、風土病、職業病の研究に貢献すること多く、出生死亡の増減にも論及することとなり、人口問題研究に関し重要なる基礎学と考へられるのである。我国にも少数の有為なる医学者がこの方面の研究に力を注ぎつつあるは吾人の意を強うするところであり、今後社会衛生学と社会学及び経済学との接近は最も望ましきことと信ずる。現に吾人の経済論を以つてすれば我国人口問題の解決は農村に生ずる過剰労力のはけ口を作ることであり、従つて国民経済の工業化による外ないので、従つて人口の都市化は必然の結果となるが、それが国民の健康に如何なる影響を及ぼすかは頗る重大な問題である。吾人の研究は現在までのところ、死亡率の地方別及び年代別分析を行つた程度に止まるが、それだけの結果をとつて見れば、全国中、都市的府県の死亡率は農村的諸県のそれに比して必ずしも低いとはいへない。乳幼児死亡においては、全て都市が農村以上の高い率を示してゐたのが、昭和時代に入つて農村以下に落込んだので、これは都市衛生状態の改善を示すものと考へられるけれども、五歳以上の者の死亡は概して都市が農村よりも高い率を示してゐる。大都市においては十五歳乃至三十歳の死亡率は著しく低くなつてゐるけれども、これは田舎から多数の元気旺盛なる青年の来住するためと見る外なく、三十歳以上の死亡率に至つては都市が農村の上に出てゐるのである。そこで国民の健康上からいへば人口の都市化を阻止すべしとの説も立つわけだが、それは経済上の理由で大体不可能と見なければならない。部分的に農村の工業化又は大工業の地方分散により人口の都市に密集する傾向を幾分矯め得るであらうけれども、現在非常なる勢を以つて都市膨張の進行するを見れば、この傾向を全然防止するが如きは事実不可能である。それ故に人口の都市化が国民の健康を害するとすれば、如何にしてその悪影響を避け得らるるかを考慮しなければならぬ。人口の都市化は政治上、軍事上にも種々の問題を起こしてゐるが、先づ以つて保健衛生の問題として採上げなければならぬ。これ等の点について経済学と衛生学との接近は極めて必要となるであらう。」[23-25]

② 人口の量的側面の研究
　「人口の数の問題について今までに如何なる理論的研究が行はれたかといふに、それには多種多様なる研究態度が現はれてゐる。人口は人生の基本的事実であるだけに種々の方面からこれを論ずることが出来るので、生物学者、地理学者、統計学者、社会学者が各々その学科の範囲内の問題として人口を取扱つてゐる。而してその各分科の研究は等しく人口といふ一の事実を取扱つてゐながら、相互の連絡は甚だ不充分なるを免れない。蓋し人口論ほど諸学科の協力を必要とするものはないだ

らう。しかし著者の管見によつてこの多種多様なる諸学説を分類すれば大体二つの種類に大別することが出来る。即ちその第一は人口増減の事実を確かめてその中に何等かの法則を発見せんとするもの、第二はその人口増減が人類又は国民の経済的福祉に如何なる影響を及ぼすかを論究するものである。第二の問題を扱ふものは勿論主として経済学であり、他の諸学科は概して第一の問題を取扱ふのである。今吾人が日本人口問題を考ふるに当り直接に指導を与へるものは経済理論であるが、所謂経済理論は抽象的な一般論であるから、これのみに依頼して事実問題を判断することは出来ない。そこで吾人は先づ統計学の助けによつて過去及び現在の人口増加の事実を精確に知る必要があり、又その事実の解釈をなすに当つて生物学、地理学等の知識を利用しなければならぬ。」[25-26]

⑦ 生活程度―人口増加と産業発達

「ビヴァリッヂ氏は人口と産業の関係を説明するに水桶の比喩を用ひてゐる。一国の労働人口は細長い四角形の水桶を通過する水の如きものである。桶の一端から成年人口が流入し、他の一端から老年人口が流出する。水量は増減しつつ流れるがその増減は予定されてゐるので、桶の容積の伸縮に応じて増減することは出来ない。水量が桶の容積に余れば一部は失業者となつてゐる。青年労働者の流入が激しくなつたとき、蓋を押し上げる圧力となるが、産業がこれに応じて拡張されれば蓋が高くなつて水はそのまま通過する。若し産業が停止してゐれば、逆に底を押し上げる圧力となるが、産業がこれに応じて拡張されれば蓋が高くなつて水はそのまま通過する。若し産業が停止してゐれば、逆に底を押下げて生活程度を下すか、又は水の一部が側面に溢れなければならぬ。底を押下げる場合には著しき摩擦を惹起するのである。蓋は底に比して上下に動き易いけれども、これは外部から種々の圧力を受けてゐる。産業技術の改善、課税、通商上の障碍、外国の競争等が作用して桶の内部を走るところの水の圧力に対抗する。人は水桶の側に別個の桶を取付けて溢れ出た水を一時溜めて置いて、やがて外部の圧力が弱くなつたときに桶の中へ流入させようとするが却々うまく行かない。これが失業保険制度である。又老年の水を汲取るためにポンプを設ける。それが老年恩給制度である。

かくの如くにしてビヴァリッヂ氏は1860年以来の統計を参照して次の如き判断を下してゐる。ヴィクトリア女皇時代には成年人口の増加に伴つて職業も増加したから社会不安は至つて少なかつた。1900年以後大戦開始までは英国の産業は人口の増加と共に発展し、国民所得は増加したけれども、物価の関係上労働者の実質賃金は増さなかつたから社会不安があつた。大戦後に至つて世界経済の形勢一変して英国に不利となつたから、従来の実質賃金を与へんとすれば失業が起り、失業を防がんとすれば賃金を引下げなければならぬ情勢にある。しかしながら現今人口の増加が既に殆ど停止してゐるから、産業が以前のやうに急速に発展しないでも職業を与へ得るであらう、といつてゐる。

ビヴァリッヂ氏の時勢観を理論上厳格に立証することは困難であるけれども、同

氏の人口問題に対する態度を捕へて見れば次の如きものであらう。即ち一方に人口増加の大勢を統計的に確かめたる上、他の一方に天然資源の利用、技術の進歩、資本の増加、物価の変動、貿易の消長等、すべて産業発達の速度を制約するところの諸要素を観察して両者対照の間に実質所得の増減及び生活程度の昇降を考へることである。

　而して吾人が日本人口問題の研究に際して現に採りつつある態度もまた要するにこれに外ならない。一国中職業を求むるものの増加は恰も遠隔の地に震源をもつた地震の如きものである。現在の地震は或時間前に何処かに生じた振動の波及したものであつて、現在の地震の強さと動き方はその震源における振動の起こつた時に定まつてゐる。それと同じく現在の人口増加の趨勢及びその年齢構成の変化は、15年乃至20年前までの出生数によつて定まつてゐる。又来るべき20年又は30年間の青壮年人口増加の傾向は現在の児童人口によつて定まつてゐるのである。故に人口は与へられたる事実として受取らねばならぬ。それに対して職業を与ふるところの産業が併行的に発達しつつあるか否かといふことが人口の過剰か否かを判断する標準である。一国の産業が人口の増加と併行して進めば現在の生活程度を維持することを得るが、産業の発展が人口増加に伴はないときは生活程度を下げるやうになる。その生活程度の低下は雇用労働者の場合には賃金の下落又は失業といふ事実を通じて現はれ、小農及び小商工業の場合には利潤の減少といふ事実を通じて現はれるであらう。何れにしても所得の増減即ち生活程度の昇降が問題であつて、その傾向及び程度を定めるものは産業の動きである。畢竟人口問題の意義は現に増加しつつある人口に対して少なくとも現在の生活程度を維持せしむるだけの産業の発展が行はれ得るかといふことに外ならない。」[43-44]

　人口論争の火つけ役となった高田や上田らによる人口問題をめぐる理論的な考察や人口問題と社会政策の関連づけをめぐる視点は、戦時下を経て戦後へと引き継がれることになる。

3　上田貞次郎から美濃口時次郎へ

　その引き受け手の一人が、1940年にこの世を去った上田の人口問題研究をめぐる遺志を名実ともに受け継いだ美濃口時次郎である。美濃口は東京商科大学で上田に学び、協調会参事・内閣調査局専門委員を経て、1937年に企画院調査官になった。その後名古屋大学に着任するが、1947年からは一橋大学経済学部の講師も勤めた。新たに開設された人口問題の講座を引き受けたのである。

　美濃口は、上田が主宰した勉強会を機に人口問題をめぐる研究、具体的には

人口問題の概念について検討するところから始めた。「日本現下の人口問題」(1936年) で、美濃口はいう。

> 「人間の全体ということはこれを人間一般の数として抽象的に概念した場合には何等憂慮すべき状態を示すものとは認められないから、抽象的な意味での人口がそれ自体として問題となり得ない。……（中略——引用者）……従って人口問題という場合には人口に関連して何等かの憂慮すべき状態が既に現存し、又は将来発生するに至ると認められる場合でなければならない。」[美濃口, 1936：261]

この人口を具体的な概念として捉えなければならないとする課題提起は、人口問題の概念をめぐる他の論者の議論に対する批判ともなった。それは「マルサス対マルクス」の構図に陥った学説論争そのものに対する批判でもあり、それを乗り越えようとした永井亨の「(貧困法則としての) マルサスでも (失業法則としての) マルクスでもない自然法則に伴なわれた社会法則」として提起した社会人口問題という概念に対しても、「人口の生産力と消費力の不均衡は特定の経済的、社会的条件下に発生するものである」という観点から批判を加えた。

「永井博士は人口は或る場合には生産力を伴わざる純然たる消費力の意味に用いられ、又他の場合には労働力という意味で生産力の一要因と理解されているが、然し人口は単なる消費力でもなければ単なる労働力でもない」[美濃口, 1936：264-265] という美濃口は、生産者でもあり消費者でもある人口問題＝生産力と消費力の不均衡＝過剰人口＝生活程度の低下ではないと考えた。人口概念と直結する人口問題としての把握にこだわった美濃口は、戦時下においては人口を人的資源といいかえて人的資源論を展開した。それは、従来の「財貨の消費を要求する消費者」としての「人」が「総力戦を支える国防または生産力」としての「人的資源」への移行を主張するものであり、社会事業にもこの消費者としての人の生活を保護しなければならないという使命に人的資源の維持、増強という観点が加わったとする見解を示した [美濃口, 1939][6]。

このような時局における積極的な発言とは対照的に、戦後の美濃口は人口問題や社会政策をめぐる学説の整理に尽力した。学説の提唱者自身の言葉をできるだけそのまま用いて代表的な人口学説を紹介した『人口理論の研究』(1949年) や、思想的立場の違いなどによって定義の異なる社会政策の学問的定義を

めぐる諸見解を忠実に紹介した『社会政策』(1952年)を公刊する。そのあとがきで「上田の遺志である人口問題研究を達することに少しでも助力することがあたえられた任務である」と考えたと打ち明けているこれらの研究は、以下のの整理にみられるように美濃口が先の上田を踏まえて展開したものと考えてよいだろう。

人口問題…全世界または一定の経済的もしくは政治的に区切られた地域における人間の総体に関する問題
① 質的な人口問題：主として社会衛生学や優生学の立場からの人口に関する問題
　1. 工業化と都市への移動による人口の肉体的労働および防衛能力の低下
　2. 社会衛生の結果としての死亡率、特に乳児死亡率の低下がもたらす生き残った者の素質の低下
　3. 出生率の低下が民族の質に及ぼす影響＝逆淘汰(「優秀な子孫」の出生が減少することで人口の質が低下する事態)へのおそれ
② 量的な人口問題：人口の量的な大きさおよびその成長の仕方と経済または「人口扶養力」といわれているものとのあいだの不均衡の問題で、一般に「過剰人口」または「過小人口」の問題といわれている。

美濃口は、人口現象を対象とした学としての人口学には人口統計学、理論人口学、人口政策学の3部門があるとして、それぞれについて以下のような解説を加えている。
　人口統計学…人口に関する諸事実、死亡・婚姻・移住等の人口動態を統計的に確定するとともに、さらにそれらの統計数列のあいだの関連性を統計的に検討して、その説明に寄与することを任務とする。
　理論人口学…人口現象を説明すること、1つの事実の他の諸事実または1つの法則と調和させること、1つの現象を他の現象との関連において把握することかまたはすでに認められた原理および認識に帰することを任務とする。

人口政策学…人口の量的および質的の状態とその発展とのうえに一定の意味
　　　　　　　において影響を与えるのに適した方策を扱う。
　このような形式的な分類に対して、内容についてみれば人口現象をめぐる考察は生物学、経済学、社会学の3つの研究分野にわたっているとして、それぞれと人口学の関連を以下のように解説する。
　　　生物学的アプローチ…性比の問題、精神活動と生殖力との関係、淘汰の人間
　　　　　　　の素質に及ぼす作用などの質的人口問題といわれるもの
　　　　　　　の基礎研究であり、今日では主として社会衛生学の研究
　　　　　　　分野に属している。
　　　経済学的アプローチ…経済または人口扶養力と人口とのあいだの関係を対象
　　　　　　　としたもので、それは一方において、経済の人口に及ぼ
　　　　　　　す諸作用、例えば財貨生産の大きさと仕方、経済生活の
　　　　　　　上昇および下降、また景気の変動などが人口に与える諸
　　　　　　　影響を明らかにするとともに、人口がその大きさ、構
　　　　　　　成、成長およびその成長の仕方などを通じて経済の進展
　　　　　　　に及ぼす諸影響を明らかにすることを任務としている。
　　　社会学的アプローチ…人口と社会の間の関連性、例えば所有および分業など
　　　　　　　の社会的な諸事実、人口の社会的な組成、習俗および法
　　　　　　　律などと人口の大きさおよび発展の間の相互作用を明ら
　　　　　　　かにする。
　このように分類したうえでいう。「人口の経済に対する関係を強調するものを経済学的人口理論、人口の社会に対する関係を強調するものを社会学的人口理論として区別することが一般にはおこなわれているが、しかし実際にはこれらの経済学的および社会学的な人口理論は、ひとつの社会科学的な人口理論として、生物学的な、自然科学的な人口理論と対立しているということができる」[美濃口, 1949：420]。経済学的な立場から人口問題を論じていた美濃口は、経済学における人口研究の領域として以下の4つを挙げた[美濃口, 1955]。
　　1) 人口過剰または人口過少とは何か、またなぜに起こるのか
　　2) 経済が人口の発展のうえにいかなる作用を及ぼすか
　　3) 人口の増加または減少が経済のうえにいかなる作用を及ぼすか

4）経済すなわち人口扶養力の大きさが何によって決定されるか

　一方、美濃口の社会政策論は「労働者自助の組織」「社会賃金政策」「失業対策」「社会保険」「労働者保護」で構成された[7]。しかしながら他方で、社会政策の概念規定をめぐる考察においては、人口問題との関連をはじめとするその広がり、多義性をめぐる問題意識をもっていた。美濃口はいう。「社会政策について述べる場合にとくに指摘しなくてはならないことは、その他の経済政策・工業政策・農業政策などの場合と著しくその趣きを異にしているのであつて、この場合にはその論述すべき社会政策と一般によばれているものが何であるかがすでに問題であることであるのであつて、これまでのわが国においても社会政策が何であるかについてはすでに幾度か論議されていることがこのことを立証しているとすることができる。しかしこの言葉の祖国と言われているドイツにおいてさえ、この語の用法は決して一義的ではなかつた」［美濃口, 1952：3］と。美濃口が図表9-5のように分類、整理したそれらの立場は、つまるところ道徳主義と自由主義、社会主義、全体主義、およびこれらの思想的な立場から離れて社会政策の自律的な理想を主張するものに分かれるとした。

　このような美濃口の理解は、本来の社会政策（生活政策＋労働政策）の射程を示唆するものとして興味深い。しかしながら、社会政策本質論争の真只中であった当時の日本社会政策は学説的に社会政策＝労働問題研究へと傾斜していく過程にあった。そのような状況にあって学説論争の土俵からは労働政策と生活政策を結びつけていたといってもよい人口問題論の系譜が抜け落ちていくが、人口政策の実践においては戦前との連続性を保ちながら（したがって社会政策との関わりを保ちながら）その構想が進められていく（図表9-6参照）。人口問題研究会の活動などを通じて日本人口政策の戦前と戦後を繋いでくれるのが、永井亨、戸田貞三、北岡壽逸、美濃口時次郎らである。

　彼らがそれぞれ関わりをもった人口問題研究会は、戦後ある時期までの人口政策の立案に重要な役割を果たした。敗戦後いちはやく活動を再開したのは、その人口問題研究会であった。1946年5月4日に当研究会内に設置された人口政策委員会（委員長：永井亨、「人口の収容力及び分布に関する部会」〔第一部会〕と「人口の資質及び統制に関する部会」〔第二部会〕で組織）から「新人口政策基本方針に関する建議」（1946年11月20日）が出されるが、それは「第一　産業の収容

図表 9-5 社会政策の概念規定

社会政策をめぐる立場	美濃口のコメント
社会政策＝経済政策	社会政策と経済政策との間の関係が非常に緊密であればあるほど、それだけ経済は社会的な任務を尽くすことができなかった。
社会政策＝社会の政策	限定された社会の政策となる。
社会政策＝（限定された）人口政策	人口増加の妨げは、時に人口改善の妨げになるという量と質の対立に限界がある。
社会政策＝社会と人種との衛生	科学的に決して解明されていない人種の概念を導入することによって、より不明瞭に、またより非実践的になる。
社会政策＝集群（利益）政策	国家を多くの集群の中の任意の1つに過ぎないとしてみること、また国家を利益共同社会にまで収縮させることは不可能である。
社会政策＝階級政策	心理学的および社会学的な社会集群としての階級概念に限界がある。
社会政策＝配分消費政策	配分が経済生活において演じている役割としての限界がある。
社会政策＝社会的実践	この等置は稀なことではないが、それは多くの社会政策的な題材が最初は実践的な努力の対象であり、理論は時間的に後れてついてくる。一系列の実践的な個別問題からそれに応じる特殊理論、特に統計的な領域において独自の方法論を展開したとしても、その諸個別理論と諸技術学との合計ではなお決して綜合を目標としている社会政策の理論ではない。
社会政策＝文化政策	（コメントなし）
社会政策＝倫理	形而上学的な基礎づけの結果として社会政策の内容を満たすのは不適である。
社会政策＝厚生政策	実践的な目的のためにはこの見解はあまりにも狭い。
社会政策＝社会化または社会主義＝社会的な崩壊	今日において社会主義＝社会的な崩壊が社会政策の限界でないことは明白である。
社会政策＝社会的な適応	この等置は社会政策の実践の本来の課題である。

出所：［美濃口，1952：4-10］。

力に関する事項」「第二　出生調整に関する事項」「第三　死亡率低減に関する事項」「第四　優生政策に関する事項」という4つの項目からなった。

　1949年には、人口問題審議会（以下、人口問題審議会〔内閣〕）が設置された（会長：戸田貞三、永井は会長代理的な役割を果たしていた）。当会からは「各種産業の振興を図るとともに、國土の開発、食糧の増産等により可及的多数の人口を

図表9-6 人口問題に関する審議機関・組織等年譜

	政府の動き	人口問題研究所の動き	人口問題研究会の動き
1927 ｜ 1930	人口食糧問題調査会（内閣）		
1933			財団法人人口問題研究会 （設立）
1939		人口問題研究所（開所）	
1946	人口問題懇談会（厚生省）		人口政策委員会設置
1949 ｜ 1950	人口問題審議会（内閣）		
1953	人口問題審議会（厚生省）		人口対策委員会設置

出所：〔人口問題研究会編，1983：62〕〔人口問題研究所編，1989：83〕より作成。

養うことができるように努力すること」「將來における人口の理想目標を考慮するときは、現在の人口自然増加はある程度抑制せられることが望ましい。これがため健全な受胎調節思想の普及に努力すること」「將來の海外移民に関しその研究調査の準備を行うとともに、関係方面にその援助をあらかじめ懇請すること」を柱とする人口対策の必要が提起された（「人口問題に関する決議」（床次德二議員ほか、23名の議員が提出、1949年5月12日決議））。

2つの委員会（「人口調整に関する小委員会」〔委員長：戸田貞三、起草委員：古屋芳雄、岡崎文規、北岡壽逸ら〕と「人口の収容力に関する小委員会」〔委員長：永井亨、起草委員：永井亨、山中篤太郎、美濃口時次郎ら〕）に分けて決議の作成に取り組んだ人口問題審議会（内閣）は間もなく廃止になるが、「人口調整に関する小委員会」からの建議である①保健所、結婚相談所等の整備、②貧困階級に対して、適正な薬剤、器具を無償で入手しうるよう措置を講ずること、および「人口の収容力に関する小委員会」からの建議である①国際貿易の再建振興、②国内産業の再建振興、③社会的安定性の確保、④海外移住は、1953年に設置される人口問題審議会（厚生省）に引き継がれた。

この人口問題審議会（厚生省）の設置に伴って人口問題研究会に「人口対策

委員会」(「人口と生活水準に関する特別委員会」と「人口の量的、質的調整に関する特別委員会」で成る)が組織された。これ以降、日本の人口政策立案においては「人口問題研究所が研究資料を作り、それを基に人口対策委員会が検討議論し、そこで作成された原案を人口問題審議会に提出して討議の末、最終的な決議文を作って政府へ提出する」というやり方が取られることになる。永井によって「人口問題に関する三位一体論」と呼ばれたこの体制は1960年代まで続いた。

　この人口政策の立案をめぐる動向と併行してみられたのが、南亮三郎(みなみ・りょうざぶろう：1896-1985)による人口学の体系化の努力である。東京商科大学に学んだのち小樽商科大学、中央大学、駒沢大学の教壇に立ちながら学際領域としての人口研究の総合化、人口学としての統合を目指した南は、次の3種類の人口理論を重視した。それは、①経済学的方向の人口理論、②社会学的方向の人口理論、および③生物学的方向の人口理論である。『人口学体系』(全7巻、1960-1972年)などで主張されたそれは、先に取り上げた美濃口の議論と同じ把握であり、これらのアプローチによる人口の〈量〉・〈質〉概念の展開が「人口問題と社会政策」の学問的系譜の一端を切り開いてきたといってよい。

　人口の〈量〉は、大正・昭和初期人口論争の時代に議論されていた過剰人口の時代を起点に、出生率が人口置換水準前後で推移した時代を経て人口減少の時代へと推移していく。過剰人口の時代に産児調節や逆淘汰をめぐる議論との関わりで浮上した人口の〈質〉をめぐる議論は、生命の〈質〉から生活の〈質〉へと広がりをみたが、戦後の社会保障制度の充実、少子高齢化の進展、人権思想の発達は、人口の〈質〉を年少人口—生産年齢人口—老年人口や都市人口—農村人口といった人口構造として理解することをも一般化した。この人口の〈質〉(すなわち、生命の〈質〉、生活の〈質〉)を、人口の構造と関わる社会政策論の史的展開のなかで見つめ直す作業は、日本社会政策論が社会政策＝労働問題研究へと収斂をみた時代を相対化するうえで好材料になるといえよう。

4　むすびにかえて

　これまで高田の第三史観で提起された「社会の量質的組立」を起点に、上田

貞次郎、美濃口時次郎、さらには南亮三郎の人口論を取り上げてきた。本章の記述は、人口の〈量〉・〈質〉の概念の形成、展開と社会学・経済学・生物学の対話のなかに「日本における人口問題と社会政策」の系譜が形成されたことを示唆している。その1つの流れを析出したに過ぎないが、本章での課題提起が社会政策＝労働問題研究の時代が長く続いた日本社会政策論史に新たな角度から光をあてることに繋がるはずである。

　本章で取り上げた人物は、東京商科大学（のち一橋大学）と関わりの深い人物ばかりである。上田貞次郎、美濃口時次郎、南亮三郎は東京商科大学に学び、高田保馬、永井亨は教壇に立った。本章ではふれなかった上田の師である福田徳三（ふくだ・とくぞう：1874-1930）と、南の師であり、福田の弟子である左右田喜一郎（そうだ・きいちろう：1881-1927）も含めて、彼らは日本社会政策論史における有力な「人口学派」の1つと名づけるにふさわしいといえる。というのは、福田と左右田と南は人口論争に先立つ1913年から生存権の社会政策論争（1913〜1924年）を繰り広げた。マルサスの命題（「生活資源〔＝食糧〕が人類の生存に必要不可欠であること」「異性間の情欲は必ず存在する」ことを自明の前提として「人口増加が生活資源を生産する土地の能力よりも不当に大きく、人口は制限されなければ幾何級数的に増加するが生活資源は算術級数的にしか増加しない」）とどのように向き合うかをめぐる当論争に続く形で生起した人口論争の火つけ役は高田であり、それが学説論争として発展をみた1920年代終わりから人口政策の構想に取り組んだ、その中心人物が永井や上田であった。美濃口や南については繰り返さないが、「日本における人口問題と社会政策」を史的に描き出す作業において外せない人物ばかりである。

　それと大いに関わることだが、東京商科大学には「人口」の名称がついた科目の設置という点でも伝統がある。1947年に経済学部に設けられた「人口問題」は途中で社会学部へ移籍することになるが、1967年に至る20年間美濃口が担当した。1953年の大学院新設に際して設けられた「人口政策」についても、その当初から1964年までは美濃口が担当したとされる。1971年以降その「人口問題」を担当することになった依光正哲が以下のように述べていることは、本章の記述に沿うものであるだろう。

「本学における人口問題研究は戦後になって開始されたわけではなく、戦前に人口問題研究の伝統が形成され、とりわけ重要な業績を残したのが上田貞次郎であった。本学における人口問題研究は上田貞次郎を中心に開始され、上田貞次郎の業績を踏み台として授業科目『人口問題』が開設されるようになったといっても過言ではなかろう。」［依光，1986：969］

「蛇足ながら、上田貞次郎の東京商科大学在任中には『人口問題』という講義は存在していなかった。わずかに、『統計各論』の一部として『人口統計』の講義を行ったという記録があるにすぎず、人口問題研究の成果が講義で全面的に述べられたと考えることはできない。そして、昭和22年に『人口問題』が設置されることになった経緯については記録の上で確認することはできなかったが、上田貞次郎の研究生活の最終局面において精力を注ぎ込み、すぐれた成果を残した人口問題研究を継承する意味で、戦後になって、『人口問題』という授業科目が創設されるようになったものと推察されるのである。」［依光，1986：973］

1) 美濃口と同世代であり、一橋大学の「社会政策」を担当した山中篤太郎（やまなか・とくたろう；1901-1981）も上田貞次郎の学問的継承者として重要である。山中は、経済政策や中小企業論、労働問題を専門とした。
2) 「真の問題は来るべき出生率の減少―人口増加の止むことをいかにして防止すべきかにある」とする主張（詳しくは、『経済往来』1926年8月号）。［高田，1927：90-94］。
3) 高田は、1921年から25年まで東京商科大学で「社会学」と「経済学史」の講座を担当した。「社会学」は建部遯吾（非常勤）から受け継いだが、高田の後任はまた建部（非常勤）であった。「経済学史」は福田徳三から受け継がれ、高田の後任は大塚金之助であった。高田もまた東京商科大学の系譜における重要人物であるといってもよい。
4) 上田が主宰し、上田ゼミ出身者を集めて組織された日本経済研究会（1930年）の中心テーマに人口問題が選ばれた。後に取り上げる美濃口もそのメンバーであった。
5) この論考のなかで高田は、上田の研究を以下のように評価している。「人口の増加だけを考えても、国内における経済的事情がそれだけの人口の生活を―しかり十分に豊かなる生活を許すや否や。これが許さるる条件以内においてではなくては人口の増加が求めらるる効果をもたらし得ないであらう。この点において上田博士一派の精緻なる研究は重要なる基礎を供するものである。」
6) 1941年には、八元社から「改訂増補」版が出版された。美濃口の人的資源論について考察したものに、［宮浦，2007］がある。
7) ここでいう「美濃口の社会政策論」とは、美濃口時次郎『社会政策［各論］』同文館、1953年、の構成に拠る。

社会政策と人口問題／第10章

戦前から戦後における人口資質概念の史的展開

1　はじめに

　人口問題は、〈量〉と〈質〉の観点から議論される。〈量〉は「世界の」「日本の」といった何らかの指標で区切った人間集団の大きさ＝人口の規模を、〈質〉はその区切られた人間集団の「男女比」や「年齢別構成」といった内容＝構造や構成を意味するというのが、今日における一般的な理解であるだろう。しかしながら、歴史的にみると、性別、年齢別構成といった広義の〈質〉よりも、個体の健康や知能の程度といった先天的資質や体力、社会的能力といった指標からみた狭義の〈質〉に引きつけて人口問題が議論された時期がある。

　それは、優生思想の興隆と対応している。優生学は人間社会の進化への関心から、命や生に優劣をつける知として成立した。そしてそれは、本人の意思を伴わない不妊手術＝強制不妊手術の肯定といった事態を招いた。その一方で、「遺伝か環境か」をめぐる議論が生じ、環境の方へと傾斜をみる形で人々の労働＝生活過程に関わる社会政策の発展に寄与することにもなった。19世紀後半のダーウィン（生物学）からゴルトン（優生学）、スペンサー（社会学）へといった人口の〈質〉に関心を向かわせる学説の興隆の影響は、日本にも及んだ。明治期に導入された当初の優生学は人種改良運動に、社会進化論は自由民権運動に影響を与えたのに対して、1920年代には過剰人口をめぐる議論との関わりで、人口の〈質〉に対する関心が高まりをみた。社会の進化を志向する「社会改良」「社会進歩」「社会改革」「社会進化」といった言葉で語られた主義、主張＝優生―優境主義が台頭したのである。[1)]

　人口問題の〈質〉への関心は、先天的素質と後天的素質＝人口資質に関する論議に火をつけた。以来、優生―優境主義はその時その時の人口資質をめぐる

議論のなかで再生産されていく。死亡率の改善に関わる保健衛生領域や生殖、子育てといった私的領域をめぐる議論を活性化させ、戦前には人口の動きに直接的に働きかける人口政策の一環として正面から議論、立案された。それに対して戦後は、戦前の問題意識を引きずりつつも人口政策という言葉はほとんど用いられなくなる。人口の動きを引き出す要因に働きかける政策は、高齢化対策、少子化対策というように人口対策と呼ばれることになった。

ところで、人口問題への対応、人口に間接的に働きかける社会政策はその思想的系譜とともに戦前まで遡ることができ、その時その時の人口＝社会問題に応じた議論が展開されてきた。この人口問題への対応をめぐる社会政策論、ないしは人口政策と社会政策の関連を、優生—優境主義の観点から20世紀を通して史的に跡づけることが本章の課題である。なぜなら、こうした視点から戦前、戦後にまたがる時期にアプローチした成果はこれまで皆無に近いといえるからである。それだけでなく、この作業は今日的な到達点を照射するうえでも不可欠な手続きとなろう。以下、保健衛生調査会（1916年）を起点に、次節では戦前の、続く3節では戦後の人口行政の経緯を描き出すこととする。

本章で触れる避妊や人工妊娠中絶、家族計画をめぐっては、すでに荻野美穂、田間泰子らによる先行研究の蓄積がある[2]。これらは、本章では視野に入れなかった社会運動家や企業体、医師による産児調節普及運動も視野に入れた研究成果である。また、本章とほぼ同じ視点からの先行研究としては、廣嶋清志の研究成果がある[3]。氏は人口の〈質〉とした人口資質概念の形成過程を、国民優生法の形成（1940年）をひとつの到達点として日本の人口政策の展開を描き出している。それに対して本章は、上述のように戦後の動向まで視野に入れる。

2 戦前の経緯

第1回国勢調査の実施（1920年）を契機に、1920年代の日本では人口の〈量〉と〈質〉をめぐる様々な立場からの議論が噴出し、交錯をみた。それは、マルサスからミル、キャナンを経てケインズへと、あるいはマルサスからダーウィン、ゴルトン、スペンサーへと、イギリスを舞台に時間をかけて展開した人口

図表 10-1　中外商業新報（1916年6月18日）の記事

> 欧洲文明諸国の人口生産率は四十年来其増進力を失して或は低下せるものあり或は低下せざる迄も単に従前の生産率を保持するに留まりて少くとも上進せざるものなり然れども其死亡率も亦減少したる為め人口の増減に大なる影響なし之に反して我国に於ては人口の増進力は依然として持続せられつつあるに係わらず近来死亡率の増加著しく而して其原因を調査するに死亡者の年齢は二十乃至三四十歳のものに多く男子よりも女子の死亡者比較的多数にして其死因は結核性多しと云うが如き事実あり是れ国民衛生上由々しき大事なれば今回之れが調査研究に関する官制を制定する所以也

出所：[神戸大学図書館, 衛生保健 (1-067)] より作成。

の〈量〉および〈質〉の問題をめぐる論点が一堂に並ぶという、日本的な現象であった。その論点を検討課題として引き受けたのが、内閣に設置された人口問題を主題とする日本で最初の政府機関、人口食糧問題調査会（1927年）である。ただし、以下の議論に関わる人口の〈質〉をめぐる論点は、それより遡って内務省に設置された保健衛生調査会ですでに検討課題として取り上げられていたという経緯がある。[4]

保健衛生調査会の設置は1916年のことであり、死亡率の改善を主眼に取り組むべき6つの調査対象項目が定められた。それは、「乳児、幼児、学齢児童及青年」、「結核」、「花柳病」、「癩」、「精神病」、「衣食住」、「農村衛生状態」、「統計」であり、①「結核」、「花柳病」、「癩」、「精神病」といったそれまでの慢性伝染病対策の強化を見据えたもののほか、②「乳児、幼児、学齢児童及青年」、「衣食住」、「農村衛生状態」の調査に基づく乳幼児、児童、青年や農村の生活改善、③「統計」の整備の促進、が目指された。同調査会の設置は、欧州文明諸国に比して高い死亡率が国民衛生上問題であるという観点から実現したと報道されている（図表10-1参照）。

①の慢性伝染病対策については、第一次世界大戦期における国民体力の増強と心身ともに優良な人口の増殖という問題意識の高まりを背景に、すでに制定されていた伝染病予防法（1897年）、癩予防法（1907年）、精神病院法（1919年）などに加えて結核予防法（1919年）、トラホーム予防法（1919年）、さらには花柳病予防法（1927年）といった慢性伝染病対策の充実が進んだ［橋本, 1967］。本調査会の設置の主眼はこの、死亡率の低下に繋がる慢性伝染病対策においていた。それに対して、社会政策の充実を見据えた②の生活改善と③の「統計」の

整備については、1920年に実現をみる。

②についていえば、1920年代から30年代を通じて児童保護をめぐる議論の活性化や地域レベルの生活改善に関わる事業、児童を対象とする社会政策の充実がみられた。前者については都市、あるいは農村における地域レベルの社会政策が展開し、後者についていえば、児童虐待防止法 (1933年) と感化法の改正・改称により成立した少年教護法 (1933年) に象徴される児童の権利や健全育成を志向する社会政策が形成された。それを後押ししたのが、社会事業家と呼ばれる実践家によって主導された児童保護運動や児童の権利論であった。5)

③についていえば、保健衛生調査会の働きかけによって、(1902年に公布された国勢調査の実施に関する法律によって、当初1905年に実施が予定されていた) 国勢調査の実施に向けた動きが再開されることになった。1917年には衆議院で「国勢調査施行ニ関スル建議」が可決され、1918年には国勢調査の経費が認められるなど、それまで日露戦争や第一次世界大戦の戦費調達などを理由に先送りされてきた国勢調査の第１回の実施が、1920年に実現したのである。調査実施後わずか２か月ほどで速報値が出されたその結果と、第２回として1925年に実施された国勢調査から明らかになった人口増加の傾向をめぐって、人口論議が過熱した。そこで、この時期の人口論壇のなかから、玉井茂 (たまい・しげる；生没年不明) と南亮三郎 (みなみ・りょうざぶろう；1896-1985) の見解をみてみよう。6)

まず、「(本書の―引用者) 目的とする所は、人口殊に日本の現在及び将来の人口に関する正しい判断解決のあらはれるべき前提として、唯、何が人口問題なりやの点丈けを歴史的に解明するにある」[玉井, 1926：3] として『人口思想史論』(1926年) を著した玉井茂は、以下のように述べてマルサスの『人口論』の存在感を表現した。

> 「マルサスによつて投ぜられた問題は、十九世紀より現代にかけて、思想界に大いなる疑問の波紋をまき起して居る。マルサスに賛成する者、これに反対する者。修正する者、せざる者。或は人口の制限を説き、或は、自然の調和を説く。一方に避妊の方法による産児制限の必要を認むる新マルサス主義があるかと思へば、他方には、人口を自然に放任して何等矛盾を認めない楽観説がある。社会主義の一派は、社会の改造を第一義として、人口制限の近眼的なるを笑ひ、経済学の正統派は、少くとも、マルサス説の中心思想を以つて動かし難き永久の真理となして居る。人口に関する思想の現状は正に斯くの如くである。」[玉井, 1926：373-374]

それから10年後に「昭和初十年間に現はれたる主要文献を手探りに、いかなる人が、いかなる問題を、いかなる方法で取り扱うて来たかを、全面的に総観しようと企てました」[南, 1936：1] という視点から『人口論発展史』(1936年)を刊行した南亮三郎は、昭和初十年間の日本における人口問題の諸議論を、「人口問題の経済学的研究」に属するものと、社会学や生物学など「経済学的見地以外の諸見地に立つ研究」と、近代的人口現象としての「出生率減退の問題」や「個々の国々に関する現実の問題の研究」に分けて整理した。[7]

玉井と南がマルサスを原点とする人口論の多様性を表現したように、1920年代から30年代半ばという時期の日本では経済学的見地、社会学的見地、医学的見地など、あらゆる視点からの人口論が交錯をみた。専門家、ジャーナリスト、社会事業家、社会運動家、企業家などが、それぞれの立場から人口問題について発言したのである。保健衛生調査会（1916年設置）における問題意識と人口食糧問題調査会（1927年設置）におけるそれとの違いは、その間の1920年代の人口論の発展によるものである。保健衛生調査会の時点では体位や健康、疾病の問題に焦点があてられたが、人口食糧問題調査会の時点では児童や母性の保護、権利といった問題にも関心が広がった。戦後へと持ち越される性と生殖の権利に関する論点も、議論されていたのである。そのこととも関わって、人口食糧問題調査会の調査項目のなかに産児調節、産児制限問題が加わったことは、時勢の大変化として大きく報道された（図表 10 - 2・10 - 3 参照）。

図表 10 - 2 大阪毎日新聞（1927年8月21日）の記事

鳩山内閣書記官長の如きは、人口食糧問題解決の一方法として産児調節を主張し、既に過日の次官会議の席上でも論議したと伝えられるが、さらに人口食糧問題調査会は、その調査の一項目中にこれを加えた。研究と実行とは違うから、その如何なる結論に到達するかは予想し難いが、在来この種の議論を異端視していた当局が、これに対して真面目な考慮をはらうことになったのは、たしかに時勢の大変化といわねばならぬ。過般「人口食糧問題調査の方向」を論じて、この問題の研究の等閑に附してならぬことを述べて置いた吾等は、当局がこの方面に眼を転じて来たことを愉快に思う。産児調節に対しては、在来種々手厳しい反対があった。しかしながら、これを今日のわが国状、国民多数の生活状態に立脚して考えれば、最後の問題は、ただ適当にして衛生上無害な方法があるか、又その他に越ゆべからざる弊害が伴うかどうかという点に落ちるのではないかと思う。

在来の反対の中、その有力なるものは、これを以て消極的退嬰的とするものである。即ちわが日本は生めよふやせよの主義でますます人口を増加することによって発展すべきであるから、調節論の如きは外道だというものである。この消極退嬰を排する点は何人も異

議はあるまい。けれども調節論の立場よりいえば、問題は調節が果してこの非難に当るかどうかである。しかし調節論者も亦積極進取を主張する。これをたとうれば軍備に対する議論のようなものである。拡張論者は縮小を以て退嬰的とするであろうが、兵器の進捗充実、維持力の整備、民力の涵養のために、縮小の却て積極的手段となる場合あるを知らねばならぬ。農家は良好なる結実を得んがために果樹を剪定してその発芽を整理する。また優良なる蔬茶を多量に収穫せんがために、その株数を制限しその間隔を十分にならしめる。もしこれに反して果樹の発条発芽を整理せず、蔬茶に間隔を与えずして積極的栽培法というものあらば、誰かその迂を笑わぬものがあろう。人もこれに同じい。一定の土地に食料の分量以上に人口が増加し、一家にその収入が相当の生活と教養とをなし得る以上に家族のふえることは、悲惨なる結果を招来す。人はその母体に宿って以後、適当なる注意栄養を以て育てられ適当なる教育を受けて、はじめて心身健全にして能率豊かなる国民となる。かような国民を有する国にして、その学術は進みその産業は発達し、その人口収容力もまた次第に大を加える。日本の死亡率殊に乳児死亡率は世界に有名なるものである。この原因は多々あるが、帰する所は、国土の収容力の増加以上に人口繁殖してその生存に必要なる手段をつくすを得ないによる。また今日日本には約五十万の精神的廃疾児がいる。この大部分は、実に薄弱なる母体、貧弱にして養護の行届かぬ家庭より出でたものである。かく国民の精神及び生命の脅やかされることは、道徳的に忍びないことであるのみならず、精神的に肉体的に又物質的に国民力の非常なる浪費である、と論ずる。

　人口調節に対する今一つの非難は、それが不道徳であるということである、即ち残酷であり、また社会の風儀を乱すというのである。しかし調節は産児の最も健全なる発達のためにするもので、不道徳はむしろ無思慮なる増殖のために、母体を病弱ならしめ、その子女に適当なる養護教育を与へ得ぬ点にある。調節は受胎以前の用意である、これを以て堕胎を混同するが如きは論外である。またこれを以て社会の風儀を乱すものとするは、任意に産児を調節し得る時は淫風の大流行を見るであろうという懸念である。かくの如きは妊娠を以て不道徳の懲罰と見る偏見から来る。恰もヂアスターゼの発見を以て過食の増加をはかるものとし、サルヴァルサンの発明を以て遊瀉を奨励するものとするに異らぬ。淫風の匡正は教育的努力によって期すべく、妊娠を懲罰視することによって望むべきではない。淫風は教育養護の行届かぬ不規律なる過群生活に生じ易い。近頃生活苦のために子女等と共に自殺する夫婦の例は随分あるが、これは産児を調節し得ない所から来た不道徳、不経済、悲惨事である。病婦が妊娠した場合に医師はこれに適当な処置を施す。これは母体を保護するやむを得ざる手段であるが、胎児に対しては甚だ気の毒である。もしかような母体が妊娠以前において適当なる処置をとることが出来ればどれ程無難であるか知れない。生後適当なる養護を受ることが出来なくて悲惨なる死の道に赴く者に対しては、その生れざりし幸福を願うてやるべきではあるまいか。之はその駁論である。

　以上調節論に聞くべき点の多きはいう迄もないが、しかしながらこの方法の公認によって、制限するに及ばぬ資産と健康とを有する者が、他の理由によって妊娠を避ける場合に対する懸念は多分にあり得る。而して之はこの方法に伴う大きな病弊であることを否み得ない。けれどもいま之等の利弊を合せて研究することは現在の我国において十分に理由が立つと思う。

出所：［神戸大学図書館．人口（4-026）］より作成。

図表10-3　大阪毎日新聞（1927年10月14日）の記事

一
人口食糧問題調査会の人口部会は去る十二日総会を開き、政府は参考案を提出したが、優生運動に関する調査項目中に産児制限問題の研究を包含せしめたことは目新らしいといってよい。尤も一委員が質問したように、優生運動は人口の質に関する問題で、人口問題としての産児制限は量に関する問題であるから、両者は根本的に異なった問題である。之を一緒に調査研究しようとする政府に、果して人口問題解決策として産児制限を是認するの決心があるかどうかは分らないが、しかし産児制限の問題は全く個人的事情の問題で、人口対策としては幾何の価値もないことを注意せねばならぬ。

二
文明の進むに従って人間は自然を征服するものであるから、その産児を制限することも別に否認すべき理由もないようである。殊に近年婦人の自覚が高まり、育児のために一生を犠牲にすることを欲せず、自らの人間としての生活を享けんが為めに産児を制限せんと欲するもの、又は職業婦人として実際社会で働くがために一定期間産児を制限せんとするもの、或は現在の経済生活のみだされんことを虞れて産児を制限せんとするものなどが、ますます殖えて来るのは当然であろう。これ等の産児制限を否認すべき社会的理由もなくまた道徳的理由もない。しかし之は畢竟するに個人の問題で、一国の人口対策としては別に考えるところなくてはならぬ。

三
人口の過剰とは、要するに、その国の経済がその人口を扶養する力がないということである。だから経済力がそもそもの問題なのである。我が国の人口問題も正にその通りで、殊に近年の農村人口の減少は明かに農村経済にその扶養力のないことを物語っておる。都市においても全く同様で、新らしく興る商工会社の企業資金の合計の如きは、これを欧州大戦時代に比すれば、実に九牛の一毛である。であるから我が国の人口過剰の問題は人口の絶対的数量によって超ったのではなく、之を扶養すべき経済力の衰えたるによるのであると云ってよい。如何なる理由によって経済力が衰えたかと云えば、要するに生産以上の消費を続けているが故である。生産以上に消費をすれば勢い富の蓄積を喰込む。すなわち生産資本として活用さるべかりしものが消費されてしまうからである、ゆえにその国の経済力は衰えざるを得ないのである。

四
かように我が国の経済力、言葉を換えていえば扶養力が衰えたがために人口過剰の問題が起ったということはまことに憂うべきことである。政府の参考案にも人口の吸収を可能ならしむる産業を調査するという項目があるが、しかし現在の経済力では、かような産業は興し得ない。ここにそもそもの禍因があるのである。だから問題は如何にせば我が経済力を繁栄ならしむるを得るかにある。しかるに世の識者は問題をかく深く考えていない。吾人のますます憂えざるを得ざる所以である。我が経済力は如何にせば繁栄ならしむるを得るかというに、要するに消費を生産以下に切り詰むるにある。消費を生産以下に切り詰めてこそ、生産に向けるべき資本が蓄積せられるからである。生産力の発展は資本の蓄積にまつのほかはない。資本の蓄積なくして生産力の発展しようはない、生産力の発展なくし

て何うしてますます増大する人口を扶養することが出来ようぞ。

五

しかして消費を生産以下に切り詰めることは、先ず最大の消費者たる国家の財政から始めなければならぬのであるが、我が国の財政は近時ますます膨脹に膨脹を累ぬるのみで、現内閣の如きは借金してまでも財政を膨脹させて、いわゆる積極主義とやらを行いたいといっている有様である。かくの如くして、こうして我が経済力を繁栄ならしむるを得ようか。民間経済においてもこれまで無理を続けて生産以上の消費をして来たが、過去の富の蓄積が尽きれば、勢い今春のような金融恐慌を繰返すこととなろう。官民一致して消費を切詰めなければ資本として剰さるべきものがなかるべく、随って経済力の進展は期し難い。政府にして真に人口過剰の将来を憂うるならば、よろしくその具体的対策として財政の緊縮を劈頭第一に掲ぐべきではないか。次いでは民間会社銀行の配当制限をあぐべきではないか。我が国の人口の過剰は先決問題として人口を吸収する産業を興すべき資本の欠乏にある。本問題の解決なくして人口問題の解決はむつかしい。

出所：〔神戸大学図書館，人口（4-045）〕より作成。

1920年代は、食糧問題や失業問題としての過剰人口が注目された時期であるとともに、都市部を中心に出生率の低下傾向がはっきりと現れた、日本における出生力転換の起点でもある。出生率の低下として現れた産み控え現象は、日本でも「中流階級」「知識階級」を中心に広がりをみた。この現象がよりはっきりと現れた西欧先進諸国の状況を踏まえた一部の専門家の議論は、後述する戦後の民主主義的人口政策＝家族計画の論理を先取るものであった。例えば、安部磯雄（あべ・いそお；1865-1949）は『産児制限論』（1922年）で、貧民階級の生活難をはじめとする生活問題の解決には個々人が産児制限によって子供の数を制限することが重要であると説いた。こうした国民の自主的な取り組みとしての産児調節が重要であるという考え方が政策的に取り入れられるのは、「産めよ殖やせよ」の戦時人口政策の時代を経て、再び過剰人口が問題として認識される戦後のことである。

先に、人口食糧問題調査会の調査項目のなかに産児調節、産児制限問題が加わったことを述べた。その調査会を起点に社会政策の立場から人口政策論をリードしたのが永井亨（ながい・とおる；1878-1973）である。「だいたい政府が人口問題に関するプログラムをつくったのですが、私が異議を申し出しまして、私のつくった原案にもとづいて約5年間審議を重ねたのであります」〔永井，1961：1〕と本人も振り返るように、永井は人口食糧問題調査会・人口部を舞台に人口＝社会政策構想を提起した。産児調節の検討も含む「社会政策的人

口政策」ないしは「社会政策的人口対策」と呼ばれたそれは、人口問題への社会政策的対応が重要であるという考えで貫かれていた。人口＝社会政策路線によって、永井は人口数の調整と生活標準の適正化の実現を志したのである。[8]

この人口＝社会政策路線は、1933年に設立された財団法人人口問題研究会（会長：柳沢保恵、事務局は内務省社会局内におかれた）に引き継がれ、指導理事の永井亨、上田貞次郎、那須皓の研究調査活動を柱とする当会の活動のなかで調査研究が進められるはずだった。ところが、戦時期に向かうなかで人口行政における人口＝社会政策路線は中断する。その挫折は、厚生省が設立をみた1938年当時内務省社会局長であり、人口問題研究所の設立に尽力したという新居善太郎（あらい・ぜんたろう；1896-1984）が以下のように振り返ったように、人口問題に関する調査研究をリードする機関が人口問題研究会から厚生省とその所管する機関（具体的には、公衆衛生院と人口問題研究所）へとシフトしたことによる。[9]

「従来民間団体である人口問題研究会が、もっぱら活動の中心をなしているという観がありました。同会は佐々木行忠侯爵が会長で関屋貞三郎、下村海南、永井亨、那須皓氏等の諸先輩が理事となり、社会局長が常務理事、舘稔君等が実務を執っておったように思いますが、人口問題の同好者が集まって熱心に研究したり、資料を収集したり、また毎年人口問題全国協議会を開催して研究発表をするなど大いに啓発宣伝に努めていたのであります。しかるに、戦時下において人口問題の資料で国家機密事項として取り扱われる範囲が漸次増加して、研究上大分不便を感ずるようになってきたことなどもありまして、国立の研究機関に対する要望がますます強くなり、人口問題全国協議会においてもその設立要望を決議したように記憶しております。」［新居，1960：6-7］

厚生省の創設（1938年）により内務省社会局の業務が厚生省に引き継がれて、人口＝社会政策路線は人口＝民族政策路線に転換をみた。「産めよ殖やせよ」の戦時人口政策は、人口の〈質〉をめぐる議論を〈量〉の問題に振り向ける形で保健衛生や児童・母性保護、産児調節に関する人口＝社会政策路線から悪質遺伝病保持者の断種による民族素質の向上と健全な素質を有する者の人口増殖、一般国民の体位向上に関する人口＝民族政策路線へとシフトさせた。先にふれた安部もその一人だが、この時期に多くの社会科学系の人口論者は議論の一貫性を失った。

人口＝民族政策路線は、米国ロックフェラー財団の支援を受けて公衆衛生技術者の養成訓練と公衆衛生に関する機関として1938年に創設された国立公衆衛生院（厚生省所管、初代院長：林春雄）の医学系の人口論者がリードすることになる。具体的には、金沢医科大学（現、金沢大学医学部）から招かれて1939年に厚生省勅任技師に就任した古屋芳雄（こや・よしお；1890-1974）を中心に戦時人口政策構想が進められた。それは「個別に扱われていた人口問題、『体力』問題、優生問題、結核問題などの諸問題を、民族＝人口問題の観点から統合した『民族国策としての人口政策』の樹立」［高岡，2011：182］へと向かわせるものであった。

1939年に日本学術振興会内に設置された民族科学研究に関する第11特別委員会は、古屋の「体力問題」と「民族人口問題」を重視する姿勢を追究する場として機能し、国民体力法（1940年）、国民優生法（1940年）、人口政策確立要綱（1941年）などの成立につながった。人口政策確立要綱では、人口増加の方策として婚姻年齢を早めることや一夫婦の出生数平均を五児とする産児数の目標などが掲げられた。戦時体制下の厚生省とその所管する機関は戦時人口政策の遂行機関となっていたのである。

3 戦後の経緯

終戦後の第11特別委員会は、改組されて人口政策を研究する委員会として1946年から新たなスタートを切ることになった。委員長は林春雄、幹事が古屋芳雄、他に石川知福、重田定正、舘稔、寺尾琢磨、大河内一男、大野数雄、斉藤潔、東畑精一がメンバーであったが、そのうち林、古屋、石川、斉藤という4名は国立公衆衛生院の関係者で占められており、人的に戦時人口政策との連続性を保った組織であった。ただし、新たに委員に加わった寺尾琢磨（てらお・たくま；1899-1984）は、戦時中に刊行された『日本人口論』（1940年）で国民体力法の問題点を指摘していた人物である。

寺尾は本書で、未成年者に体力検査を行って体力の向上を図るという大規模な検定が本当に厳正に行われるかという疑念と、不健康者に治療方法の相談にはのるが費用は本人か保護者に負担させるというように、費用の問題を度外視

していることへの疑問を提示していた。そこで、前者については、小学校の体力検査を充実させることをもって代替すること、後者については健康保険制度の拡充こそが大事であると主張した。「一方では医学及び衛生の施設を整備すべく、他方では生活の安定を実現せねばならぬ。賃金の引上げ、労働時間の制限、衣食住の改善の如き重要問題は何れも直接これと関連する。換言すれば広義の社会政策の徹底的発展を必要とするのである」［寺尾，1940：75］と考えていた寺尾は、国民優生法についても以下のように述べて、素質の向上は社会的環境の改善を離れてはほとんど無意味であることを強調する。

「各人の生来の素質が将来健康や智能の発達に至大の関連をもつことは何人と雖も疑ひ得ざるところであるが、同時に今日の社会組織の下に於ては、社会的環境なる人為的要素の勢力を如何に重視しても重視し過ぎるものでないことも亦事実である。素質の優劣がそのまま社会的地位の優劣となつて現れるならば問題は至極単純であるが、幸か不幸か斯くの如き関係性は、たとへあるとしても、極めて稀薄なるを認めねばならぬ。不良素質者も充分の保護と教育によつては可成りの進歩を遂げうるであろうし、反対に優良素質者も不利な環境にある限りは生涯を埋木で過ごす外はない。各人が平等の保護と教育とに恵まれない現状の下に於ては、恐らく素質の優劣は寧ろ二次的な意義しかもち得ないのではあるまいか。体位低下の問題が最近識者の間に採り上げられて来たが、もし断種法を以てこれが直接的対策と考へるならば、大きな失望を経験するであろう。蓋し国民体位が一般に低下したのは、必ずしも悪質遺伝者が増加したためではなく、主として労働、賃金、栄養、住宅の如き外的条件の悪化したためである。この条件を改善せざる限りは、如何なる手段も体位の向上を実現しうるものではない。」［寺尾，1940：109-110］

戦後しばらくの人口抑制策の理念的な基礎づけに貢献したのは寺尾のほか、戦前の人口食糧問題調査会、人口問題研究会での人口問題研究をリードした人口＝社会政策路線の永井、戦時人口政策の立案に中心的に関わった古屋らであった。また、舘稔をはじめとする人口問題研究所の関係者は人口行政の遂行に尽力した。古屋と舘は戦時人口政策の象徴的存在である人口政策確立要綱（1941年）策定の中心人物であったが、戦争の終結に伴う人口課題の転換に伴って両者は主張を変えた。戦後の古屋は、自身も態度を180度変えたことを認めて出生抑制論者へ転向し、公衆衛生の問題として人口問題を捉え直す人口＝社会政策路線に立った。戦時期の厚生省における人口行政の政策方針の立案を担った舘もまた、時代状況を踏まえて態度を変えた。

1948年の古屋はいう。「人口問題は人も知る如く従来は一国の経済との関連に於て主として論じられていた。勿論、今でも経済と無関係に人口問題を論ずることはできないが、最近ではそれ以外に、公衆衛生の問題としても取り上げられるようになった。」［古屋，1948：375］（以下，同書で頁数のみ表示）その「公衆衛生は『生命健康を脅かす原因の除去』という消極的の目的だけでは十分とはいえない。更に進んでわれらの『精神的及び身体的の能率の向上』という積極的の目的をもつことが必要である」［378］として、「体力の完全な発達のための体育というようなものの組織的研究も公衆衛生の一部となるし、更に生れる前の体力や素質の改善をねらう優生学も公衆衛生の積極的の面も代表する業務である」［378］ことを強調した。

古屋が公衆衛生の問題を前面に押し出したように、戦後の人口抑制策は母体保護や家庭の幸福という見地が前面に出された。人工妊娠中絶の法的適応と受胎調節普及事業が、公衆衛生や福祉的な意義を強調する民主主義的人口政策＝家族計画として実施されたのである。戦時期の人口＝民族政策路線のなかで制定された国民優生法は優生保護法として、中断した戦前の人口＝社会政策路線の産児制限の検討も政策として実現した[12]。これらの施策をめぐる議論のなかで、「逆淘汰」や「社会環境が生む人口資質の劣悪化現象」への懸念といった形で戦前に興隆をみた優生―優境主義の論理が受け継がれた。

公衆衛生院のスタッフとして産児調節普及事業に携わった村松稔（むらまつ・みのる：1923-）は1977年に当時を振り返って、優生保護法は[13]「当時かなり多数あったと考えられる非合法堕胎を防ぐために、母体保護の見地から、純粋に医学的な考慮のみに立脚して、幅広い法的適応に改めたと解釈すれば、これは人口政策ではない。この結果、合法中絶が増え、出生低下が起きたのは、偶発事象に過ぎない。しかし法律制定の裏に、多少なりとも、出生、人口増加を動かす気持が入っていたのなら、……（中略―引用者）……人口政策と呼ぶべきである。当時この立法に関係した人々の話を聞くと、確かに人口上の配慮はあったということである。とすれば、これはやはり戦後わが国の国会（この法律は議員立法である）が導入した人口政策と考えるべきである」［村松，1977：114］という見解を示した。村松が人口上の配慮と表現した人口政策的な意図は、後の人口行政において〈量〉から〈質〉へという人口問題の転換が語られること

図表10-4　人口問題研究会の役員（1953年、当時）

理 事 長：永井亨	
常任理事：下条康麿	古屋芳雄
北岡壽逸	岡崎文規
床次德二	小山進次郎
舘稔	

出所：［人口問題研究会編，1983：88］より作成。

図表10-5　人口対策委員会（「人口と生活水準に関する特別委員会」と「人口の量的、質的調整に関する特別委員会」）の委員（1953年、当時）

〈人口と生活水準に関する特別委員会〉		〈人口の量的、質的調整に関する特別委員会〉	
委員長：山中篤太郎		委員長：寺尾琢磨	
委　員：林惠海	美濃口時次郎	委　員：北岡壽逸	古屋芳雄
森田優三	南亮三郎	福田邦三	渡辺定
藤林敬三	安芸伯一	鳥谷寅雄	小坂寛見
飯塚浩二	木内信蔵	小沢竜	村岡花子
山際正道	波多野鼎	山本杉	小山栄三
大河内一男	野尻重雄	森山豊	舘稔
岡崎文規	本多竜雄	幹　事：篠崎信男	
幹　事：黒田俊夫			

出所：［人口問題研究会編，1983：88］より作成。

からしても否定されるものではないだろう。[14]

　産児調節の普及は「本質的には国民一般の自発的な意志の産物」［村松，1977：171］であり、一連の施策は「出生抑制の誘導のためではなく、すでに存在していた民衆の意志に追随して、その目的達成を助けるためのものであった」［村松，1977：171］という解釈が成り立つ一方で、当時の産児調節普及事業を企画した関係者の間では人口の量的、質的調整の必要が活発に議論されていた。この産児調節の普及における人々の自発的な意志と政策的意図の交錯を経て、人口問題への対応をめぐる社会政策論は人口の〈質〉の議論へと傾斜をみることになる。

　戦後、1960年代にかけての産児調節普及事業に重要な役割を果たした組織は、人口問題研究会と厚生省（公衆衛生局）、および厚生省所管の人口問題研究所と公衆衛生院、さらには産児制限普及運動を展開した民間団体であった。[15] 図表10-4は1951年に再発足した当時の人口問題研究会の役員、図表10-5は1953年の（厚生省）人口問題審議会設置に伴って人口問題審議会の建議案の作成を

担う組織として人口問題研究会内に設けられた人口対策委員会の特別委員会の委員名簿である。当時の人口問題研究会の役員と人口対策委員会の「人口の量的、質的調整に関する特別委員会」の委員は、ほぼ産児調節普及事業をリードした人物と対応している[16]。1950年代を通じて、人口問題への社会政策的対応による人口規模の適正化が進められたのである。

1960年代には、人口動向の変化を受けて人口行政の見直しが図られる。避妊や人工妊娠中絶の大衆化という形で1950年代の日本が経験した急激な出生率の低下は、出生力転換（高出生力から低出生力へ）の達成、過剰人口問題の解消といった、当時用いられた表現が物語るように大いに歓迎された。その後、具体的には1959年に家族計画行政の担当が公衆衛生局庶務課から児童局母子衛生課に所管が移された頃から、人口課題は新たな段階に移行した。1959年に編まれた『人口白書』は、「当面の人口問題の集中的な問題点を、第一には労働力人口の激増にともなう雇用問題に、第二には強度の出生抑制に対応すべき正しい家族計画普及の問題に、そして第三には貧困問題と重なり合つて重大化しつつある人口資質の問題に」［人口問題審議会編，1959：114］あると指摘した。

これらの、特に第3として挙げられた「人口資質の向上」という課題は、人口行政と社会保障行政、さらには経済行政の交錯をもたらすことになる。社会保障制度審議会の提言（1962年）によって1965年に特殊法人社会保障研究所（厚生省所管、初代所長：山田雄三[17]）が創設される頃に、日本の人口問題とそれへの対応、人口に間接的に働きかける社会政策の思想的系譜が大きな転換点を迎えることになる。「社会保障の問題を新たな段階から考えなければならない」[18]という文脈のなかに、人口問題が置き換えられるようになるのである[19]。

社会保障制度審議会の問題意識と呼応する形で1962年7月に人口問題審議会（厚生省）が「人口資質向上対策に関する決議」を、次いで1963年1月に経済審議会（経済企画庁）が「人的能力政策に関する答申」を、さらに1965年7月には社会開発懇談会（内閣）から社会開発の推進をめぐる「中間報告」が行われた[20]。後二者は、「人口資質向上対策に関する決議」で示された方針としての人口資質の向上のために社会保障の役割が重要であることを示す、いいかえれば人口問題への対応、人口に間接的に働きかける社会政策の意義を新たな立場から主張するものとなっている[21]。

まず、「人口資質向上対策に関する決議」(1962年) では、積極的な人口資質向上対策の推進が要請された。ここでいわれる人口資質の向上対策とは、①「経済活動のにない手は人間であり、体力、知力および精神力の優秀な人間に待つのでなければ、経済成長政策は所期の目的を達成しえない」[社会保障研究所編，1968：692] (以下、同書で頁数のみ表示) ので、「経済開発と社会開発とが均衡を保つように特別の配慮が必要である」[692] ことと、②「わが国の人口動態は、戦前の多産多死型から少産少死型に急速に移行したために、人口構造は必然的に変化し、人口のなかに占める若壮年人口の割合は加速度的に減少するものと予想される」[692] ことから、「全年齢層を通じて、殊に若壮年人口の死亡率を極力引き下げるとともに、体力、知力および精神力において、優秀な人間を育成することによって、将来の労働人口不足に対処」[692] し、「人口構成において、欠陥者の比率を減らし、優秀者の比率を増すように配慮すること」[692] である。

この決議を受けて出された「人的能力政策に関する答申」(1963年) では、「人間が生活の主体であるという点から、快適な労働環境や生活環境にめぐまれることが必要であることはいうまでもない。しかし同時に経済発展の支柱となる人的能力の伸長と活用という見地からも、その基底および外廓をなす条件として、労働、生活環境あるいは社会保障をとりあげることは重要な意義をもつ」[332] として、人的能力の開発という見地から社会保障をみる視点が提供された。

さらに1965年の「社会開発懇談会中間報告」では、「社会保障とか福祉対策とかいうと、これまでとかく落ごした者への救済策として、いわば後向きに取り扱われてきた。もちろん、人生途上において不可避的に遭遇する事故にもとづくある種の不安をとりのぞくことが、社会保障の目指すところに違いないが、そのような不安の除去がとくに最近の社会・経済の大きな変動と結びついて必要となっているところに今日の問題がある。何よりもまず高度の経済成長の逆流効果としての社会生活の圧迫がとりあげられなければならず、それはいわゆる福祉対策にもっとも端的に現れるのである。しかしそれだけではない。人口構造の変化などの最近の一連の現象が、たとえば心身障害者や老人の能力開発、低所得階層の子弟の進学援助、家庭生活の健全化などを必要ならしめ、

そのために社会保障および福祉対策は、社会・経済の変動に応ずる前向きの意義をもつものであって、そこに社会開発とのつながりも認められるのである。およそ以上のような意味での社会保障は、健康で文化的な生活を国民のすべてにゆきわたらせるという社会開発の基本的目標を実現するためには、もっとも基礎的な政策手段の一つであるといってよい」[365] とされた。

1971年10月の（1967年に厚生大臣より受けた「わが国最近の人口動向にかんがみ、人口問題上、特に留意すべき事項について」の諮問に対する）人口問題審議会の答申「最近における人口動向と留意すべき問題点について」のなかで、人口対策における〈量〉の問題から〈質〉の問題へのシフトが表明される。「過剰人口といった量的な問題から、人間能力の開発などの基盤としての質的な問題が中心課題となってきた」[人口問題審議会編，1974：435] と。そして「人口資質とは、人間の集団として遺伝的素質、形質、性格、知能、あるいは教育程度などの各種の属性をいう。換言すれば、肉体的、精神的および社会的エネルギーの状態などの機能的側面における諸性質の総合化されたもの」[人口問題審議会編，1974：435] であると定義された。

人口資質の向上を志向する「人間能力開発」「社会開発」という言葉で語られた主義は、次なる課題としての人口の〈質〉の問題と結びつけられることで広く普及をみていく。1974年に人口問題研究会が主催、厚生省と外務省の後援で開かれた日本人口会議で「子どもは2人まで」という趣旨の大会宣言が採択されるなど、低出生率を歓迎しながら人口の〈質〉的向上を志向する政策がとられた。その文脈で母子福祉や児童福祉における健全育成論が展開され、雇用政策においても人材育成の養成が重視されるようになった[22]。国際的には、1969年から国際家族計画連盟への援助金の拠出を開始するなど、人口分野において被援助国から援助国の立場に転換した [人口問題研究所編，1989：8]。

先にふれた社会保障研究所（1965年創設）が当面の研究課題として取り組んだのが社会開発である。1967年発刊の研究所の機関誌『別冊季刊社会保障研究』では、社会開発特集が組まれた。そこに収められた論稿は、1965年11月と1966年10月に社会保障研究所で実施された「社会保障研究所基礎講座──社会開発セミナー」の講義内容をもとに作成されたものを中心に構成されている（図表10-6参照）。「社会開発と教育投資」を執筆した寺尾は、それまで社会発展

図表10-6 『別冊季刊社会保障研究』第9巻9号（1967年5月）目次

別冊「社会開発特集」の刊行に際して
【第1部】
経済開発と社会開発：山田雄三
地域開発と地域行政：宮沢弘
経済成長と物価問題：馬場啓之助
【第2部】
社会開発と教育投資：寺尾琢磨
社会開発と労働問題：高橋武
住宅政策の現状と方向：谷重雄
公害対策の諸問題：橋本道夫
都市開発と社会計画：伊藤善市
地域開発—総合開発計画—における福祉計画の現状：松原治郎
【第3部】
経済計画と社会保障：中野徹雄
社会保障の課題と方向—国際動向を含めて—：小山路男

（筆者作成）。

と訳していた Social Development を社会開発という訳に転じるに際して「社会をよりよくしていこう」という意思が込められていることを説明し、遺伝か環境かの議論をめぐって「遺伝説をとったとしても、これを実際に人間を改良していこう、能力を増進させていこう、という実際的な目的と結び付けて考えると、遺伝説は実は大変無力なのである」［寺尾，1967：34］という事実に社会開発の可能性を説いた。生来の素質をできるだけ伸ばす、そのために生まれたのちに人が遭遇する環境をよくするために制度を設けてやっていくという点に人口資質の問題と社会保障を関連づけたのである。

人口問題研究所のスタッフとして篠崎とともに産児調節普及事業に特に深く関わった舘も（図表10-5参照）、〈量〉から〈質〉へのシフトを説いた。1970年の舘（当時、人口問題研究所所長）は、先進諸国が直面する課題として人間能力の開発を挙げた。「人間能力開発のために労働環境を改善し、住宅や生活環境を整備するという面から、社会開発が先進国においても強調されるようになった。また人間能力の開発の基本として、人口の質をよくすることが必要である。1930年頃から世界で展開されてきた優生運動が、先進国で広く行われていることは、極めて当然なことであろう」［舘・濱・岡崎，1970：38］と。

この潮流との関わりで、舘は日本の人口問題の性格の変化を以下のように表

現する。「今後の問題は、人口の量よりも質をよくすることにある。いま一つの重要な問題は、日本の人口問題は、これまで主に経済問題として取り扱われていたのであるが、今後はむしろ経済開発と社会開発との調和というところに問題が移行してきたことである。つまり、ほんとうの意味での先進諸国型になってきた」[舘・濱・岡崎，1970：60]と。そして、「日本の人口はすでに巨大人口であり、高密度人口であるから、人口の著しい量的増加はこれを歓迎することはできない。しかし、減退人口は人口学的基本構造の著しいひずみを生じるから、一億三千万ないし一億四千万程度において静止することが望ましい。それならば、人口の静止限界まで出生力が回復することが必要である。そのためには生活水準のなお一層の上昇が望ましいこというまでもないが、そのほか、現在出生力抑制のおもな要因とみられる子供の扶養負担の家計における圧迫の緩和、住宅と生活環境の量的および質的整備、保育所をはじめ児童施設の拡充等、経済開発に対して社会開発の均衡のとれた推進が必要である」[舘・濱・岡崎，1970：216-217]と主張した。

〈量〉から〈質〉へと語られるなかで、所与の規模の人口の〈質〉について考えるという視点が重視され、高齢化などへの対応策として社会政策の重要性が増すことになった。人口問題研究会の機関誌である『人口情報』の昭和54年度第2号を編んだ篠崎信男（当時、人口問題研究所所長）は、同号を『高齢化社会の到来に備えて』というタイトルで発行し、人口の高齢化との関わりで人口の先天的、後天的資質の向上を論じた。「人口の質というと、まず優生学的な、遺伝学的な質の向上が第一に考えられていた。現在でも遺伝学的な質の向上は重要であるが、健康に生まれた子どもを、より健全に育てる健全育成、つまり後天的な質の向上を十分に考えなくてはならない。健全育成という言葉は、もっぱら青年期までの年齢を対象としているが、これを拡大して青年から中・高年齢層まで広げるべきである」[人口問題研究会編，1979：6]と主張した。

このように、高齢化問題を優生—優境主義と関連づける議論もみられた。そのためには積極的な人間能力の開発が必要であるという篠崎は、その人間能力の開発についていろいろな段階や定義があると断ったうえで「健康者にとっては心身の健康レベルを維持するばかりではなくさらに増進し、また自己のみならず社会の生活の向上にも寄与するための能力であり、心身に障害をもつ者に

とっては、社会人として自立できる方向でもてる力を十分に伸ばしてゆくという意味での能力である」［人口問題研究会編，1979：38］と再定義した。「異常児・者の発生防止、子ども並びに青年層の健全育成、老人の保健対策などを強力におしすすめることが大切である」［人口問題研究会編，1979：46］というように人口の高齢化と社会政策が関連づけられた。

その後1990年の「1.57ショック」を機に、少子化が行政課題として浮上する。以降積極的に取り上げられるようになった児童虐待や育児の社会化といった家族政策をめぐる様々な議論も、優生―優境主義の史的蓄積の延長で理解することができるだろう。人口減少という〈量〉の問題にも直面するなかで、出生行動をめぐる人々の自発的な意志と政策的意図をどのように交錯させるかという論点が、現段階における人口問題と社会政策を強く関連づけている。

4　むすびにかえて

1965年の社会保障研究所の開所を前に、社会保障研究所監事たるべき者として大臣指名を受けたのが、寺尾琢磨であった。戦時人口政策の問題点を指摘する立場から戦後の人口行政に関わるようになった寺尾は、戦後人口を主題とする著書を2冊編んでいる。『人口理論の展開』（1948年）では、「人口を構成する各個人が体性や年齢に於て相互に等しくないのと同じく、その肉体的・精神的能力も亦然りである。して見れば同一量の二つの人口も、その能力が一般的に高いか低いかによって、その発揮しうる活動量は異ならざるを得ない」［寺尾，1948：292-293］という人口の質をめぐる論点を提示し、産児調節の普及をめぐる逆淘汰の真偽を問うた。「避妊による逆淘汰の真偽といふことである。既に述べた通り、避妊は新マルサス主義の主張を裏切つて寧ろ上層階級に普及した。このことから直ちに二つの問題が提起される。第一に、では上層階級の人口は縮小し、下層階級のそれは膨張するかといふことで、第二は、もし然りとすれば、それは人口質を一般に低下せしめるかといふことである」［寺尾，1948：294］と。

それに対して『人口』（1958年）では、近い将来直面するだろう問題として、人口の高齢化についても先取りして問題提起を行った。「人口老齢化の進むに

つれて、老人問題はますます社会問題としての性格を強めてきたということである。老人に関する問題はいつの世にも存在したが、従来はそのほとんどが家庭の内部でつつましやかに処理されてきたし、またそれで足りてきた。しかし老化によって老人人口の比重が高まるにつれて、老人問題は、もはや個々の家庭で処理できるような段階をこえて、明らかに国の問題となり、社会の問題となったのである。これは別の言葉で言えば、人口問題の一環として処理されなければならないことを意味する。いまだかつてわが国で経験されたことのないこの新しい問題に対して、一般的関心の高まらんことを切望してやまない」[寺尾, 1948：178]、と。

この寺尾の議論の推移に象徴されるように、人口問題の論点は時とともに推移する。人口課題の動きに伴って人口認識、人口行政における施策はその都度変化するものの、人口問題への対処を根底で貫く優生─優境主義の観点によって再生産が繰り返される「人口問題と社会政策」論というテーマを史的に関連づけることが可能であると考えられる。その際、人口問題への対応、人口に間接的に働きかける社会政策の思想的系譜は戦前まで遡ることができるということを今一度強調しておきたい。

1) 福沢諭吉の弟子である高橋義雄は、1884年に『日本人種改良論』を刊行して欧米諸国に対抗しうる国民を作るための「黄白雑婚論」を唱えた。1905年には、日本で最初の優生学雑誌が富士川游（ふじかわ・ゆう；1865-1940）によって創刊される。他方の社会進化論は、加藤弘之や穂積陳重といった法学・政治学者らによって盛んに紹介され、自由民権運動にも影響を与えた。
2) ［荻野, 2008］、［田間, 2006］。
3) ［廣嶋, 1980；1981］。
4) 1920年代の動向については、［玉井・杉田, 2008］で論じた。
5) 児童虐待防止法と少年教護法の形成をめぐっては、［杉田, 2010；2013］で論じた。
6) 南亮三郎については、［玉井・杉田, 2014］も参照されたい。
7) 南はこれらの諸見地を綜合することが今後求められるとして、当時の人口論壇を以下のように捉えた。「同じ一つの問題は理論的には一応個々別々の見地から相互に何の関連もなく説き進められていい。しかし実践的に何らかの態度を一国の人口増減に対して採ろうとする場合には、理論的考察に際して除斥したる他の諸見地をも併せ考慮に入れなければならない。無条件的な人口増加の礼讃は、よしんば西欧諸国の人口現象が彼らの将来に『暗影』を投げかけつつあるとしても、又よしんば『生物学的』『社会学的』研究がかかる現象の必然的到来を他の諸民族について予測せしめるとしても、その増加人口が果して又如何にして扶養され得るかという見地、一言にして経済的見地を顧慮す

ることなしには、畢竟、空に向かつて嘯く—然り民の生活とは無関係な空語、たるに過ぎないであらう。経済学的人口論者はたしかに生物学的、社会学的研究所産に疎い、だがそれ以上に生物学者、社会学者及び政治論客は経済学的見地を等閑に附している。——これらの諸見地を綜合しての人口理論と人口政策との樹立、少くともその樹立への方向が、次の十年間に現れて欲しいものである。」［南，1936：126-127］．

8) 永井については［杉田，2010］で詳しく論じているので、参照されたい。
9) それは、人口食糧問題調査会が「社会省」という名で設置を求めた機関が、厚生省として実現したという意味での転機でもあった。永井はいう。「政府はこれ（人口食糧問題調査会が建議で設置を求めた社会省—引用者）もつくるつもりで案をたて枢密院にかけたところが、枢密院の議員たちは、政府自ら社会主義の役所をつくるとは不都合であるといつて皆反対したのであります。その時、枢密顧問官の一人で、西園寺内閣の書記官長をしていた南弘氏が、それならば社会省という名をさけて、『利用厚生』とあるその厚生省にしたらどうかという意見を出し、その厚生省の設置で枢密院は承諾したのであります。それで昭和13年に厚生省が設置されたのでありますが、『厚生省』では私共の考えとあわないのであります。どこまでも『社会省』というものをつくりたかったのでありますが、そういう運びにもゆかないで、今日まで厚生省と呼ばれているのであります。」［永井，1961：2］．永井は人口食糧問題調査会の委員になる前に、協調会の常務理事を務めていた。その時まで振り返って「社会省」へのこだわりについて以下のように述べている。「大正11年に私が財団法人協調会の常務理事の一人として働いておりました時に、ちょうど欧米をひとまわりして帰ってきたのでありますが、私は労働省設置に関する建議案というものを提出し、協調会の総会の決議を得まして、それを政府に建議する前に工業クラブ会長団琢磨氏に建議案を回しました。当時の工業クラブは現在のそれと異なり、今の経団連、日経連、同友会などといったものを合わせたような唯一最大の経営者団体だったのであります。というのは、協調会は政府と財界の両方で金を出してつくった機関だからであります。そこで工業クラブの方へ建議案を回したのでありますが、全員反対なのであります。労働省などというものをつくったら、労働者がばつこして経営者はたまったものではない、というのであります。その時にこの工業クラブの理事の一人であり、また同時に協調会の理事でもあった和田豊治氏、この人は富士紡績の社長をしており、非常に見識のすぐれた人物でしたが、この人が私を説いて、今の時勢では到底労働省を設置するということは実現しそうもない、であるからこの際、社会労働行政を統一する機関をつくってもらいたい、社会行政を統一する機関を政府部内につくるという建議案になおしてもらいたい、そうすれば必ずその実現は自分で責任をもってやる、というのであります。時の総理大臣は加藤友三郎大将で、この人が和田豊治氏と親友であった関係から、和田氏が直接総理を説いて、その結果、当時大手町にできたばかりの国勢院というのを廃止して、そのあとに内務省の外局として社会局をつくるようになったのであります。私はどこまでも内閣につくってもらいたいという意見を閣僚に説いたのでありますが、当時の副総理であった岡野敬次郎博士や内閣書記官長をしていた江木翼博士がどうしても賛成しないので、とうとう内務省の外局としてつくることになったのであります。その当時、すでに内務省の内局に社会局というものがあったのです。その局長は田子一民氏でありました。名前は社会局といっても実際には社会事業局のようなもので、そこでは労働行政などは一切あつかわない、いわんや人口問題など

はあつかわない機関であったのであります。そのようなわけで、私は内務省に社会局をつくるとそのような性格のものになりはしないかと心配したのでありますが、それは、き憂に帰したのであります。すなわち、内局の社会局は新しくできた外局の社会局に合併し、社会局には労働部と社会部がおかれました。そうして労働行政にも力を入れ、人口問題にも社会局は干渉するようになったのであります。そういうものができておりましたから、そこで私は昭和4、5年になって、人口食糧問題調査会の席上に、人口問題に関する調査機関とし相まって社会省を設置しようという案を出したのであります。私は社会局を社会省にして、そこで労働問題や社会問題、社会事業の方面の両方をあつかってもらうつもりであったのです。ともかくこれが、厚生省に変わったわけなのです」［永井, 1961：2-3］と。

10) 高岡によれば、第11特別委員会は行政に直接関係の深い問題を扱う委員会として役割を果たした。(同上書、185頁。) 人口政策確立要綱の作成には古屋のほか、美濃口時次郎（みのぐち・ときじろう；1905-1983；当時、企画院調査官）と舘稔（たち・みのる；1906-1972；当時、人口問題研究所研究官）が中心的に関わったとされる。(同上書、186-187頁。)

11) 寺尾は、慶応義塾大学経済学部の学部、大学院で小泉信三（1905年から1918年まで慶應義塾大学の教員であった福田徳三の弟子）のもとで理論経済学を学んだ。慶應義塾大学経済学部助手のときにマルサスの『人口論』（第6版）の翻訳を頼まれたことが人口理論に取り組むきっかけとなり、1934年の教授就任時には日本人口論の第一人者といわれるまでになっていた。

12) 受胎調節普及事業を所轄していた厚生省公衆衛生局は、1951年に受胎調節普及に関する閣議了解事項が決定された背景を以下のように説明している。「了解事由として、人工妊娠中絶は、母体に及ぼす影響において考慮すべき点があるので、かかる影響を排除するため、受胎調節の普及を行う必要があるからであるとされています。政府が受胎調節問題を取りあげた主旨が明確にされているのでありますが、なにゆえ人口問題について一言も触れていないかと申しますと、受胎調節問題は人口問題と関連はありますが、しかしそれにもかかわらず、公衆衛生の見地から、母体保護の立場から考えられていますのは、人口問題は、社会問題とか、経済問題とか、いろいろの立場から検討され、解決されなければならない問題でありますので、人口が多いのがよいと簡単に考えるのも、また人口は少ない方がよいと十分な検討もなく結論されることもどうかと思われる点があるからであります。」［厚生省公衆衛生局企画課, 1958：154］

13) 国民優生法の改正・改称によりできた本法は、国民優生法制定時に重点が置かれていた悪質遺伝の防遏よりも経済的理由による断種や人工妊娠中絶の適用を認めるというところで大いに機能することになった。優生保護法改正の動きが見られる1970年代には、女性や障害者の権利、命の大切さを主張する立場から本法のあり方を問う主張が激しく衝突する。この点については、［荻野, 2008］に詳しい。

14) 優生保護法の性格については、松原洋子「日本―戦後の優生保護法という名の断種法」米本昌平ほか『優生学と人間社会　生命科学の世紀はどこへ向かうのか』講談社、2000年、で論じられている。

15) 本章ではふれないが、日本家族計画連盟と日本家族計画普及会（いずれも1954年から活動）といった民間組織も産児調節の普及に大きな役割を果たした。この点について

は、[荻野, 2008] に詳しい。
16) 産児調節の普及は、1954年に当時の鳩山一郎内閣が公約に掲げた新生活運動（＝国民生活の改善、向上をめざした国民運動）として展開された。個人、家族の主権にはふれず、「家族計画と生活設計による自主的な家庭設計」を啓発する本運動は、出生率の低下に大きく貢献した。学識経験者のなかでは、永井亨（当時、人口問題研究会会長、企業体等新生活運動協会会長）と古屋芳雄（当時、公衆衛生院長、日本家族計画連盟会長）がとりわけ熱心に取り組んだ。
17) 社会保障研究所の創設は、舘稔（当時、人口問題研究所長）と伊部英男（当時、厚生省審議官）の尽力によって実現する。また、創設当初の研究活動の方針決定には舘、寺尾が深く関わった。
18) 社会保障研究所の創設が提言された1962年は、社会保障制度審議会から「社会保障制度に関する勧告」（1950年）に次ぐ大きな勧告であった「社会保障制度の総合調整に関する基本方策についての答申および社会保障制度の推進に関する勧告」（1962年）が出された年である。当時の状況をよく知る隅谷三喜男（すみや・みきお；1916-2003）によれば、その頃「日本は社会保障においても、外国に対して一応顔向けができるような体系をつくっていく」（隅谷三喜男「戦後社会保障政策の歩み」（＝「社会保障制度審議会50周年記念シンポジウム」での講演）[総理府社会保障制度審議会事務局監修, 2000：303] という意識がもたらされた。社会保障研究所は、そのための社会保障の理論的研究を推進する機関として整備されたのである。
19) 1983年から人口問題審議会の専門委員を務めた阿藤誠は振り返っていう。「昭和30年代末以降平成9年まで、人口問題審議会は、国内的な政策課題を議論する場としての機能を失っていく。この間、『人口白書』（昭和49年）、『出生力動向に関する特別委員会報告』（昭和55年）、『人口白書（高齢化をテーマ）』（昭和59年）、『人口と家族に関する特別委員会報告』（昭和63年）、『国際人口移動に関する調査報告』（平成4年）が出され、その時々の人口問題に関しての一般的提言を行っているが、それは具体的な政策課題に直結するものではなかった」[阿藤, 2000：89] と。1949年に内閣に、その後改めて1953年に厚生省に設置された人口問題審議会は2000年で廃止され、人口問題に関する議論は翌2001年に厚生労働省に設置された社会保障審議会（人口部会）に受け継がれることになる。それへと至る「人口問題と社会政策」論の動向が社会保障研究所設立期から形成されていったのである。

なお、2001年の中央省庁等改革では社会保障制度審議会も再編の対象となった。社会保障制度審議会の年金数理部会が扱っていた年金に関する事項は社会保障審議会に引き継がれ、社会保障と経済関係に関する事項は経済財政諮問会議に引き継がれることになった。
20) 「社会開発（Social development）」論は、当時の国連が進めていた「均衡のとれた社会・経済開発（Balanced social and economic development）」構想の影響を受けている。それが人口資質の向上という政策課題に結びつけられることで、日本の人口行政における人口対策としての社会保障の重要性が増していく契機となった。
21) 「人口資質向上に関する決議」を受けて、1963年に人口問題研究所に「人口資質部」が設置されるが、その部長に就任した篠崎信男（しのざき・のぶお；1914-1998）は、自身も推進する立場にあった産児調節普及運動の結果としての「量的少産は常に質的

安産によって補償された優生的配慮を伴わねば無意味となるおそれがある」[篠崎,1968b：36]と述べて、〈量〉から〈質〉への転換を宣言した。続いて、遺伝と環境との相互合成作用としての人口質という考え方が「個人の心身に関する優生問題に止まらず、社会優生、そして人口全体の優生という概念を与えつつある」[篠崎, 1968a：57]として、優生問題が人口資質問題と密接不可分であることを強調した。

22) 例えば、[土屋, 2014] が論じている。

社会政策と人口問題／第11章

人口抑制から社会保障へ
人口認識の形成過程

1　はじめに

　人口問題は時代の産物であり、〈量〉と〈質〉の側面において議論される。〈量〉は何らかの指標で区切った人口集団の大きさ＝人口規模を、〈質〉はその区切られた人口集団の男女比や年齢別構成といった異質性を問題にする。〈質〉の問題に関していえば、人間の〈質〉を科学的に測定できるという考えが流行をみた戦前には個体の健康や知能の程度からみた生命の〈質〉に引きつけて人口問題が議論された。

　そのことを踏まえて日本の経験を振り返ると、人口の〈量〉をめぐる議論が盛り上がりをみたのは1910年代終わりから20年代にかけてである。具体的には、1918年の米騒動を契機に人口問題と食糧供給の関係が論じられるようになった。1920年の第1回国勢調査の結果をめぐっていよいよ高まった専門家の人口論議では、過剰人口論が主流を形成した。この人口の〈量〉をめぐる議論に先行して高まりをみたのが、人口資質をめぐる議論である。時代思潮としての優生学（eugenics）との関わりで1910年代に提起された人口問題は、人口資質を決定する遺伝（先天）的素質と後天的要因の改善に関わって、優生と優境（保健衛生、母性保護、児童保護、教育）といったテーマをクローズアップすることになった。人口資質の向上、よりよい〈生〉、よりよい〈社会〉を志向する優生―優境主義が、初期社会政策の形成の推進力となったのである[1]。

　この優生―優境主義は、戦後の人口―社会保障行政の前提となっている。よりよい〈生〉によって成り立つよりよい〈社会〉の希求は、各々の時代の〈量〉をめぐる人口認識に応じて形を変えながら、社会政策の発展を支えてきた（図表11-1参照）。戦後に関していえば、その大きな転機はそれまでの人口抑制＝人口収容力の問題が解消する1960年代である。戦後のベビーブーム

図表11−1 戦後日本における人口問題の展開

時期区分	出生率	高齢化率	行政課題	キーワードなど	
1950年代	3.65	4.9	人口過剰	家族計画	妊娠・出産・育児の計画化
1960年代	2.00	5.7	過疎・過密化 人口資質向上	地域開発 社会開発	
1970年代	2.13	7.1	高齢化		
1980年代	1.75	9.1			
1990年代	1.54	12.0	少子化	家族政策	妊娠・出産・育児の社会化

(筆者作成)。
注:各時期区分における(合計特殊)出生率・高齢化率は、それぞれ1950、1960、1970、1980、1990年のもので代表させた。

(1947〜49年)あたりまでの日本の合計特殊出生率(以下、出生率)は高水準を維持していたのに対して、1950年代を通じて出生率の急激な低下を経験する。1950年代には経済成長を経験したこともあって、人口収容力の問題は一気に解消をみることになった。

人口収容力問題の解消を受けて、急激な出生率の低下を注視した人口論者の一部は人口の高齢化も視野にいれた人口資質向上の問題を議論するようになる。人口構造の変化に備えた公共サービスの必要を唱える視点は、国連に由来する社会開発(social development;社会保障・保健衛生・住宅・雇用・教育などの公共的なサービスの増進)、OECD に由来する「総合社会政策」(integrated social policy;社会政策の総合化の推進)とも対応しながら、日本における社会保障論議の活性化の原動力となった。この人口の高齢化という視点は、それまで生殖や子どもの健全育成におかれていた人口の〈質〉をめぐる議論の対象の拡大をもたらした。1970年代以降、労働者の能力開発、高齢者の健康維持、生涯学習といったことも人口資質問題として議論されることになったのである。

本章では、こうした国民全体の〈質〉の向上＝国民の生活の安定と向上という問題意識を1つの到達点として、日本における人口認識と人口資質概念の展開について描き出したい。その際、今日からみても重要な論点が戦前に議論されていたことに、とりわけ注目する。[2]

図表11-2　人口・社会保障の政府系研究機関

1916年	保健衛生調査会（内務省）設置
1927年	人口食糧問題調査会（内閣）設置（1930年まで）
1933年	財団法人人口問題研究会設立
1938年	公衆衛院設立（1949年から国立公衆衛生院）
1939年	厚生省人口問題研究所設立
1940年	栄養研究所と公衆衛生院の合併により厚生科学研究所設立
1942年	厚生省研究所設置（人口問題研究所、厚生科学研究所、産業安全研究所の統合）
1946年	厚生省人口問題研究所が再び独立
1965年	特殊法人社会保障研究所の設立
1996年	国立社会保障・人口問題研究所の設立（厚生省人口問題研究所と特殊法人社会保障研究所の統合）

（筆者作成）。

2　人口認識と人口資質概念の展開

　まず、日本における人口・社会保障の政府系研究機関の史的な起源を確認するところから始めよう。近代以降で人口問題が初めて正面から議論されたのは1916年に内務省に設置された保健衛生調査会であり、西欧先進諸国と比べて高い死亡率を有する国民の健康上の問題を調査討究する機関として設けられた。図表11-2は、保健衛生調査会を起点に人口問題を主題とする政府機関の変遷についてまとめたものである。時代思潮であった優生学の影響も受けていた当調査会の姿勢は、慢性伝染病対策の強化と、乳幼児・児童・青年および農村の生活改善、人口統計の整備を目指すものであった。

　1920年には、第1回国勢調査が実施された。それを機に、過剰人口論を中心とする人口論壇が形成された。この論壇は、経済学者（河上肇、福田徳三、矢内原忠雄ら）による「マルサスかマルクスか」の学説論争を中心としつつも、人口資質の向上、よりよい〈生〉を志向する優生—優境論がその周辺を形成した。優生学の影響を受けた論者たちは、人口の〈質〉の改善という視点から特に重視すべき母性や乳幼児、児童保護事業、生活改善事業の必要を説いた。医学的見地（永井潜・富士川游・暉峻義等ら）、社会学的見地（米田庄太郎・海野幸徳・高田保馬ら）に立つ学説や、社会運動家、社会事業家、ジャーナリストによる産児調節論や優生論の主張によって、〈量〉と〈質〉の観点からみた人口問題

をめぐる多様な論点が交錯した。

こうした人口論の生起を背景に内閣に設置されたのが人口食糧問題調査会（1927年）であった。この調査会の運営や答申作成をリードした永井亨（ながい・とおる；1878-1973）は、多様な人口論を束ねる社会政策的人口政策の主張によって人口数の調整と生活標準の適正化の実現を志した。永井は食糧、失業、保健衛生、母性保護、産業、移民、優生といったテーマを包み込む人口＝社会政策路線に沿って政策の具体化を図るべく、調査会の審議を進めた。調査会の設置期間終了を前に、国立の人口問題の調査・研究機関の設置を要求する提言もなされるなど、1920年代を通じて人口問題への関心が高まった。[3]

1933年に（予算の目途が立たなかったため）財団法人として設立された人口問題研究会（永井亨のほか、那須皓、上田貞次郎らが調査・研究活動の中心的役割を担った）は、1939年に設立された厚生省人口問題研究所（以下、人口問題研究所）に先立つ組織であり、戦前の人口問題研究会と人口問題研究所は一体となって人口問題研究を担った。人口問題研究所より1年早い1938年に設立をみた公衆衛生院も人口問題研究に深く関わる研究機関であり、（設立順に）人口問題研究会、公衆衛生院、人口問題研究所は大いに関わり合いながら活動を展開した。[4]

戦後になると、厚生省をはじめとする関係各大臣の諮問に応じて意見を述べるための人口問題審議会（1949～50年には内閣に、その後1953年には厚生省に）が設置された。同審議会の運営をリードしたのは、戦前から活躍した永井亨と舘稔（たち・みのる；1906-1972）である。経済規模と人口の相対関係によって国民の生活水準が決まるという発想のもと、1953年に再設置された人口問題審議会には「人口収容力に関する部会」と「人口調整に関する部会」が設けられている。後者の部会で検討された人口数の調整＝産児調節をめぐる当時の議論においては、逆淘汰を懸念する立場から産児制限の政策的導入に国の積極的な関与を求める主張や権利としての産児制限の自由を唱えるといった、異なる立場が交錯した。

1960年代には、合計特殊出生率が人口置換水準を下回るほどの低水準を記録するようになった。過疎・過密化対策としての地域開発や人口資質向上対策としての社会開発が課題となり、社会保障＝人口資質向上の問題へと議論の重点がシフトし始めた。それに対応して、新たな研究機関が創設された。社会保

障・保健衛生・住宅・雇用・教育などの公共的なサービスの増進のための研究拠点として1965年に設けられた特殊法人社会保障研究所（以下、社会保障研究所）が、それである。

社会保障研究所の設置は社会保障制度審議会からの要求によって実現したものだが、人口行政の関係者としてその創設に尽力したのは、人口問題研究会が設立されたときにその研究員となって以来、行政官として人口問題＝人口収容力の問題に取り組み、当時人口問題研究所の所長となっていた舘稔であった。[5] この研究所の創設は、社会保障＝人口資質向上の問題という関連づけによる人口問題と社会保障の交差を象徴しており、人口・社会保障行政における一大事であった。

ここに具体的に取り上げた機関が、日本における人口問題に関する調査研究や人口問題解消策の方針決定に大きな役割を果たした。特に戦後の人口問題審議会は、政策形成の前提となる人口認識を一手に引き受けてきたといってよい。この人口認識をめぐる戦前から戦後への展開を貫いているのが、国民全体の〈質〉の向上＝国民の生活の安定と向上へと到達する人口資質への関心である。

政府系研究機関の史的展開の起点となった保健衛生調査会の設置（1916年）は、ちょうど時代思潮としての優生学が人口問題をめぐる議論に浸透していった時期に相当する。この優生学を原点とした人口資質の向上を志向する優生―優境主義は、その時その時の人口資質をめぐる議論のなかで再生産されていった。保健衛生調査会では、体位や健康、疾病の問題に焦点があてられたが、人口食糧問題調査会の時点では、児童や母性の保護および権利といった問題にも関心が広がっていた。中・上流階級を中心に産み控え現象が生じたこの時期、生活難の解消には産児制限による子ども数の制限が重要であることを説く議論が現れ、社会的な悪徳や貧困の原因としての多産の除去を唱える産児調節運動も台頭した。このような動きを受けて、人口食糧問題調査会は産児調節を検討項目に取り上げることになるが、それは時勢の大変化として報道された。

このように産児調節論議は1920年代終わりに高まりをみたものの、それが事業として展開されるのは、戦後になってからのことである。「産めよ殖やせよ」のスローガンで知られる戦時期（人口問題研究所は1942年から1946年まで厚生

図表 11-3 出生数と合計特殊出生率の推移

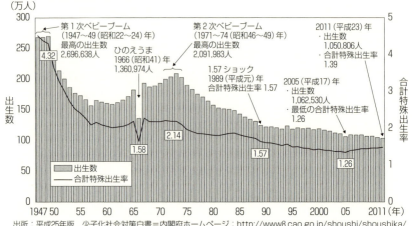

出所：平成25年版 少子化社会対策白書＝内閣府ホームページ：http://www8.cao.go.jp/shoushi/shoushika/whitepaper/measures/w-2013/25webhonpen/html/b1_s1-1.html

省研究所人口民族部となった）には人口の増加が望まれ、産児調節運動を展開した社会運動家の弾圧や中絶の取り締まりが行われた。それを経ての戦後、食糧不足などから人口を減らす必要に迫られていた状況は、堕胎罪はそのままにして、例外として、人工妊娠中絶の許可条件を定めるという人工妊娠中絶の適用について定めた優生保護法（1948年；1996年に母体保護法に改正）の制定をもたらした。

それを受けて国民一般の自発的な意思による産児調節という目的の達成を助けるという理念のもと、1950年代から地域や企業体レベルでの家族計画運動が展開された。その構想に重要な役割を果たしたのが厚生省（公衆衛生局）と人口問題研究所、人口問題研究会であり、1946年から古屋芳雄（こや・よしお；1890-1974）が院長を務めていた公衆衛生院も事業の実施に大きく貢献した。妊娠調節の講習、避妊具の無料配布といった家族計画運動の全国的な広がりと、優生保護法の相次ぐ改正による人工妊娠中絶件数の増加によって、日本は1950年代に急激な出生率の低下を経験する（図表11-3参照）。

当時「出生力転換の達成」という表現がしばしば用いられたことからもわかるように、出生率の低下は大いに歓迎された。そのうえで、次なる課題として「全年齢層を通じて体力、知力、精神力において優秀な人間を育成すること」

「人口構成において欠陥者の比率を減らし、優秀者の比率を増すこと」が掲げられた。生来の素質をできるだけ伸ばす、そのために生まれた人が遭遇する環境をよくするための制度を設ける必要がある、というところに人口資質向上の問題と社会保障が関連づけられたのである。この人口資質向上の問題と社会保障を関連づけるために「社会開発」という言葉が公文書で初めて用いられたのが、1962年の「人口資質向上対策に関する決議」(人口問題審議会)であった。[8]

これを起点に強調されるようになった人口資質の問題は、人口＝経済＝社会政策に対応する行政課題として捉えられるようになり、人口問題は国民の生活の安定と向上に関わる社会保障の問題として新たな視点から考えなければならないという文脈に置き換えられていくことになった。当時の社会保障論の盛り上がりは人口抑制課題に取り組んできた人口論者のリードによってもたらされたものであり、優生―優境主義が高齢化、さらには少子化といった人口問題への対応をめぐる社会政策論議のなかに再生産されていった。

1970年には、日本の高齢化率が7％を超えたことで高齢化が行政課題として持ち上がった。この高齢化率の上昇という人口認識は、高齢者の能力開発や老人保健対策といった高齢者を対象とする社会政策の充実を促すことになった。一方、少子化に関していえば、それが日本の行政課題となったのは1990年代に至ってからのことである。1990年の「1.57ショック」(「ひのえうま」の1.58を下回る出生率を記録したことを表現した言葉)を機に、少子化問題への取り組みが開始された。低出生率という人口認識は、産みたいのに産めないという状況の解消に繋がる結婚や出産、育児を支援する社会政策の充実をもたらした。不妊治療や出生前診断といった生殖医療政策も展開をみており、よりよい〈生〉を志向する優生―優境主義は新たな局面を迎えているといってもよい。

3　戦前の家族政策論議

これらのことを確認したうえで、改めて注目したいのが戦前の動向である。先に述べたように、戦前の日本では過剰人口論が主流であった。その時代におかれた母性や乳幼児、児童の保護を説く議論の多くは、「出産や育児の社会的な意義」を強調した。「国のために子どもを産む」という論理を肯定しかね

いその視点は、低出生率が政治的に大きな問題となっていた西欧先進諸国で「民族消滅の危機」といった切迫感とともに盛り上がりをみた当時の家族政策論議と同一時代のものである[9]。ただし、戦前の日本の合計特殊出生率は5を超えるような高水準にあり、そのもとで成立した家族政策は人口の〈質〉対策としての児童政策（具体的には、児童虐待防止法と少年教護法）を核とする未成熟なものとなった。

戦前の政府の人口認識は、過剰人口論を中心に形成された人口論壇を意識しながらも、相対的に高出生率が維持されている日本の人口状況を歓迎するというものであった。この捩じれた状況のなかで母性や乳幼児、児童の保護をめぐる動きの高まりをみる一方で、堕胎罪の規定や産児調節運動の抑圧がなされたというのが、優生—優境主義の観点からみた戦前日本の特質である。

堕胎罪に関していえば、明治政府が堕胎禁止令を出したのは1869年のことであり、1880年の旧刑法、1907年の新刑法で堕胎罪が規定された。これにより、妊娠してしまったら子どもを産まないという選択は合法的にはないという状況であった。妊娠を避けるための産児調節運動に関していえば、1922年のマーガレット・サンガー来日あたりから活発になった。しかしながら、多産を歓迎する方針をとっていた政府の姿勢により、産児調節の普及を志す運動は警戒すべき動きとして監視の対象におかれ、状況に応じて規制が加えられた。戦前に間引きや貰い子が多かったのは、このことと関連している。

一方で、優生—優境主義の浸透による家族政策論議の高まりは1910年代からみられた。学説や論争、社会運動といった次元では、当時の西欧先進諸国、ないしは今日に通じる議論や事業が展開されたのである（**図表11-4参照**）。

河田嗣郎（『婦人問題』（1910年）、『家族制度と婦人問題』（1924年））や穂積重遠（『離婚制度の研究』（1924年））、永井亨（『婦人問題研究』（1925年））や戸田貞三（『家族の研究』（1926年））といった当時婦人問題と呼ばれた女性問題や家族制度の研究に取り組んだ社会政策学者は、ルソー（『エミール、または教育について』など）やミル（『女性の解放』など）の影響を受けて、男女の人格的な同等の実現を模索した。家制度の強固な日本にあって、早くから母性の保護と男女平等の両立をどのように実現していくかという家族政策の根底にある問題を指摘していく彼らの視点は、女性問題や家族制度の研究という学問的潮流を形成することに

図表11-4　優生―優境主義の展開

```
1910年～      堕胎論争（1915年）、母性保護論争（1918～1919年）
1920年代      生存権の社会政策論争（1913～1924年）
              児童権論（1920年代）
                                ⇓
1920年～      「マルサスかマルクスか」の学説論争を主軸とする
1930年代      大正・昭和初期人口論争（1926～1933年）
                                ⇓
1933年                    児童虐待防止法
                          少年教護法
1937年        母子保護法
1938年                                社会事業法
1940年                                              国民優生法
                ↓           ↓           ↓           ↓
1946年        (旧)生活保護法
1947年                    児童福祉法
1948年                                              優生保護法
1951年                                社会福祉事業法
```

（筆者作成）。

も貢献した。

　また、自らに関わる問題として、女性問題を論じる女性の論客も台頭した。家制度や良妻賢母主義に対抗することで「新しい女」と呼ばれた平塚らいてう、伊藤野枝、与謝野晶子らは、1910年代から「堕胎」「貞操」「廃娼」「母性保護」をめぐる論争を展開し、母性の保護、女性の自立をどのような形で実現すべきかの問題や、女性の産む・産まない権利、胎児の人としての生きる権利といった論点を提起した。彼女らが展開した論争は、エレン・ケイ（『児童の世紀』など）らによる母性や児童の尊重に関わる思想の影響を受けている。性の自由をめぐる彼女らの問題提起は、日本では1970年代以降にブームとなるフェミニズム運動の先駆けといってよい。この「新しい女」による運動は、貧困母子家庭に対する生活扶助を規定した母子保護法（1937年）の成立に結びついたとされる。[10]

　さらに、福田徳三、左右田喜一郎、南亮三郎らの生存権の保障をめぐる論争（1913～24年）も見逃すべきではない。マルサスの『人口論』から引き出される、「出産権の承認は生存権の制限を要し、生存権の貫徹は出産権の規制に

よって可能になる」という問題をめぐる論争も生起した。翻訳書の出版によってマルサス『人口論』の研究が盛んになったこの時期、出産権と生存権の相克の問題に取り組む論者が台頭したのである。この論点こそは、当時まだ確立をみていなかった子どもを産むかどうか、何人子どもを産むかといったことの権利に関わる議論の出発点である。戦前に生存権の重要性を説いていた福田徳三の社会政策論は、日本における戦前の優生―優境主義のひとつの象徴であるといってもよいだろう。

　加えて、児童権論も展開された。児童保護事業に熱心に取り組んだ生江孝之や海野幸徳らは、子どもの数や質は社会の進歩に大きく関わることであると主張した。それは、母性保護の根拠として「よき子どもを生み、よく育てることが義務である」と説かれていたことと同じ文脈であり、1920代には女性（母性）の権利論と抱き合わせて子どもの権利論が高まりをみた。子どもは次代の社会を担うことになるという視点に立って提起された「立派に生んでもらう権利」「優生の権利」といった考え方は、親権の制限を伴う児童虐待防止法（1933年）や不良少年の教育的処遇を定めた少年教護法（1933年）の成立へと結びついたのである。

　当時、託児所と呼ばれた保育所が普及したのも、この時期である。都市部では共働きの工場労働者の生活安定のための常設託児所が設置され（大阪市で1919年から、京都市で1920年から、東京市で1921年から）、農村では農繁期に一時的な託児所が設置された。農繁期託児所は、1920年代半ばから30年代初めにかけて開設数が急激に増加していく。設立に認可が要らず、寺院や教団、婦人団体による無料主義の運営をとるケースが多かった農繁期託児所の性格は、1938年の社会事業法における法的な位置づけに大きく影響した。実現することはなかったが、1926年の幼稚園令で先行して法的な位置づけを得ていた教育的常設機関としての幼稚園と救済的臨時機関としての託児所の一元化も議論された。それは倉橋惣三や城戸幡太郎といった児童教育・保育の専門家が、二元的展開がもたらす処遇の差に批判的な見解を示したからである。子どもの自発的な学びを重視した倉橋と、次代の担い手である子どもの社会性を育むことを重視した城戸は、戦前日本における幼児教育・保育論の二本柱である。子どもの健全な発達を促す保育のあり方に関する当時の幼児教育・保育理論にも、優生―優

境主義が浸透していた。

　これらの戦前日本における優生―優境主義に関わる動向は、西欧先進諸国を起源とする家族政策と結びつけて考えることができる。過剰人口論が支配的であった日本でも、人口の〈質〉の向上という理念が人口資質の向上策として家族政策を進めようとする様々な勢力を支えた。日本においては出生率の低下がはっきりと把握されてなかったにもかかわらず、優生―優境主義は母性保護運動や児童愛護運動、優生運動といった社会運動として展開をみるとともに、一部の専門家の政策的主張としても現れたのである。この戦前の動向は、母性と子どものための社会政策の前進という意味では大いに肯定しうるものであったといえよう。

4　むすびにかえて

　本章では日本における人口認識の史的展開を整理するとともに、人口資質概念の形成と変容という視点から、特に戦前の動向に注目した。

　戦前には、時代思潮としての優生学との関わりで人口資質の向上を志向する優生―優境主義が社会政策形成の推進力となった。この優生―優境主義は、各々の時代の〈量〉をめぐる人口認識に応じて形を変えながら社会政策の発展を支えてきた。日本では1960年代半ばから1970年代にかけて、人口抑制＝人口収容力の問題から人口の高齢化を見据えた社会保障＝人口資質向上の問題へと政策論議の基調がシフトをみた。

　この転機を1つの到達点として戦前から戦後の経緯をみたとき、優生―優境主義をめぐる日本社会政策の史的特質が浮かび上がってくる。それは、戦前日本における優生―優境主義が、同時期の西欧先進諸国でみられた人口減少の防止策と人口資質の向上策としての家族政策形成、いいかえれば優生思想を媒介とする女性問題と児童問題と人口問題の統合という潮流に対応しているということである。相対的に高出生率を維持しており、またそれを歓迎する政府の存在によって出生率の低下が問題となっていなかった日本では、社会運動や社会事業のレベルに留まったものの、優生思想が当時の社会政策をめぐる動向に大きく影響したといってよい。

優生―優境主義は、家庭の生活水準を低下させることなく子どもを産み育てられるためにはどのような政策的対応が必要か、キャリアを犠牲にすることなく子どもを生み育てられるためにはいかなる施策が求められるのかといった今日まで持ち越されてきた家族政策をめぐる論点の原点である。さらにそれは、人口の〈質〉に関わる国民全体の〈質〉の向上＝国民の生活の安定と向上という社会保障の理念の原点でもあることを確認しておきたい。

1) 性と生殖領域の研究には、国家による人口資質の向上への関心と個人のよりよい〈生〉に対する関心がどのように交錯し、その関わり合いがどのように変化してきたのかという政治的な視点が重要となる。それに配慮しながら日本における性と生殖に関する動向の通史を描き出した先行研究に、［荻野，2008］がある。
2) 廣嶋清志は、人口問題を〈量〉と〈質〉視点で捉え、日本における人口政策の史的展開を明らかにした［廣嶋，1980；1981］。また、松原洋子は、日本における優生政策の史的展開を描き出した。［松原，2000b］。廣嶋や松原の研究を前提とする本章の問題意識は、人口問題と社会政策の史的な関連づけにある。
3) この点については、［玉井・杉田，2008］で詳しく論じている。
4) 河野稠果によれば、戦前からの歴史を有している国立の人口研究所は、フランスの国立人口研究所と日本の人口問題研究所だけである［人口問題研究所編，1989年］。
5) 人口問題研究所と社会保障研究所は、行政改革によって1996年に統合されて国立社会保障・人口問題研究所（以下、社人研）となって今日に至っている。1916年の保健衛生調査会の設置から1996年の社人研の設立に至るまで、人口・社会保障の政府系研究機関の設立から再編までに80年の歳月が流れたことになる。
6) 戦時期の動向については、［高岡，2011］に詳しい。
7) 優生保護法は1949年と1952年に大幅な改正（人工妊娠中絶適用の条件緩和）がなされた。1949年の改正によって、経済的理由による人工妊娠中絶が許されるようになり、1952年の改正では指定医師1人の判断で人工妊娠中絶が行えるようになった。この点については、［荻野，2008］に詳しい。
8) この点については、拙稿「日本における社会開発論の形成と展開―人口と社会保障の交差―」『人口問題研究』第71巻第3号、2015年、で論じた。
9) 優生―優境主義に後押しされて体現した戦前の家族政策は、いわば〈女性政策＋児童政策＋優生政策〉であった。少子化が重要な政治課題となっていた西欧先進諸国と、食糧や失業の問題としての過剰人口論が主流であった日本とでは政策形成に差がみられた（少子化対策を形成した西欧先進諸国と、人口の〈質〉対策に留まった日本）。しかしながら、優生―優境主義（優生学に対応する狭義の人口資質への関心と優境学に対応する広義の人口資質への関心）は、消極的優生の手段としての強制断種の立法化をめぐる推進論と反対論、慎重論が交錯するなかで展開したという動向は共通している。
10) この点については、［今井，2005］を参照されたい。

終　章

人口・社会問題のなかの社会政策
結びと展望

1　社会政策論と人口問題研究

　本書を構成する各章は、もともと個別の論文として執筆、発表したものである。それぞれの章が独立性を保っているものの、収録した11の章と2つの補章は、社会問題に対して幅広く対処する学問として成立した戦前の日本社会政策論のあり様を重視するという点で一貫している。

　1924年の大会を最後に社会政策学会が休眠状態に陥る以前を「戦前の日本社会政策」、戦後の再建以後を「戦後の日本社会政策」と呼ぶならば、戦前の日本社会政策論は経済学的な視点と社会学的な視点をはじめとする多様な学問的思考が交錯するところに形成された。本書には我々のいずれかによる単著の章も収録したが、我々が共有している重要な問題意識は、1920年代半ばから戦後の再建までの動向をどのように捉えるか、さらには日本社会政策論史の特質をどのように理解すればよいかという問いである。

　本書としてまとめた共同研究は、1920年代半ばに社会政策学会が休会に陥った思想的混乱の周辺事実を注視した。その思想的混乱の発端は、当時の新聞で以下のように報じられている。

　　「全国数百名の社会経済学者を会員に網羅する社会政策学会では本年度大会を十八日から三日間神田一ツ橋東京商科大学講堂で開催している、同会は明治三十年に始めて組織されたもので、当時の宣言綱領には『吾人は社会主義に反対す』と云う一項があり、それが今日尚お同会の綱領となっている筈で一方会員中には早大教授安部磯雄氏堺利彦氏等の入会を許されないのは其理由からである、併し京大教授河上肇博士を始め、内務大臣秘書官滝正雄氏、早大教授北沢新次郎氏、友愛会長鈴木文治氏、同会理事麻生久氏等其他多数の社会主義者を網羅して会自身既に大きな矛盾を示している。此問題は昨年十一月の同会大会にも商大教授福田徳三博士が演壇で指摘した所であるが、関係する所が頗る大きく強いて解決しようとすれば綱領を改

訂して社会主義云々の一項を抹殺しようとする河上、福田、吉野、堀江、高野諸博士新人連と、改訂に反対する桑田、下村、岡、金井、田中、中島諸博士旧人連との大衝突となり、結局は分裂瓦解等の懸念も在るので触らぬ神に祟りなしで今日に及んだ。」(『読売新聞』1920年12月21日)

　社会政策学会における社会主義の扱いをめぐる思想的混乱は、学会が休眠状態に陥るという結末を迎えた。この事態は、戦前の社会政策論を旧いもの、否定的なものとして理解するその後の傾向に影響した。しかしながら、この事態は一方で、当時における日本社会政策論の重要性と多様性を示しているのだ。我々は、そのことに注目した。

　本書では、戦前の日本社会政策の展開がもたらした注目すべき戦後への遺産として、戦前まで遡ることのできる日本の人口─厚生行政を核の１つに位置づけた。その伝統を生み出したのが、東京帝国大学（現在の東京大学）、京都帝国大学（現在の京都大学）、そして東京商科大学（現在の一橋大学）の関係者を中心に醸成された人口問題に対する学問的関心である。日本で最初の人口を主題とする政府機関である食糧人口問題調査会（内閣）以来の戦前の人口─厚生行政をリードしたのは東京商科大学関係者であり、そこから生み出された人口─社会政策構想のなかに社会問題に対して幅広く対処する学問としての社会政策学の継承を見出すことができる。ちなみに、大阪商科大学（現在の大阪市立大学）の社会政策の伝統は、京都帝国大学および東京商科大学との深い結びつきのなかで形成された。

　生存権や社会進歩、社会衛生といった社会的な観点から生存・生活の改善を志向する傾向は、学会内の思想的対立の引き金となった労働問題をめぐる対処とは異なる次元での社会政策論議を生み出した。それが、本書で中心的に取り上げた論者たちである。彼らのよりよい〈社会〉への希求に影響を及ぼしたのは、時代思潮としての優生学である。人口の〈質〉への関心が西欧先進諸国における福祉国家の形成に影響を与えたように、1920年代終わりから1930年代の日本の社会政策思想にも優生学が浸透した。それが戦前日本における人口─社会行政の成立と大きな関わりをもつことは、注目すべき出来事である。

　一方の学説的な動向はといえば、戦後は社会政策を労働問題研究に収斂させた社会政策論を中心とする社会政策学界が形成され、これとは別に社会福祉

学、人口学といった学問分野の建設が進んだ。この時代における日本の社会政策学が〈経済〉の論理に片寄りをみたのに対して、1970年代以降の日本の社会政策学は〈経済〉の論理に片寄った傾向を引き戻すかのように、〈社会〉の論理を説く傾向が強まった。本書で論じてきた戦前と戦後を貫く人口論者の議論や人口―厚生行政の動向は、そうした揺らぎに一本の筋を通す役割を果たすように思われる。その担い手は、全体としてマルクス主義に傾倒した時代の日本社会政策学界とは縁の浅かった人物が中心であった。

1960年代における「人口問題から社会保障へ」といえなくもない人口課題をめぐる議論の転換点は、行政主導の社会保障論の興隆という新たな潮流をもたらした。独逸系から英米系への転換と語られたこの延長上に、学界における社会政策の概念規定をめぐる見直しの動向が生じる。〈経済〉の論理（社会政策＝労働問題研究）に収斂をみた時代の社会政策学界の中心にいた大河内が1970年代に自身の社会政策論を転回させたことは、社会政策学の方法論をめぐる〈社会〉の論理の興隆を決定的なものとした。1970年代には社会保障論や社会指標論、社会計画論といった新たな学問領域が形成されたが、それが今日における福祉分野における学問領域を横断しての対話を支えている。

2 残された課題

最後に本書の限界についても少し触れることで、今後の展望としたい。まず、タイトルの「日本における社会改良主義の近現代像」という言葉に込めた日本社会政策の厚みを描き出そうとする本書では、福田徳三から大河内一男への移行、大河内一男と福武直の対比といったところにその転換点を求めた。これは我々の議論における日本社会政策論史の時期区分と対応する主要な論者に焦点をあてた結果であり、日本社会政策論の基調の推移がそれほど簡単に単純化できるものでないことはいうまでもない。本書でクローズアップした論者を柱として、引き続き日本社会政策論史を描ききるための事実発掘に努めることは今後の課題となる。

次に、大河内を批判的にみる意義についてである。本書では、本来の社会政策が労働政策＋生活政策であるとする立場から、大河内一男の社会政策に挑戦

する立場をとっている。しかしながら、本書で注視した人口—厚生行政とも関係する社会保障制度審議会の会長を務めるなど、行政に果たした役割も含めて大河内の存在感は大きい。本書の記述から読者は「大河内が自身の社会政策論（社会政策＝労働政策）を転回させるのが遅かった」という結論を読み取るかもしれないが、大河内社会政策論の全盛期というべき1960年代までの戦後の動向を幅広い視点からも考察する必要がある。それには、学問分野として社会政策とは対置されてきた社会福祉との対話や、大河内の社会政策分野を越えた影響力に関するさらなる考察が不可欠である。

　さらに、少子高齢化とそれによる人口減少に直面している今日的な動向についてもふれておきたい。人口—厚生行政において諸外国の事例から学びながら伝統を変容させてきた日本は、今後諸外国が経験したことのない状況に直面することになる。1910年代以降、当時多くの西欧先進諸国が少子化問題に直面するなかで導き出されたよりよい〈生〉、よりよい〈社会〉を志向した当時の動向から何を学べるかということを今日的な議論のきっかけにできないだろうか。日本で少子化問題が行政課題となったのは1990年代以降のことだが、その後も出生率の大幅な回復がみられていない。現在の日本の人口状況をみれば、人口問題とそれへの政策的対応をめぐる原理的な議論が避けられない状況に来ているのは明らかである。この点に歴史研究からの活路を見出せるように思うのは、我々だけではないだろう。

補章1

戦後日本における社会開発論の生誕

1 はじめに

　舘稔（たち・みのる：1906-1972）は、日本の人口問題をめぐる政策論議の史的展開を語るうえで欠かせない人物の一人である。舘は、1929年に東京帝国大学経済学部経済学科を卒業後、土方成美教授研究所員、日本評論社特別編輯嘱託を経て、1933年から財団法人人口問題研究会（以下、人口問題研究会）研究員になった。その後内務省社会局事務取扱嘱託を経て、1939年からは厚生省の附属機関として設立された厚生省人口問題研究所（以下、人口問題研究所）の研究官に就いた。[1] 以来、1972年に現職の所長で亡くなるまで人口問題研究所のスタッフとして、研究者と行政官の二役でもって日本の人口研究、人口問題をめぐる政策論議をリードした（**章末資料Ⅰ参照**）。

　戦時下の「産めよ殖やせよ」というスローガンは有名であるが、敗戦からしばらくは「明るい家族計画」、1970年には高齢化率が7％を超えたことから「高齢化社会の到来」、1990年には前年の合計特殊出生率が（1966年の丙午の人為的な生み控えによる）1.58を下回ったことで「1.57ショック」という言葉の流行がみられたように、人口問題はその時々の経済・社会状況との関わりで変化し、推移してきた。日本の人口問題をめぐる政策論議の経緯を振り返ってみれば、その一大転換点は1960年代に求めることができる。それは、「出生力転換の達成」として語られた人口抑制問題の解消によって、人口問題をめぐる政策論議の基調が人口資質問題へとシフトし始めることになったからである。

　1953年に設置されて以来、人口問題をめぐる政策の立案に重要な役割を果たしてきた人口問題審議会（厚生省：2000年で廃止）をめぐる動向でいえば、1964年にその委員の異動があった。「出生力転換の達成」として歓迎された合計特殊出生率の急激な低下を機に、人口問題研究会の会長として人口抑制対策の思想的基盤となってきた永井亨（ながい・とおる：1878-1973）が人口問題審議会会

長から退くとともに、人口抑制対策の企画立案と実施を担ってきた「人口問題研究所—人口問題研究会—国立公衆衛生院—人口問題審議会」体制から人口問題研究会が外れることになった。それからわずか5年後の人口問題審議会の(1967年4月26日に厚生大臣より受けた「わが国最近の人口動向にかんがみ、人口問題上、特に留意すべき事項について」の諮問に対する)中間答申(1969年)では「出生力の回復が望ましい」と言及されるなど、出生率の望ましい水準をめぐる議論がもたらされるに至っている。出生率の急激な低下という現象を受けて、1960年代に人口認識、したがってまた人口問題をめぐる政策論議に変化の兆しがみられたのである。[2]

1969年当時の人口問題研究所の人口政策部長であり、人口問題審議会の専門委員を務めていた上田正夫(うえだ・まさお；1909-1986)は、中間答申が出された経緯を以下のように説明する。「諮問審議に関する特別委員会(委員長：新居善太郎)を設け、最近の人口変動に関して、出生力の動向、人口構造の変化、人口移動、人口資質の動向などにともなう各種の問題点について審議をつづけてきた。問題点は広範にわたるが、とくに最近の出生力は、『ひのえうま』の迷信に影響された数年を除き、純再生産率が1を割って縮小再生産の状態を示していることを重視して、まず出生力に関する中間答申を行うこととしたものである。答申は希望する子女はもっと楽に産めるように、また人口変動が安定的であるように、純再生産率が1程度に、したがって合計特殊出生率は2.1程度に回復することが望ましいとし、そのためには出生力の低下に関与しているとみられる経済的、社会的要因に対し、経済開発と均衡のとれた、適切な社会開発——すでにこの審議会が従前の建議においても指摘している——を強力に実施すべきことを強く要望している」[上田, 1969：67]と。

中間答申は、人口資質向上の見地からする年少人口の健全育成と家庭生活の強化、児童の健康管理の拡充、生活環境の整備、児童の事故防止、児童手当制度の創設などによる児童の扶養負担の軽減が積極的に考慮されなければならないことなどに言及し、「出生力の減退に関与しているとみられる経済的および社会的要因に対して、適切な経済開発と均衡のとれた社会開発が強力に実施されることが強く要望される」[上田, 1969：70]と結ばれた。中間答申(上述、1969年)のなかで、上田が「すでにこの審議会が従前の建議においても指摘し

ている」と述べている社会開発（Social Development）という言葉を日本でいち早く用いた人口問題審議会の建議とは、具体的に人口問題審議会の「人口資質向上対策に関する決議」（1962年）のことである。

その作成に携わった舘は、同じく厚生省の関係者として本決議の作成に関与した伊部英男（いべ・ひでお：1921-2002）とともに、社会開発理念の普及に力を注いだ日本版社会開発論の父というべき存在である。社会開発研究の組織的な担い手となったのが1965年に創設された特殊法人社会保障研究所（以下、社会保障研究所）であり、本研究所の創設は日本における人口認識の転回に伴う人口論議と社会保障論議の交差を象徴する。本研究所の創設当時の舘は人口問題研究所の所長という立場にあって、社会開発研究所として構想された社会保障研究所の創設に際しての調整や、人口と社会保障、経済をめぐる政策論議を社会開発というキー概念によって結びつけるという、いわばコーディネーター的な役割を果たした。本章の課題はその舘の活動を中心に、人口数の調節＝〈量〉の問題に力点がおかれた「産めよ殖やせよ」「家族計画」の時代から、人口資質の向上＝〈質〉の問題に力点をおく「社会保障」の時代への転換を描き出すことである。

2　転機としての1960年代

1920年代に産児調節論が興隆をみたことからも、戦時期を除くと食糧問題や失業問題などとして指摘される過剰人口論が長年にわたって優勢であった。それに変化がみられた1960年代が「家族計画」の時代から「社会保障」の時代へのシフトであったとするならば、まず押さえておかなければならないのが社会保障制度審議会（総理府）の動向である。1949年に設置された同会は、戦後の社会保障制度の整備、拡充の方向づけにおいて重要な役割を担ってきた。1964年から1972年、1984年から1995年に社会保障制度審議会の委員（含、会長）として在任した隅谷三喜男（すみや・みきお：1916-2003）は2000年に、以下のように回想している。

「社会保障の理論というのがないんですね。ないというのは失礼で、委員の人達は

それぞれに、社会保障はこうならなければならないとかいう御意見はお持ちなんです。お持ちだから、私なんか最初に委員になったとき（1964年—引用者）でも、特に学識経験者の先生たちは喧々囂々（けんけんごうごう）議論を交わして、保険学の方から出てきた近藤文二先生は、どうしても社会保険、保険という原理でやるべきだというのに対して、財政や労働問題というようなところから出てきた今井一男先生は、保険原則もいいけど、保険原則だけではカバーできないものがある。もう少し別の視点からやらなければいけないというようなことで喧々囂々。けれども、社会保障には学会もなければ、大学に講座もない。

　もともと御承知のように、社会保障の体制が戦後日本に入ってきたのはイギリス労働党の"揺りかごから墓場まで"の生活保障という提言といいますか、政策に基礎を置いているわけですが、そうした社会保障の理念なり理論は必ずしもはっきりしないままに、戦後社会保障は制度審の二十五年勧告から三十七年の勧告等々ずっと出てくるわけです。ほかの経済政策、社会政策、労働政策等々にはそれぞれに何かの理論があって、その理論自身もいろいろ論争もありますが、どう考えても社会保障の理論というのはないと言いますか、そもそも社会保障学会とかそういうのはないんですね。戦後出て来たものですから、ないのもしょうがない点もあるのですけれども、学会がないだけでなくて、大学に講義がないんです。労働問題については社会政策という講義は明治からずっとある。ほかのも主な問題になるような点はほとんど大学、国立の大学でも私立の大学でも講義や講座があるんですが、社会保障は戦後出来たこともあるせいか講座がない。講座がないということは、担当して研究する者がいないということなんですね。研究者がいないから研究は一向に前進しない。一方で現実に国民の生活がありますから、生活保障のために具体的な社会保障が出てくる。」［総理府社会保障制度審議会事務局監修, 2000：4-5］[5]

　社会保障がその範疇に入るはずの日本の「社会政策学」は、社会政策＝労働政策とする学問規定が主流派として扱われた時代が1970年代まで続いた。そのようなこともあってアカデミズムにおける社会保障の学会、講座の不在という状況の中で、社会保障制度の構築という行政課題に取り組んだのが社会保障制度審議会であった。

　さらに隅谷は、1965年の社会保障研究所の創設についても振り返って、以下のように言及している。「私が制度審の委員になったスタートの時点（1964年—引用者）くらいで、学者の対応というか、学問的な検討がたりない。講座をつくってくれと、文部省とかけ合っても、文部省は大学から申請が出て来ないから出来ないと言う。学者がいないから出来ないと言う。学者がいないんですから、申請なんかしっこないんですよ。しかし研究が必要だというので『社会保

障研究所』という厚生省の責任における研究所を創るというようなことをやったわけです。」［総理府社会保障制度審議会事務局監修，2000：7］

　ここで「厚生省の責任における」とされる研究所の発足に際しての準備に力を注いだのが、舘であった。1953年に人口問題審議会の幹事（のち専門委員）、1955年に経済審議会専門委員（のち臨時委員）、1959年に社会保障制度審議会幹事に任命されていた1960年前後の舘は、「出生力転換の達成」の次なる人口問題をめぐる政策論議の課題として「人口資質の向上」を見据えていた。その人口資質の向上を図るという視点から、社会保障よりも広い概念としての社会開発によって人口と社会保障、経済をめぐる政策論議を結びつけることを考えたのである。

　その方針に沿う形で、1960年代を通じて人口問題をめぐる政策論議の見直しが図られた。避妊や人工妊娠中絶の大衆化という形で1950年代の日本が経験した急激な出生率の低下は、出生力転換（高出生力から低出生力へ）の達成、過剰人口問題の解消といった、当時用いられた表現が物語るように大いに歓迎され、1959年に家族計画行政の担当が公衆衛生局庶務課から児童局母子衛生課に所管が移された頃から、人口問題をめぐる政策論議の基調は新たな段階に入った。1959年に人口問題審議会人口白書に関する特別委員会によって編まれた『人口白書』は、「当面の人口問題の集中的な問題点を、第一には労働力人口の激増にともなう雇用問題に、第二には強度の出生抑制に対応すべき正しい家族計画普及の問題に、そして第三には貧困問題と重なり合つて重大化しつつある人口資質の問題に」［人口問題審議会編，1959：114］あると指摘したのである。

　第3として挙げられた「人口資質の向上」という人口課題は、社会保障の問題を新たな視点から考えなければならないという社会保障の文脈に置き換えられていく。それは、社会開発という言葉を公文書で初めて用いた人口問題審議会（厚生省）の「人口資質向上対策に関する決議」（1962年7月）から「地域開発に関し、人口問題の見地から特に留意すべき事項についての意見」（1963年8月）へと具体化された。「人口資質向上対策に関する決議」で示された人口資質の向上のために社会保障の役割が重要であるという見方は、経済審議会（経済企画庁）の「人的能力政策に関する答申」（1963年1月）と社会開発懇談会（内閣）の「社会開発懇談会中間報告」（1965年7月）でも肯定された。

まず、「人口資質向上に関する決議」(1962年)では、積極的な人口資質向上対策の推進が要請された。ここでいわれる人口資質の向上対策とは、①「経済活動のにない手は人間であり、体力、知力および精神力の優秀な人間に待つのでなければ、経済成長政策は所期の目的を達成しえない」[社会保障研究所編，1968：692](以下，同書で頁数のみ表示)ので、「経済開発と社会開発とが均衡を保つように特別の配慮が必要である」[692]ことと、②「わが国の人口動態は、戦前の多産多死型から少産少死型に急速に移行したために、人口構造は必然的に変化し、人口のなかに占める若壮年人口の割合は加速度的に減少するものと予想される」[692]ことから、「全年齢層を通じて、殊に若壮年人口の死亡率を極力引き下げるとともに、体力、知力および精神力において、優秀な人間を育成することによって、将来の労働人口不足に対処」[692]し、「人口構成において、欠陥者の比率を減らし、優秀者の比率を増すように配慮すること」[692]である。

当決議において社会開発という言葉は、以下のように用いられている。「わが国においては、経済開発に重点が傾きすぎて、社会開発あるいは保健福祉の向上を軽視するきらいがある。このまま推移すれば、経済開発の成果を期待しえないばかりでなく、経済開発の主体である人間の福祉を犠牲にするおそれなしとしない。資質向上対策の推進にあたっては、経済開発と社会開発とが均衡を保つよう特別の配慮が必要である。」[692]ここで「社会開発あるいは保健福祉の向上」、「経済開発の主体である人間の福祉」という文脈で用いられた社会開発という言葉について、「地域開発に関し、人口問題の見地から特に留意すべき事項についての意見」(1963年)という答申では、経済開発が「工業を中心とする各種産業の経済面での開発」であり、それに対して社会開発は「住環境や社会福祉などの社会面での開発」であり、その目的は人間の能力と福祉の向上を図ることにあるとされた。

人口問題審議会の「人口資質向上に関する決議」(1962年)、「地域開発に関し、人口問題の見地から特に留意すべき事項についての意見」(1963年)において具体化されていった社会開発論の到達点となったのが、(1967年に厚生大臣より受けた「わが国最近の人口動向にかんがみ、人口問題上、特に留意すべき事項について」の諮問に対する)人口問題審議会の答申「最近における人口動向と留意すべ

き問題点について」(1971年10月；本章の冒頭でふれたのは本答申の中間報告〔1969年〕) である。それは、人口対策における〈量〉の問題から〈質〉の問題へのシフトを表明するものであった。「過剰人口といった量的な問題から、人間能力の開発などの基盤としての質的な問題が中心課題となってきた」[人口問題審議会編，1974：435] と。本答申で「人口資質とは、人間の集団として遺伝的素質、形質、性格、知能、あるいは教育程度などの各種の属性をいう。換言すれば、肉体的、精神的および社会的エネルギーの状態などの機能的側面における諸性質の総合化されたもの」[人口問題審議会編，1974：435] であると定義された。

この人口問題審議会（厚生省）レベルで始まった動きは、経済審議会（経済企画庁）[6]に波及し、社会開発懇談会（内閣）が設置された頃には一大キャンペーンとなる。経済審議会についていえば、人口問題審議会の「地域開発に関し、人口問題の見地から特に留意すべき事項についての意見」(1963年) で提示された人間の能力の向上という視点が、経済審議会の「人的能力政策に関する答申」(1963年) でも取り入れられた。「人間が生活の主体であるという点から、快適な労働環境や生活環境にめぐまれることが必要であることはいうまでもない。しかし同時に経済発展の支柱となる人的能力の伸長と活用という見地からも、その基底および外郭をなす条件として、労働、生活環境あるいは社会保障をとりあげることは重要な意義をもつ」[社会保障研究所編，1968：332] とする本答申は、社会開発が労働、生活環境あるいは社会保障における開発であると定義した。1964年度版『国民生活白書』では社会開発の推進が今後の課題とされた。

社会開発懇談会（内閣）は、社会開発をキャッチフレーズとした佐藤栄作内閣の発足（1964年11月）後に設置された組織で、1965年2月に初会合が開かれた。1965年7月の「社会開発懇談会中間報告」の（6つの問題のうちの1つ）「社会保障および福祉対策」では、「社会保障とか福祉対策とかいうと、これまでとかく落ごした者への救済策として、いわば後向きに取り扱われてきた。もちろん、人生途上において不可避的に遭遇する事故にもとづくある種の不安をとりのぞくことが、社会保障の目指すところに違いないが、そのような不安の除去がとくに最近の社会・経済の大きな変動と結びついて必要となっているとこ

ろに今日の問題がある。何よりもまず高度の経済成長の逆流効果としての社会生活の圧迫がとりあげられなければならず、それはいわゆる福祉対策にもっとも端的に現れるのである。しかしそれだけではない。人口構造の変化などの最近の一連の現象が、たとえば心身障害者や老人の能力開発、低所得階層の子弟の進学援助、家庭生活の健全化などを必要ならしめ、そのために社会保障および福祉対策は、社会・経済の変動に応ずる前向きの意義をもつものであって、そこに社会開発とのつながりも認められるのである。およそ以上のような意味での社会保障は、健康で文化的な生活を国民のすべてにゆきわたらせるという社会開発の基本的目標を実現するためには、もっとも基礎的な政策手段の一つであるといってよい」[社会保障研究所編，1968：365] とされた。

　本報告の起草委員の一人としてこの部分を執筆したのは、当時社会保障研究所の初代所長に就任したばかりの山田雄三[7]（やまだ・ゆうぞう；1902-1996）であった。その山田は、60人ほどのメンバーの多種多様な発言を整理せずに羅列的に取り上げることになったという本報告書を「はなはだ粗末なものであって、この懇談会のメンバーが各界からのきわめて異質的な集まりであったため、十分まとまりをつけるにいたらなかった」[山田，1968：57] と酷評した。この中間報告を経てまとめられた「社会開発懇談会報告書」（1965年12月）についても、「中間報告よりも不出来のもの」と評している。この山田の評価は、その理念と内実の隔たりをめぐって浴びせられることになる後の批判を先取りするものであった[8]。

　「社会開発懇談会報告書」の起草委員からも否定的に受け止められた政権の政治戦略としての社会開発路線の評判は下がり続ける。しかしながら、厚生省が導いた社会開発論としての社会保障論や経済企画庁による社会開発論としての社会指標論は、1970年代以降の社会保障行政の理念的な土台を形成していく。さらにこの行政主導の社会開発をめぐる動きは、社会保障論や社会指標論、社会計画論といった〈社会学〉系の新たな学問分野の興隆というかたちでアカデミズムにも大きな影響を与えた。社会政策の学問規定の見直しを導くに至る1つの勢力ともなったこの〈社会学〉系社会政策論の中心的な担い手は、「社会開発という観点から社会保障という問題をとりあげる」[9]拠点として創設された社会保障研究所の関係者ないしは、その影響を受けた論者であった[10]。

3 社会保障研究所と舘 稔

　1960年代に社会開発論が取り入れられていった状況を確認したところで、再びその原点としての人口問題審議会の「人口資質向上対策に関する決議」（1962年7月）まで立ち返ろう。国内的に社会開発という言葉が公文書で初めて用いられたのは人口問題審議会の「人口資質向上対策に関する決議」（1962年7月）であるが、その作成時を振り返って寺尾琢磨（てらお・たくま：1899-1984）[11]はいう。

　「われわれがはじめて"社会開発"という言葉を使ったのは、私もメンバーだった昭和37年7月12日の人口問題審議会における"人口資質向上対策に関する決議"の中ですが、そこでは、"現在のわが国においては、経済開発に重点が傾きすぎて、社会開発あるいは保健福祉の向上を軽視するきらいがある。このまま推移すれば、経済開発の主体である人間の福祉を犠牲にする恐れなしとしない。資質向上対策の推進に当たっては、経済開発と社会開発とが均衡を保つよう特別の配慮が必要である"と表現したんです。この時にソーシャル・ディベロップメントを念頭に置いたわけですが、これをなんという日本語にしたらよいか議論がありました。はじめのうちは、経済開発に対して、"社会発展"という文字を使ったことがあるが、これはおかしいじゃないか、発展というと人間の意志とは無関係の場合もあるけど、ここでは人間が計画的に特定の目的を設定して、そこへの努力ということが含まれていなければならない。そこで"開発"の方がいいだろうということになりました。その時、それでいいといったのが、舘（稔）君と伊部（英男）君で、大原（総一郎）、新居（善太郎）さんたちも賛成した。しかし、この決議にもあるように、"社会開発"といってもなんのことか意味がはっきりわからない。内容を見てもわれわれが今日いうような社会開発の理念は出てきません。翌年の38年8月17日に"地域開発に関し、人口問題の見地から特に留意すべき事項についての意見"という答申を出しました。その時には、社会開発を規定していなかったからもう少しはっきりさせる必要があるだろうということで、"地域開発においては、経済開発と社会開発とが均衡のとれたものでなければならない。ここにいう経済開発とは、工業を中心とする各種産業の経済面での開発をいい、社会開発とは、都市、農村、住宅、交通、保健、医療、公衆衛生、社会福祉、教育などの社会面での開発をいう。経済開発の直接の目的が、生産および所得の増大であるのに対し、社会開発は、直接人間の能力と福祉の向上をはかろうとするものである"という定義を与えまして、地域開発が経済一本槍ではいけない、住民の福祉の向上と併せて進めなくてはならないということを書きました。」［社会開発統計研究所編，1974：34-35］

図表補1-1　人口問題研究所の改組（研究部）（1963年4月）

```
1960年4月～1963年3月
    第一科：人口史、人口理論、人口政策及び国際人口移動の調査研究、その他他の主管
           に属しない調査研究
    第二科：人口問題の経済的、社会政策学的、地理学的、社会科学的調査研究
    第三科：人口問題の社会生物学的、社会衛生学的、優生学的調査研究
    第四科：民族問題の社会科学的、自然科学的調査研究
                             ↓
1963年4月～1975年4月
    人口政策部：政策科；人口政策及び人口理論の調査研究、所のつかさどる調査研究に
                       ついての総合的企画及び連絡調整
               推計科；人口推計及び人口動向の調査研究
    人口移動部：移動科；人口移動の調査研究
               分布科；人口地域分布の調査研究
    人口資質部：資質科；人口資質の調査研究
               能力科；人間能力と環境との関連の調査研究
```

出所：［人口問題研究所, 1963：6；1964：6］より作成。

　こうして提言された「人口資質向上対策に関する決議」（1962年7月）、つまり社会開発＝人間の能力と福祉の向上の推進に向けて、舘はまず自身が所長を務める人口問題研究所の改組を行った。第1科から第4科からなっていた研究所の研究を担う部署を1963年4月から人口政策部・人口移動部・人口資質部による3部構成に再編し、人口資質の向上という調査、研究課題に重点を置いた体制を整えた（**図表補1-1参照**）。

　厚生省人口問題研究所の事業年報『人口問題研究所　昭和38年度事業報告書』（1964年5月）をみると、改組年である1963年度の調査実績について「本年度は機構改革により人口資質部が独立した年度でもあったので、とくに人口資質問題の基礎理論ならびに調査方法論の研究に努力を集中した」［人口問題研究所, 1964：21］と記されている。人口の社会的荒廃化現象、貧困と人口資質の関連についての調査研究が人口政策部政策科の「人口資質の保全向上のために必要な最低生活の保障水準」、「社会保障制度が古い家族制度に対してもつ代替効果とその限界の人口政策的研究」、人口資質部資質科の「人口資質に関する理論と分析方法の研究」、「幼少年の人口の資質に関する調査研究」、「産業別規模別にみた労働力人口の資質に関する研究」、人口資質部能力科の「人間能力と環境との関連に関する研究」、「社会環境の出生力に及ぼす影響に関する調査

研究」、「社会環境の体位に及ぼす影響に関する調査研究」などのプロジェクトとして取り組まれたという。

他方で舘は、人口問題審議会の決議（1962年7月）の作成に同じ厚生省関係者の立場で参加していた伊部（当時、厚生省大臣官房企画室長）と協力して社会開発論の普及に力を注いだ。[12] 人口問題に精通していた舘に対して、伊部は社会保障をめぐる問題意識から社会開発を捉える視点を提供した。舘の指導と人口問題研究所員の協力を得て厚生省大臣官房企画室員が作業にあたって作成された国際連合の「世界社会情勢報告（The Report on Social Situation；1961）」の翻訳『世界の経済開発と社会開発』（1964年）の「はしがき」では、世界各国における経済開発と社会開発の現状および相互関連について説明されていた。その「はしがき」には舘と伊部が共有していた当時の問題意識が以下のように提示されている。

> 「我国でも戦後作成された経済計画も、順を追うに従って社会面の記述が増え、1963年12月に発表された所得倍増計画の所謂アフター・ケア作業は今後作成されるべき中期計画において、経済発展と社会発展のプログラムは有機的に一体化されていなければならないとしているのである。しかし、一面、経済計画が、社会面を含むことが多くなるとともに、両者の関連、両者を統合する共通の広場は何かということが問題となってくるのである。一人当たり国民所得といった経済的変数は経済計画の目標であり得ても社会計画を律する基準とはなり得ない。」[国連経済社会局／伊部訳，1964：3-4]

舘と伊部が共有した問題意識が体現したといえるのが、社会保障研究所だった。これについては、2014年に国立社会保障・人口問題研究所の機関誌のひとつ『季刊社会保障研究』で活字にされた（「座談会Ⅰ『季刊社会保障研究』の歩み」）座談会で（社会保障研究所設立年に当研究所の研究員に採用された）三浦文夫と司会の西村周三（当時、国立社会保障・人口問題研究所の所長）は**図表補1-2**として取り出したやり取りを交わしている。

伊部は社会保障研究所の創設について振り返って以下のように述べ、社会保障研究所ではなく社会開発研究所と名づけたかったことを想い出話として打ち明けている。

> 「英訳名は Research Institute of Social Security でなく The Social Development

図表補1-2 「座談会Ⅰ『季刊社会保障研究』の歩み」から

三浦 （…略…）従来の経済の所得倍増計画以降経済開発が表舞台に出てくる。それに対抗するといいますか、あるいはそれに均衡のとれた社会開発が重要ということで、そういう思いをその当時の厚生省の、特に企画室辺りを中心に問題意識があったようです。

西村 個人名を挙げるとすると誰がいらっしゃったでしょうか。

三浦 一番はやはり伊部英男さんでしょうね。研究所を設立するときの担当というか、中心になったのは伊部さんですが、そのような思いを持っていました。

西村 だから、最初の職員名簿とかには出てきませんけれども、伊部さんがそういう設立に努力をされた。

三浦 設立時にあって、同じような問題意識を持っていた方に、人口問題研究所の舘稔先生も、社会開発を考えていらっしゃった。それから、福武先生はちょうどその頃に地域社会研究の中で、地域開発研究ということに関心を持たれていました。大体そういう流れがございます。

西村 研究員はどのような形で集めたのでしょうか。

三浦 それは、役員と専門委員の先生方の推薦、紹介が中心だったと思います。研究所を設立するときに、相談をするために専門委員の方々は比較的早く決まっていました。その役員及びその専門委員の先生方の推薦と若干厚生省からの推薦で決まったのではないかというような気がしますね。*

出所：［西村，2014：84］。

注：＊社会保障研究所の創設時の参与（参与は、所長の諮問に応じ、本研究所の業務の運営に関する事項を審議し、所長に意見を述べる。参与は学識経験を有する者のうちから、厚生大臣の認可を受けて、所長が委嘱する［社会保障研究所，1966：3］）に就任する福武直は、参与就任の経緯について以下のように述べており、自らも社会保障研究所の参与に就任する舘は社会保障研究所発足時の人事にも関わっていたことがうかがえる。
「1964年夏の新産業都市八戸と富山の調査が終わり、報告書の執筆計画を構想して、仲間の諸君の努力を求めていた頃であったろうか、私は、人口問題研究所長の舘稔さんの来訪をうけた。その用向きは、この年の6月末に法案が成立して、7月初旬施行され、翌年早々発足することになっている社会保障研究所に、非常勤の参与として参加しないかという打診であった。専門違いの素人の出る幕ではあるまいと申し上げたが、舘さんは聞きいれてはくれなかった。そして、社会保障研究所は、狭義の社会保障のみを研究対象とするのではなく、広義のそれを問題にするし、当然、いわゆる社会福祉をも重要な研究分野とする。しかも、法学・経済学・社会学などの学際的研究が意図されており、社会学からの役員参加が要請されているのだから引き受けてくれぬと困ると強く参画を求められた。そういわれると、無下に断るわけにもいかず、多少ともお役にたとうということになった。」［福武，1983］三浦はこの座談会で、当時地域開発研究に関心をもっていた福武も研究所の問題関心を方向づけた重要人物であったことにふれている。実際、福武の関係者が常勤・非常勤研究員として採用された（章末資料Ⅱ参照）。

Research Institute となっている。のちに佐藤前総理が『社会開発』という政治目標をとりあげられておられたが、別にこれを真似たわけではなく、時間的には池田内閣のときでもある。せまい意味の社会保障ではなく、社会問題全般を取り上げるという意味でむしろ『社会開発研究所』と名づけたかったのであるが、『社会開発』もまだ熟した言葉でなく、予算技術上得策ではないということと、社会開発だと関係省から横やりが入って、総理府あたりへ行ってしまうのではないかといった心配もあって、『社会保障研究所』のまま押し通し、予算が通ってしまってからでは名前を変えにくいということで『社会保障研究所』に定着したのであるが、当初の考えを生かすという意味で、法律にも予算にも関係のない英訳では Social

Development という言葉をつかったのである。」[伊部, 1973：1]

　社会保障研究所の事業年報『社会保障研究所の概要』（1966年2月）によれば、「研究所における組織的な調査研究は、研究会を中心として運営することとし、昭和40年においては研究課題ごとに設けられた部門別研究会として5つの研究会、政策研究を中心とした合同研究会1つ」[社会保障研究所, 1966：5] が設けられた。5つの研究会の研究課題と主査、幹事は以下のとおりであり、合同研究会は所長を座長として全研究員が参加するものとされている。
　第1研究会「国民所得における社会保障の統計的研究」
　　主査：大熊一郎（慶應大学教授・専門委員）
　　幹事：地主重美（主任研究員）
　第2研究会「経済指標・社会指標・地域指標の活用に関する方法論的研究」
　　主査：大熊一郎（慶應大学教授・専門委員）
　　幹事：前田正久（主任研究員）
　第3研究会「現代社会の構造的変動と社会保障」
　　主査：福武直（東京大学教授・参与）
　　幹事：三浦文夫（主任研究員）
　第4研究会「生活構造と社会保障」
　　主査：福武直（東京大学教授・参与）
　　幹事：三浦文夫（主任研究員）
　第5研究会「各国社会保障制度の比較研究」
　　主査：中鉢正美（慶應大学教授・専門委員）
　　幹事：谷昌恒（主任研究員）
　この研究所の調査研究活動は、1970年代以降の社会学的な社会政策論の興隆を支えたといってよい。その1つが、1970年代に台頭する生活の〈質〉（quality of life）アプローチである。社会開発計画の策定にはその基準となる生活の質（QOL：quality of life）を測定する必要があり、そのための社会指標（social indicators）を構築することが求められた。社会指標は、生活の質を客観的に測定するとともに、生活における望ましい状態を設定することにも使われる。政府レベルのそれは、一般に経済企画庁・国民生活審議会の「社会指標」（1974

年)を起点に、「国民生活指標 NSI（new social indicators）」(1985年)、「新国民生活指標 PLI（people's life indicators）」(1992年)などが続いた[13]。

しかしながら、舘が早くも1950年代から「非貨幣的指標による生活水準の測定」に取りかかっていたことに注目したい。舘は以下のように述べて、自身が社会指標（social indicators）といわれる生活水準を計る非貨幣的指標の日本における火つけ役であることを表明している。

> 「ノンマネタリー・インジケーターというのは経済学に対する反逆だと思うんです。これに非常に興味を持つた。そこで厚生省にねぢを巻いて、昭和35年（1960年—引用者）現在で第1回の非貨幣的指標による生活水準の測定作業をやつたのです。健康だとか栄養といつた貨幣であらわせない指標が92つくられたのです。『生活指標調査報告』というかたちで39年（1964年—引用者）に厚生省から発表された。市町村単位だもんだからたいへんな難作業ですよ。第2回の報告は40年（1965年—引用者）に出されましたが、ここでは、指標を62に絞つています。」[茅野・舘，1970：1-2]（以下，同書で頁数のみ表示）

こう述べる舘が非貨幣的な指標に関心をもったきっかけは、舘が1951年に国連に出かけた際、各国の生活水準を比較する物差しとしてノンマネタリー・インジケーターを考えているという話を耳にしたことであったといい、公害の政治問題化を受けて日本におけるその必要を痛感したという[14]。社会開発の原語である social development が初めて公文書で使われたとされるのは、国際連合総会の決議「開発の10年（The Development Decade）」(1961年12月：「経済成長と社会開発の相互作用および種々異なる経済社会制度をもつ国々の貴重な体験を考慮に入れて、均衡のとれた経済開発・社会開発に特別の注意を払うこと」)であるとされる。しかし、舘はそれより早く「非貨幣的指標による生活水準」の重要性を説いていたということになる。

「わたくしは非常な進歩だと思うのですが、経済審議会。その生活分科会の中に『生活水準小委員会』が設けられ、幸にしてわたくしが主査をおおせつかつた。そこでまとめたのがこの報告書（「経済発展と生活水準—非貨幣的指標による国民生活計量化の試み—」(1970年1月)のこと—引用者）です。これはまだとても不完全なものですけれども、経済計画の中で非貨幣的指標をとりあげたのは、おそらく世界ではじめての試みだと思うのです」[1] という舘は、社会開

発の成果を計るための社会指標の作成にも尽力していた。これらのことを踏まえれば、社会保障研究所の創設以前からの舘の考えがそのまま、研究所発足後の運営方針になったといっても過言ではない。

社会保障研究所が発足した1965年に、舘は人口問題研究所の主要刊行物の1つである『研究資料』に「社会開発についての解説」と題する論考を発表している。そこで「先進国においては、『人口革命』経過後の比較的安定した人口増加率と構造をもっている。戦後における『技術革新』は『人間能力の開発』を要請しているが、それは、結局生活条件や生活環境の整備、ひいては、『人口資質の向上』にさかのぼる問題であつて、ここに、経済開発と均衡のとれた社会開発の必要が痛感されてくる」[46]と国際的動向を指摘したうえで、日本の問題点について以下のように指摘した。「世界にあまり類例をみない高度の経済成長を維持し、経済構造も高度化しつつある『中心国』、日本においては、こうしためざましい経済の発展が、経済の内面において幾多の矛盾や『ひずみ』を生じ、また、構造的矛盾を露呈してきたことは不可避といつてよい。戦後日本の急激な『人口革命』の進展が、このような日本経済の発展に重大な影響を与えていることは確かであるし、また、急速度の日本経済の発展が、社会的、文化的条件に重大な作用を与え、人口変動にも大きなはね返りを生じていることも確かである。こうして、日本の発展は、いま重大なまがり角にきているといっても過言ではないであろう。この現状を最も集約的に表わす事実が、経済開発に対する社会開発のいちじるしい立ち遅れ、あるいは経済開発と社会開発との均衡の不適正ということである」[51]と。

さらに、「最近の日本における経済開発と社会開発との適正均衡の認識の向上発展はよろこぶべき傾向には違いないが、急激な人口革命と技術革新とを同時に経過しつつある日本の現状、日本の歴史的経験、その国際的位置、不適正均衡の事実などにかえりみれば、当面の課題は広範複雑をきわめている」[53]とも述べる。ここで「経済開発と社会開発との適正均衡の認識の向上発展はよろこぶべき傾向」と第三者的に述べている社会開発論の興隆に舘が大きく貢献したことは、本章を通じて明らかにしたとおりである。

その5年後の1969年には『研究資料』に「日本の人口問題」と題する論考を発表し、「今後の日本の人口問題の性格はこれまでのものにくらべて非常に変

わってきたともいえよう。その1つは、人口の量の問題から質の問題への変化ということである。その2は、経済問題としての人口問題から経済開発と社会開発との均衡問題としての人口問題への変化ということである」［舘，1969：61］と指摘した。この経済問題としての人口問題から経済開発と社会開発との均衡問題としての人口問題への移行の先に、社会保障を中心とした時代が到来する。

4　むすびにかえて

　1970年の舘はいう。「1980年代、いな、21世紀のために、人間能力開発の見地からいかに人口の資質の育成向上を達成すべきか、その基盤として経済開発に対して著しい立ち遅れをみせている社会開発を推進し、真に経済開発と均衡のとれた社会開発を実現してゆくか」［舘・濱・岡崎，1970：222］が重要な課題であると。舘は、その社会開発の推進に努めていた最中の1972年3月に急逝する。

　その後、社会開発論をめぐる動きが総合社会政策論という新たな段階へシフトするのは、舘の没後である。1977年に経済企画庁国民生活局国民生活政策課から提出された報告書『総合社会政策を求めて―福祉社会への論理』［経済企画庁国民生活局国民生活政策課編，1977］がその契機であり、社会保障政策を取り込みながら経済＝社会全体を視野に収める総合化された社会政策が提唱された。これは OECD のプロジェクトとの関わりで経済企画庁を中心に取り組まれたものであり、以来、社会政策の総合化が唱えられた。

　1960年代の社会政策におけるキー概念である社会開発も、1970年代のキー概念である総合社会政策も、国際的な潮流に導かれたことは確かである。しかしながら、それへと至る国内的な動向との関連も見逃してはならない。社会保障研究所は、社会保障の学問的な検討が足りないとする社会保障制度審議会（総理府）の問題意識から設置が求められ、厚生省の責任における研究所として発足した。社会保障の専門家の育成機関としての役割を期待された社会保障研究所の調査研究活動は、舘や伊部（厚生省）の問題意識であった経済開発と均衡のとれた社会開発をするべきであるという方針を引き受けて社会保障論の新た

な潮流（社会保障論や社会指標論、社会計画論といった〈社会学〉系の新たな学問分野の興隆）を切り開くことになった。この日本における社会保障論の転機は、人口資質の向上という問題意識が社会開発論とともに新たな盛り上がりをみせたなかにもたらされたものだったのである。

日本における社会開発論の火つけ役として本章の主人公であった舘は、戦前から日本の人口問題をめぐる政策論議を背負ってきた。舘は、1933年に設立された（予算の目途が立たなかったために国立ではなく財団法人となったが、事務局は内務省社会局内におかれた）人口問題研究会の実務を執り、1939年の人口問題研究所の創設によって人口問題への取り組みが本格化するときも、社会局唯一の人口問題の専門家として重要な役割を担った。舘のキャリアの舞台であった人口問題研究所と舘がその創設に尽力した社会保障研究所は、現在国立社会保障・人口問題研究所として日本を代表する研究機関となっている。

章末資料Ⅰ：人口問題研究所・社会保障研究所と舘稔

1927年	人口食糧問題調査会（内閣）設置（1930年まで）
1930年	人口食糧問題調査会において「人口問題に関する常設調査機関設置に関する建議案」を議決
1933年	財団法人人口問題研究会設立　←舘は、研究員に就任
1937年	財団法人人口問題研究会第一回人口問題全国協議会において「人口問題に関する国立常設調査機関設置の件」を議決
1938年	財団法人人口問題研究会第二回人口問題全国協議会において「人口問題に関する国立常設調査機関設置の件」を議決
1939年	厚生省人口問題研究所設立　←舘は、研究官に就任
1942年	厚生省研究所設置（人口問題研究所、厚生科学研究所、産業安全研究所の統合）
1946年	厚生省人口問題研究所が再び独立
1965年	特殊法人社会保障研究所の設立　←舘は、参与に就任（当時、厚生省人口問題研究所所長）
1972年	舘の死去（享年65歳）
1996年	国立社会保障・人口問題研究所の設立（厚生省人口問題研究所と特殊法人社会保障研究所の統合）

（筆者作成）。

章末資料Ⅱ：社会保障研究所役職員名簿（1965年5月1日時点）

役職名	氏　名（現職；専攻）
所　　長 常務理事 理　　事 監　　事	山田雄三（理論経済学、厚生経済学、国民所得論） 木村又雄 塩野谷九十九（名古屋大学教授；近代理論経済学） 寺尾琢磨（慶應大学教授；経済学、人口理論統計学）
顧　　問	大内兵衛（社会保障制度審議会会長；経済学、財政学） 東畑精一（アジア経済研究所所長；農業経済学） 長沼弘毅（国際ラジオ・テレビセンター会長；財政学、賃金論）
参　　与	馬場啓之助（一橋大学教授；経済学、経済政策） 福武直（東京大学教授；社会学） 舘稔（厚生省人口問題研究所；人口学）
専門委員	武藤光朗（中央大学教授；経済学） 大熊一郎（慶應大学教授；経済学、財政学、社会保障論） 橋本正巳（国立公衆衛生院衛生行政学部長；公衆衛生） 小沼正（厚生省統計調査部社会統計課長；社会統計） 中鉢正美（慶應大学教授；経済学、社会政策） 非常勤研究員：青井和夫（東京大学助教授；社会学） 非常勤研究員：森岡清美（東京教育大学助教授；社会学） 非常勤研究員：安川正彬（慶應大学助教授；経済学、統計学、人口理論） 非常勤研究員：松原治郎（東京学芸大学助教授；社会学） 非常勤研究員：小野旭（神奈川大学講師；理論経済学、経営学） 常勤研究員：地主重美（理論経済学） 常勤研究員：前田正久（数理統計） 常勤研究員：三浦文夫（社会学） 常勤研究員：谷昌恒（社会福祉） 常勤研究員：平石長久（社会政策） 常勤研究員：中村八朗（社会学） 常勤研究員：渡辺益男（社会学） 常勤研究員：花島政三郎（社会学） 常勤研究員：大本圭野（都市地理学）
総務部	加地夏雄（総務部長） 鈴木真二（庶務係長） 田中忠雄（調査係長） 村松さち子（係員） 鹿島昭進（係員）

出所：[社会保障研究所，1965] より作成。

1) 舘の後を引き受けて人口問題研究所の所長となり、人口問題研究所の機関誌『人口問題研究』に「故　舘稔所長を悼む」を執筆した上田正夫はいう。
「故博士の人口研究は、財団法人人口問題研究会の1933年創設とともに研究員として諸事業の推進に尽力されたのに始まる。この研究会の全国協議会の建議の世論を背景として、厚生省に人口問題研究所が1939年創設されるや、研究官として博士の人口研究はいよいよ深さを増すとともに multi-disciplinary な人口学の研究にふさわしい多方面の知識を吸収された。」［上田，1972：42］。
2) この中間答申が出された1969年は、国際家族計画連盟への援助金拠出が開始された年である。それは、人口分野において日本が被援助国から援助国の立場に転換したことを意味する。この点については、［林，2013］に詳しい。
3) 社会開発は、1961年12月の国際連合総会の決議「開発の10年（The Development Decade）」で用いられたことで国際的な流行をみる。それを踏まえて「日本版」としている。
4) 本章では戦後の舘に焦点をあてるが、舘を正面から取り上げた数少ない先行研究に［高岡，2011］がある。高岡は、戦時人口政策の担い手として舘の人口増殖論を重視している。舘は、「日中戦争下に人口問題の様相が変貌する中で、新たな人口政策論の担い手として頭角を現した『革新』的人物だった」［高岡，2011：174］と。
5) 1960年7月からほぼ2年間を調査第2課長として、1971年11月から約2年半の間を事務局長として社会保障制度審議会に関わったという上村一（かみむら・はじめ；1926-2015）によれば、本引用に出てくる近藤文二と今井一男は審議会の議論のまとめ役として審議会の議論をリードした。上村は当時を振り返っていう。「昭和48年7月に近藤文二委員が職を退かれた。委員在任期間が長いという内閣官房の強い態度に私が大阪まで出かけてその旨をお伝えしたが、近藤さんは委員の仕事に未練をお持ちで、内心ご不満であったと思う。今井さんも長い間この審議会の議論のまとめ役として苦労を共にしてきた近藤委員が居なくなったことを寂しがられ、折に触れて事務局の冷たさを窘められた」と。（上村一「社会保障制度審議会50周年に寄せて―教えを受けた人々に思い出すことなど（3人の一男さん）―」［総理府社会保障制度審議会事務局監修，2000：220］）近藤は1973年7月まで、今井は死亡による退任となる1986年まで委員を務めた。
6) 厚生省は、1963年12月に地域開発に伴う社会開発のあり方を検討するセミナーを開催した。人口問題審議会の「地域開発に関し、人口問題の見地から特に留意すべき事項についての意見」が出されたのと同じ1963年8月に、経済企画庁の「地域経済問題調査会は『経済の高度成長を維持しつつ各地域相互間に均衡のとれた経済の発展を実現するための総合的かつ基本的方策』に関する諮問にこたえて、『今日の地域開発の理念は、非貨幣的福祉を含む地域住民の福祉を向上させることでなければならない。経済規模が一段と拡大した現段階においては、すでにそのための経済余力が増大しつつあり、今後もより一そうの成長をとげるために、このような福祉の向上が要請される』とした」［厚生省大臣官房企画室編，1964：2］という。ここに社会開発をめぐって厚生省と経済企画庁の問題意識が交錯したのである。
　このセミナーで「地域開発と人口問題」という演題で講演でした舘は、「人間能力の開発をほんとうにやろうとするならば、われわれの生活の福祉の水準を高め、人口の資質を根本的によくしなければならないということが、やっとわかりかけてきました。こ

うして、経済開発計画に対して社会開発計画—保健、教育、住宅、労働福祉、社会保障を含む広い意味での社会福祉—ということがほんとうに考えられなければならなくなってきたのであります」［厚生省大臣官房企画室編，1964：81］と述べた。
7) 就任当時の山田は一橋大学の教授で、1972年まで研究所の所長を務めた。1959年から63年まで、経済企画庁経済審議会の専門委員を務めていた（その後、70年まで臨時委員を務めた）。
8) 政権の政治戦略としての社会開発論をめぐっては、村井良太による考察［村井，2013］がある。佐藤政権の「金看板」とも称された「社会開発」だが、政策としての具体的な成果については失敗に終わったといった厳しい評価を受けることになった。
9) 山田は、社会開発懇談会の中間報告の執筆の際に「多くの発言をできるだけ網羅的に収録せざるを得なかったのであるが、せめて社会開発という観点から社会保障という問題をとりあげるのだということだけははっきりさせておかなければならない」ということにはこだわったとしている［山田，1968：50-51］。
　また、1965年の研究所の状況を知る三浦文夫は振り返っていう。「社会保障研究所の、いわゆる社会保障の考え方が従来の社会保障の考え方とは全然違っていたということもありました。つまり、研究所の英訳で表れておりますように、Social Development Institute というような社会開発という概念で、Social Security を、広い意味で言ったのでしょうね。Social Policy に近い概念ということかもしれません」［西村，2014：84］と述べ、「社会保障研究所としての社会保障はどういうふうに捉えるかという、そういうことをまず最初にやりました」［西村，2014：86］と。さらに、舘も含む創設に関わった人々が特殊法人としての研究所のスタンスについて「行政は行政政策・制度研究、それから大学はアカデミックな研究、特殊法人の研究はその中間に入る。そういう役割を持つべきではないか」［西村，2014：87］ということにこだわっていたことにも言及している。これらのことから、特殊法人として社会開発という観点から社会保障という問題を取り上げるというのが社会保障研究所創設当初の当面の運営方針であったと考えられる。
10) この点については、［玉井，2015］を参照されたい。〈経済の論理〉と〈社会の論理〉のバランスという視点から社会政策思想史を見通して、「1980年代以降になると、日本でも福祉国家論が正面から取り上げられることが多くなり、その結果〈経済〉の論理だけでなく〈社会〉の論理も視野に入れた社会政策論が再度模索され始められた」［玉井，2015：55］とみる。
11) 寺尾は、社会保障研究所創設当初の監事（監事は、所長の諮問に応じ、本研究所の業務の運営に関する重要事項を審議し、所長に意見を述べる。顧問は、厚生大臣の認可を受けて所長が委嘱する［社会保障研究所，1966：3］）に就任する人物である。寺尾は戦時人口政策の一環として成立する国民優生法（1940年）をめぐって「素質の向上は社会的環境の改善を離れてはほとんど無意味である」ことを強調するなど、戦後の人口問題をめぐる政策論議で社会的環境の改善の重要性を説く立場をとっていた。
12) 伊部は、社会計画（social planning）という言葉を好んだ。「1960年代を特徴づける概念」であるとみなした伊部の社会計画の定義は、「社会計画（social planning）または社会開発計画（social development planning）は、経済計画ほど普及した言葉ではないが、起源は経済計画と同じであって、経済計画と同様、福祉国家という戦後の新しい

国家理念にもとづく国の新しい任務を示すものであるとともに、経済面のみならず、経済面よりももっとコントロールの困難な社会面についても国の計画的意識的努力が、国民の自主的な努力と結びつくとき、相当の成果、すなわち進歩または発展をもたらすという楽観的信念にもとづくものである。」［伊部，1964：1］（以下、同書の頁数のみ表示）。『社会計画』の伊部にとっては、社会開発の日本への導入が日本社会保障の social security から social development への転換を意味するものであった。「日本の社会保障は、今日ほとんど社会開発（social development）に近い意味に解されているが、一方せまい意味の社会保障、すなわち経済的損失の事後的な補填という観念が、広い意味の社会保障を考えるときにもまぎれこみ、理論の発展を妨げている」［6］という伊部は、「社会保障も社会計画も、第二次世界大戦後の新しい国家理念、社会哲学を示す言葉であるが、社会保障は1950年代を特徴づけた言葉であるのに対し、社会計画は『発展の十年』（The Development Decade）と国連が名付けた1960年代を特徴づけようとしているようである」［333］として社会計画をキーワードとして掲げた。

「1960年代を特徴づけようとしている社会計画は、社会保障という理念のいわば盲点をカバーするために生まれたものとみることもできる」［348］という伊部は、昭和25（1950）年の「社会保障制度に関する勧告」と昭和37（1962）年の「社会保障制度の総合調整の答申および推進に関する勧告」について、前者でいう社会保障は一定の社会的事故に対する保証を中心とする点で social security であり、後者でいう社会保障は social development に近いとして以下のように説明した。

「37年勧告でいう貧困階層および低所得階層と一般所得階層はおおむねわが国の二重構造といわれる社会経済機構を反映して、貧困階層、低所得階層は前近代的部分、一般所得階層は近代的部分に相応している。そして近代的部分には、まさに社会保険が適用されるのに対し、前近代的部分には社会保険より社会福祉施策が優先するとしているのである。この前近代的部分が近代化する過程、二重構造を解消し所得格差を是正する過程は、経済政策とともにこれを支援する社会施策が必要なのであるが、37年勧告は、この点にまで詳細にはふれていないが、もしここまでくれば前に述べた社会計画そのものとなるのである」［359］と。

「社会福祉も社会保障も、もとよりそれ自体が目的であって、決して経済計画なり経済目的の手段ではないことはいうまでもない。しかし、社会福祉も社会保障も国連のいうように『総合的社会経済計画のうちに位置づけなければならない』ことは当然であり、経済とともに、社会構造は互いに因となり果となって、変遷―最近のそれは極めて著しい―してゆくものであって、社会福祉と社会保障の独立性の主張が、客観的条件の変化を無視し、あるいはつきつめた勉強をしないで独善的に今までの手法を使うという弊は、つよく戒心しなければならない」［361］として、社会保障や社会福祉、人口政策などの上位概念として社会計画を提起した。

「社会計画は発展のための意識的計画的に社会的に組織された努力、または施策の体系のうちの社会的側面を指すものであるから、社会保障、社会福祉、公衆衛生、人口政策、教育、住宅、都市計画、その他の環境整備、レクリエーション、労働および社会的目的をもった経済政策―たとえば中小企業、農業の近代化―を含むこととなる。社会計画は、さらに均衡のとれた発展を目的とするものであるから、経済計画と『調和』したものでなければならないと同時に、社会計画として含まれた諸要素間にも一貫した考え

方、調和、協同がなければならないことになる」[364-365] と。

　これはあくまで伊部の見解であり、当時既に普及をみていた「社会保障」と、国際的な潮流（国連の動向）に沿って新しくもたらされた「社会開発」、「社会計画」という3つの概念はそれぞれの関係づけが曖昧なままで交錯して用いられていた。

　伊部の立場を尊重していた山田雄三（当時、社会保障研究所所長）に関していえば、社会保障研究所研究叢書の第1冊目として刊行された『社会保障研究序説』（1968年）のなかで「社会保障は社会開発にとって不可欠な基礎部分をなすものであるが、社会保障の問題そのものは今日はじまったことではなく、少なくとも新しい形をとって1930年ないし40年から始まり、日本でも戦後間もなく推進され出して今日におよんでいるのである。社会開発がいい出されて、そのために社会保障がとくにあげられるというのではなく、むしろ社会保障の大部分は基本的な前提として承認されればよい」[山田, 1968：56] といい、「日本の社会保障制度は最近飛躍的な発展を示しつつあるが、もともと個々の制度が必要に応じてバラバラに形成され促進されてきたのであるから、不合理の点もあるし、制度間の格差も著しい。それらを整備し、一段と発展させていくには、一つの基本的な問題として、一国全体の経済・社会の計画に沿って、社会保障そのものを計画的に策定していくことが大切ではないかと思われる」[山田, 1968：68] と述べている。

　新居善太郎（あらい・ぜんたろう；1896-1984；本文1節に初出）についてもふれておくならば、厚生省関係者「であった」人物である。新居は、厚生省が設立される1938年に内務省社会局長であり、人口問題研究所の設立に尽力した。その人口問題研究所の研究官に就任する舘と新居の関係は、1930年代まで遡ることができる。

13）　例えば、伊藤薫「社会指標の特徴と生活水準の構成要素について」『Review of economics and information studies』5（3・4）、2005年。社会指標の系譜や問題点については、三重野卓『福祉政策の社会学―共生システム論への計量分析―』ミネルヴァ書房、2010年、などに詳しい。三重野は、1976年から5年間社会保障研究所の所員であった。

14）　舘はいう。「1951年に国連へ行つて、いろんな連中と話し合つてみると、そこで非常に重要なことを耳にしたわけです。国連の大きな仕事のひとつに、開発途上国の生活水準をどのようにして上げるか、というのがある。その場合、各国の生活水準をまず比較してみなけりやいけない。ところが貨幣価値がそれぞれ違うし、いわゆるオフィシャル・レートと実質レートという問題もあつて、1人当たり国民所得なんかでは比較できない。だから非貨幣的な、ノンマネタリー・インジケーターを考えている、という話を聞いたのです。なるほどと思いましたね。帰つてきて、そのことをずうと考えつづけていた。そのうち、日本の〇〇市に大きな石油コンビナートがつくられ、その市の1人当たり所得はうなぎ上りに高くなつた。ところが一方で〇〇ぜんそくが増えて中には重症者も出てくるという事態が起こつてきた。これを見て、ピグーの仮説（経済的福祉が高まれば社会全体の福祉（total welfare）が高まるという考え方のこと―引用者）はあてはまらない、ということを痛切に感じました。二〇世紀後半の問題は、貨幣では測れない生活水準の上昇というものに取り組まなけりやならない。ノンマネタリー・インジケーターというのは経済学に対する反逆だと思うんです。これに非常に興味をもつた」[茅野・舘, 1970：1] と。

補章2

日本社会保険制度史と近藤文二

1 はじめに

　日本における社会保障制度が構築されてから、すでに半世紀以上が経過している。1961年の「国民皆保険・皆年金体制」の確立（いわゆる61年体制）をひとつの指標とするのであれば、まさに半世紀であるが、その前の社会保障制度の計画期段階までを視野に入れると、70年近くに及ぶことになる。この間、様々な改正や新制度の導入がみられたが、わが国の場合、社会保障の中心に社会保険を位置づけてきたことは衆目の一致するところである。

　社会保険といえば、わが国は戦前からの歴史を有している。周知のように、わが国で最初の社会保険は1922年の健康保険法成立まで遡る。その後、国民健康保険、船員保険、労働者年金保険（後に厚生年金保険と改称）といった形で、戦前の系譜を築き上げてきた。社会保険というよりも、労働保険として取り扱われる失業保険や労災保険ができたのは戦後である。こうして、わが国ではすでに終戦直後には社会保険がほぼ出揃っていたのである。ただし、加入者や給付水準をはじめとして様々な問題を有しており、医療保険や年金保険を中心にそれらをできるだけ解決しようとしたのが、先の61年体制であった。

　こうした戦前からスタートした社会保険制度が大きな試練を迎えるのは、1970年代以降である。とりわけ急速な高齢化の進展は社会保障財政を圧迫し、社会保険においては80年代に医療や年金で制度間財政調整が図られることになる。[1)] 制度間財政調整の導入は、61年体制以降における最大の改革であり、社会保険史を二分するだけのインパクトがあった。後に再論するが、その制度間財政調整という手法も今日ではギリギリのところまで追い込まれてしまっている。このままいくと、わが国の社会保険を軸とした社会保障制度は、大きな方向転換を迫られることになるのであろうか。あるいは現行方式を堅持したままで、必要不可欠な手を打っていくのであろうか。

社会保険といえば、その機能と役割について日本の高度成長期あたりまで理論的に主導したリーダーがいた。その人物こそ、近藤文二（こんどう・ぶんじ、1901-1976）である。近藤はもともと保険経済学を専門としており、どちらかというと、いわゆる営利保険（民間保険）の研究に従事することからスタートしている。しかし、戦時中に発足した労働者年金保険に関する共著を刊行したあたりから、社会保険の方に関心を移していった。[2]そして、終戦直後において社会保障計画策定が開始されるや否やその活動に積極的に関わり、非常に大きな貢献を果たすことになる。

　日本の社会保険が大きな曲がり角に差しかかっている折、再度近藤が説いた社会保険論を垣間見ておくことは、時期的にみて非常にタイムリーである。近藤の主張は、現在でも生かすことができるのか、それとも新しい社会保険論を生み出すことが強く求められているのか。以下では、近藤の所説を追う形で、その問いに迫ってみることにしよう。

2　近藤文二の経歴と社会保険論

　近藤は、1901年に大阪市で出生した。学歴としては、大阪市立甲種商業学校、大阪市立高等商業学校、京都帝国大学経済学部へと進んだ。その後、大学院に進学し、保険学の研究に入っていく。大学院での主な指導は小島昌太郎から受け、大学院に在籍のまま、1926年には大阪市立高等商業学校の教壇に立った。1928年における高商の大阪商科大学への昇格後は、高等商業部の教授となっている。1932年から翌年にかけてドイツを中心に在外研究に従事した。1934年には商科大学の助教授、1941年には教授に就任した。戦後、大阪商科大学は大阪市立大学となり、近藤は1949年に商学部教授となった。[3]

　近藤は、戦前期において生命保険、損害保険をはじめとした保険学の研究に邁進していたが、戦時中の1941年に労働者年金保険法ができたことに対する関わりから社会保険に研究の軸が移行することになる。『労働者年金保険法論』（1942年）、『社会保険入門』（1943年）の2書は当時の研究成果である。近藤自身も語るように、前者は労働者年金保険がいかなる経緯でできたのかについて、「戦費調達」を目的とするというべき見解を提示した。また、後者は戦時

における社会保険の意味を問うたものであり、社会保険といってもそれぞれ戦時中という状況に関係する著書であった点に注意する必要がある。しかしながら、近藤にとっては、戦後に社会保障と社会保険の関係性を追究していくうえで大きな転機となったように思われる。

　日本では終戦直後から生活困窮者の生活保障のあり方が問題となり、それは日本の社会保障制度をいかに作り上げていくべきかといったことに繋がっていく。そして、早くも1946年には、当時の学者による「社会保障研究会」なるものが組織されている。その構成メンバーが、末高信、園乾治、近藤文二、平田冨太郎、大河内一男の5名である。すでに近藤が入っているのをみると、それ以前から交流が始まっていたものと思われる。また、他方で大河内がメンバーの一員であったことにも、興味を抱かざるをえない。この研究会は同年に「社会保障案」をまとめあげたが、それはイギリスの『ベヴァリッジ報告』の影響を著しく受けた内容となっていた。[4]

　一方、1946年には厚生省の中に「社会保険制度調査会」が設置された。調査会は3つの小委員会に分かれて活動したようであるが、そのうちの第1小委員会に先の末高、園、近藤、大河内の4名が入った。調査会は翌年の1947年に「社会保障制度要綱」を発表した。これは、近藤によると、ベヴァリッジ案をもしのぐと評されたものであるが、中身をみると社会保障制度における社会保険主義を前面に押し出そうとする性格を有していたといえる。ベヴァリッジ案も社会保険を中軸に据えていたから、その限りではこの要綱も基本線は同じであったといってよいであろう。

　近藤はいう。「もっともこれ（社会保障制度審議会―引用者）より早く、昭和22年10月8日には、社会保険制度調査会が『社会保障制度要綱』を厚生大臣に答申している。これもまた社会保障の一つの青写真であり、当時人びとはこれを呼んで日本のベヴァリッジ案とした、末高信、園乾治そして私の3人が社会保障研究会で立案したものがその土台となっている。案の特長は、給付の面ではベヴァリッジ構想にもとづいてフラット制をとりながら、保険料については所得比例主義を採用した点にあった。日本の場合にはこのことによってのみ所得再分配効果を期待できるとしたからである。むろんこのほかにぼう大な国庫負担をも要請したことはいうまでもない。そこで当時多くの人たちは、この案が

実現するとなるとたいへんな財源がいる。これはいってみれば一つの夢物語でしかないと酷評したものである。この批判は一部は当たっていたが、立案者の意図はこれによってアメリカ占領軍が生活保護制度を中心とする社会保障制度をわが国におしつけようとするのを阻止することができたならばという望みをもっていたのである」［近藤，1974：56-57］。

　ここで、引用した部分の最後の箇所に注目すべきである。とりわけ、当時におけるアメリカ占領軍の存在と、その社会保障制度への関わりが重要である。終戦直後から生活困窮者対策に関係し始めていたアメリカ占領軍は、1947年に「アメリカ社会保障制度調査団」をわが国に派遣し、国内で調査を実施した後に勧告を行った。いわゆる「ワンデル勧告」がそれである。こうした点に関連して、近藤は次のようにも述べている。「さきにも述べたように、敗戦後、日本の社会保険や社会事業に対して最も大きな関心を示したのは日本人ではなかった。むしろ占領軍総司令部であった。総司令部は占領政策の一環として、占領当初から社会保障制度の確立を望んでいたようである」、「また、『アメリカ社会保障制度調査団報告書』すなわち『社会保障制度への勧告』が作成されるにあたっても、数回にわたって意見（近藤自身が―引用者）を述べている。そうした機会を通じて、当時、司令部が社会保障制度の実現にいかに熱意を持っていたかをよく知っている。だが、結局において、かれらがわれわれに残したものは、ただひとつの『生活保護法』であった」［近藤，1974：74-75］。

　一方ではアメリカ占領軍の圧力、他方では日本の新しい生活保障体制の樹立に志をもって立ち向かう専門家集団の活動という、大きくは2つの流れのなかでわが国の社会保障制度は形作られていくことになる。特に「ワンデル勧告」で指摘された専門的な審議会の設置は、1949年に社会保障制度審議会として実現することになった。近藤はこの審議会のメンバーともなり、精力的な活動を行ったようである。当審議会からは1950年に、かの有名な『社会保障制度に関する勧告』が出されるに至るが、この点に関して、近藤が次のように述べているのは実に興味深い。「昭和24年の春、内閣に『社会保障制度審議会』が設けられると、その委員となり、翌25年の『社会保障制度に関する勧告』の原案をほとんど一人で起草した」［近藤文二教授還暦記念事業委員会編，1963：226］。これをみると、近藤が当審議会でいかに中心的な位置を占めていたかがよくわか

る。いずれにしても、この勧告は近藤らが終戦直後から続けてきた社会保障制度計画作成の総決算となったのである。

　以上が、昭和20年代前半期における近藤の軌跡であるが、こうした日本の社会保障制度の体系化が進むなかでみえてきたのは、やはり社会保険の機能と役割であった。先にみたように、アメリカ占領軍の影響もあって社会保険に対する国家扶助（公的扶助）の比重が結構高かったのが、当時の特徴でもあった。しかし、一連の報告書、勧告等を精査してみると、社会保険の重要性が説かれており、それは専門家集団の基本的な考えでもあったといえる。とりわけ、それを理論的にも実践的にもリードしたのが近藤であった。そこで、近藤の社会保険論とはどのようなものであったのかについて、もうすこし立ち入った検討を加えてみることにしよう。

　上述のように、近藤が社会保険の研究に本格的に取り組み始めたのは戦時中であった。その後、社会保障との関連で社会保険を論じていくことになるが、その１つとして『社会保障』（1949年）を取り上げることができる。本書をみると、まず保険について近藤は次のようにいう。「そこで、わたくしは、保険を定義して、『保険とは資本主義社会において偶然が齎す経済生活の不安定を除去せんがため、多数の経済単位が集まって全体としての収支が均等するように共通準備財産を形成する制度である』と述べると共に、『全体としての収支の均等』ということと『共通準備財産の形成』ということに、保険技術の特徴を求めることにしている」、「こうした技術を用いて社会政策が行われた場合に、社会保険が成立つという譯である」[近藤，1949a：20]。資本主義社会における様々なリスクに対処するために保険が用いられるのであり、それが社会政策として行われるときに、社会保険の形をとるというのである。

　ここで社会政策といったとき、近藤は「資本側の政策」として把握している。本書では、経済的には「労働力の保全」、社会的には「産業平和の達成」的な意味合いで規定されており、当時社会政策本質論争が展開され始めていたことを考えると、近藤の社会政策観にもその影響を十分見て取れるが、近藤の場合、それ以上にドイツにおける社会保険生成の分析から、社会保険の機能と役割を導き出しているところがある。ただし、本書の最後の箇所では、経済的機能に再度言及して、「社会保障の基点をなすと考えられている社会保険こそ

は、さきにも一言したように、賃金の再分配、資本のための合理的再分配を意味する」と指摘し、もし賃金から保険料を控除することができない事態に陥れば、そのときは保険が成り立たなくなり、給付も約束されなくなるという「社会保険の社会事業化」が広がっていくと警告を発している［近藤，1949a：155-158］。当時、賃金自体が不十分であったことを想起すれば、起こりうる可能性は非常に大きかったといえるであろう。

本書ではそうした事態を防ぐために労働者はどうすべきかについても、以下のように論じられている。「では、労働者は如何にして社会保険の社会事業化を防止すべきであろうか。それにはまず、健康保険を労働者の手に移管せしめることである。これを具体的にいえば、健康保険組合の経営を労働組合の手に収めることである。次には厚生年金保険の積立金を労働者自身の管理におくことである」、「勿論これらは差し当たっての対策に他ならないのであって、基本的には社会保険の社会事業化の必然性を利用して社会保険の社会主義化の方向を目指さなければならないのである」［近藤，1949a：161］。昭和20年代といえば、政治的には緊迫度を増し、また労資激突といった様相のなかで体制変革が正面から論じられる時代であった。近藤の社会保険論がそうした雰囲気のなかで論理構成されていったことは、以上で取り上げた近藤の議論から十分汲み取ることができる。

近藤が自身の社会保険論を集大成するのは、後に刊行した『社会保険』(1963年) においてである。本書は、社会保険の理論、歴史、政策を網羅した文献として、極めて評価が高いものである。また、近藤の社会保険論の到達点としてみてもよいものである。本書をみると、時代状況に制約された叙述から解放されて、非常に学問的な成果として仕上がっている。すでに昭和20年代から議論されていた部分もかなり含まれているが、論理性、体系性といった点において、近藤の著書のなかでは完成度の高い、特筆に値する成果であるといってよいであろう。そこで、本書における社会保険論を取り上げつつ、近藤の主張の要点を再度確認しておくことにしよう[5]。

本書で最も注目すべきは、社会保険の機能と役割を論じるところである。先にみた『社会保障』での叙述と重複するところがあるものの、より客観性を帯びた内容となっている。近藤は、社会保険にみられる2つの機能と役割を強調

する。第1は、「保険的所得再分配」と呼ばれるものである。社会には様々なリスクが存在する。そのなかでも疾病等をはじめとする社会的なリスクに備えるために日頃からの保険料拠出を行うことによって、必要な準備金を用意しておく。その場合、一定条件を満たした加入者が多ければ多いほど財政的には安定する。社会的リスクに遭遇した者に必要なサービスや給付金を支給し、生活困難に陥ってしまうのを防止する。いいかえれば、社会的リスクに遭遇する者とそうでない者との間に所得の再分配が行われるわけである。

　第2は、「社会政策的所得再分配」である。これが意味するところは、社会的リスクに備えるために被用者が支払うべき保険料拠出にあたる分を、事業主が賃金として被用者に支給することである。「社会的賃金」と呼ばれるものが、まさにそれにあたる。社会保険において、保険料の支払いが労使折半というケースがある。この場合、保険料は被用者にとっていったいどの部分からの支払いになるのかといえば、それは事業主が社会的賃金という形で支給するのが最も理に適っているということになる。それが実施に移されたとき、まさに社会政策的な所得再分配が行われたことになるのである。多くの事業主がそのことに応じれば応じるほど、社会政策的な所得再分配は貫徹することになる。また、被用者にとっても社会的賃金の意味は理解しやすく、目にみえやすいものとなる。

　以上の点について、近藤の言葉で確認しておこう。「いうまでもなく、保険は偶然的な出来事が発生した場合、等しく発生の危険をになっているもののなかで、現実にこれに当面するものと、そうでないものとの間の所得の再分配を行うことをその経済的機能とするものであるが、社会保険の場合にはかかる機能のほかに、掛け金についての雇主の分担などを通じて社会政策的再分配の機能をもあわせもつこととなる。すなわち、そこでは利潤から賃金への再分配がおこなわれる。さらに、社会保険は、掛け金を所得に比例させる方式をとれば、所得の高いものと低いものとの所得の階層的再分配も実現できる。こうした所得の再分配は公共の補助を通じても行なわれる」、「かくて、われわれは、社会保険を通じて、三つの異なる所得の再分配が行なわれることを知るわけである。これをかりに、保険的所得再分配、社会政策的所得再分配および階層的所得再分配と名づけることにしよう。社会保険にはその組み立て方のいかんを

問わず、保険的所得再分配のほかに社会政策的所得再分配をともなうところに本質がある。そして、そのほとんど大部分のものが、また階層的所得再分配機能をもあわせ持っている。」[近藤・小川, 1977：14-15][6]。

さて、近藤は社会保険においてこの2つの機能、役割を重視する。もっとも、それぞれにおいて、弱点といった面も有する。第1のケースであれば、保険集団がどれぐらいの規模で構成されるのかが、決定的である。あまりにも小集団であれば、財政面で厳しさを増すであろう。あるいは、そうした量的なことだけではなく、加入者の階層、年齢等といった質的な要素によって、保険集団としては当初から問題含みということも生じてしまうことになりかねない。一方、第2のものは、労使関係が成り立っているところにあてはまるものであり、そうでないところには事業主が存在しないわけであるから、社会政策的といったことが難しくなる。事業主に代わるものとして、これまでの日本で行われてきた手法が、国庫負担、公費負担であったのは、よく知られるところである。その意味で、いくつかの条件をもとに、その効果を考えることが社会保険には求められるということである。

日本の社会保険は、もともと一部の労働者を対象に開始されたものであった。もっとも、戦前には国民健康保険（1938年）が発足していたから、階層区分でいうと労働者以外にも広まりかけていた。しかし、それ以外の社会保険をみると、やはり労働者が中心的な位置におかれていた。近藤が社会保険論を積極的に展開し始めるのは、終戦直後である。その時期は抑圧されていた労働者の解放があり、爆発的なエネルギーのもとで労働運動の高まりが生じたのである。そうした現実的な様相は、先にふれた社会政策本質論争の生起にもみてとれる。社会政策の本質規定をめぐって、関係した論者のほぼ全員が社会政策と労働者階級の関係性に論及した。近藤もその影響をまともに受けており、当時論述された近藤の社会政策論をみてみると、そうした視点が組み込まれているのが把握できる。それが、近藤の社会保険論の構築にも作用したのはいうまでもないであろう[7]。

ただし、そうはいっても近藤は社会保障計画の策定にも乗り出していた。社会保障が国民全体を対象とする限りにおいて、単に労働者だけを扱えばいいということにはならない。労働者以外の階層がまだまだ割合として多くを占めて

いたわが国において、彼らの社会保障制度への包括は極めて重要な事項であった。その場合、社会保険をもって対処するとしても、保険的所得再分配はともかく、社会政策的所得再分配については使用者からの保険料拠出を期待することができないわけであるから、それに代わるべきものが求められることになる。近藤からすれば、それが国庫負担、公費負担というルートに繋がっていく。労働者とその他の国民という図式が昭和20年代の社会保障計画において登場してくるのは、以上に述べた事情が存在するからであった。

3　高度成長期から低成長期への展開過程

　先にふれたように、50年勧告は当時としては最も体系的な日本の社会保障計画であったにもかかわらず、即時実施ということにはならなかった。近藤は相当無念の思いが強かったとみえて、以下のように振り返っている。「この『勧告』は、社会保険、国家扶助、公衆衛生および医療、社会福祉の4部門にわたって、わが国の社会保障のあるべき姿を示したのであるが、そこで、審議会は『社会保障の本来の目的を隔ることは遠い』が、しかし『今日において、この制度のスタートをきることは絶対に必要であり、また少なくともこの程度のことをやらなければ、当面する社会不安に対する国家の責任を果たすことはできない』と断じた。そして、その『全面的実施』の勧告をしたのである」、「しかし、このころになると、戦後の混乱と、インフレーションもようやく安定化への道をたどっていた。それに、朝鮮動乱の影響は、わが国に対しても、再軍備的なムードをつくりだすことになった。そこで、政府は『勧告』の全面実施を打ち出すどころか、むしろ、これとは逆に旧軍人恩給の復活をはかるなど、『勧告』とは反対の政策を打ち出したのである。」［近藤，1974：79］。

　このように、近藤は昭和20年代において積極的に活動したにもかかわらず、社会経済事情が社会保障の前進を遮ってしまった。その後、近藤は社会保障制度審議会の委員を務めつつ、社会保障の改革に取り組んでいくが、その行き着いたところが1961年の国民皆保険・皆年金体制であった。これによって、全国民が社会保障制度、とりわけ社会保険にカバーされることになり、それは戦前から脈々と続いてきた改革の到達点であった。これによって、被用者を主対象

とした「職域保険」と、農業・自営業等を主対象とした「地域保険」という二大体制が確立したのである。特に、農業・自営業者等の比重がまだ一定割合を維持していたわが国では、この時点での制度の一本化は不可能であった。統合に向けた制度の再編は、まさにこれ以降の課題となっていく。

　社会保障制度審議会は、1962年において、「社会保障制度の総合調整に関する基本方策についての答申」と「社会保障制度の推進に関する勧告」(以下、62年勧告)を公表する。この点について、近藤はいう。「いうまでもなく、所得格差の解消は、社会保障制度そのものだけでは達成されるものではない。雇用、賃金、食糧その他の物価、税制、教育、住宅などの社会生活領域の諸問題とも社会保障の見地から同時に解消していく必要がある。しかし、なんといっても、まず、社会保障制度そのもののデコボコを改めることが先決である。そこで社会保障制度審議会は、右の諮問に答えて、1962年『社会保障制度の総合調整に関する基本方策についての答申』を行うことにした」、「また社会保障制度審議会は、この総合調整に関する答申を行うにあたって、これをたんなる『答申』にとどめず、これにくわえるに、『社会保障制度の推進に関する勧告』をもってした。これは単なる総合調整を考えるだけではたりないのであって、さらに制度の推進もふくめて、これを考える必要があると考えたからである。」［近藤, 1974：82-83］。

　これらをみると、わが国で曲がりなりにも社会保障制度の確立をみたが、いわゆる「デコボコ」状態が修復されていない。今後の重要課題として、これらに立ち向かっていくべきであるといった覚悟のほどがうかがえる。1960年代から最晩年となる1970年代までの近藤は、まさにそのデコボコについて様々な角度から発言を行っていった。その間、とりわけ1963年に近藤は『社会保険』(岩波書店)を刊行する。本書は先に述べたように社会保険に関する理論・歴史・政策が三位一体となったこの分野の名著であるとの評価も受けたが、近藤自身のこれまでの研究の総仕上げであったことは確かである。社会保険を軸に据えた社会保障制度の建設こそ、近藤が描く改革の軌道であった。

　ところで、先の62年勧告は50年勧告から10年以上経過した段階で出されており、したがって社会保障を取り巻くいくつかの条件の大きな変質を前提にしなければならなかった。その１つが階層分化である。当勧告では、一般所得階

層、低所得階層、貧困階層と区分され、それぞれに対する処方箋が論じられた。端的にいえば、一般所得階層には社会保険で、そして貧困階層には公的扶助でという基本線に加えて、低所得階層には社会福祉で対処すべきことが前面に出された点に当勧告の特徴があった。終戦直後は、まだ多くの者が貧困の中に押し込められていたのに対して、高度成長期の到来は国民の階層化を引き起こした。したがって、こうした三階層区分をもとにした社会保障政策がとられなければならなかったのである。

　もう1つ指摘しておくべきことは、社会保険における財政調整論が登場してきている点である。先に述べたように、わが国では職域保険と地域保険に分かれるが、職域保険内における制度間格差に加えて、職域保険と地域保険の間における制度間格差をも抱えていた。そのなかでもとりわけ財政状態の良否が目立ち始めつつあり、いずれは制度間の財政調整に踏み切らざるをえないという論理の浮上である。いいかえれば、財政的に恵まれているところから、財政的に窮地に陥っているところに資金的な支援を行う仕組みを導入することがそれにあたる。当勧告では、まずは職域間で始め、その後職域と地域の間に向かっていくべきであるとの道筋を描いている。早くも、高度成長期に財政調整の議論がなされていたことに注目すべきであろう。

　それでは、高度成長期にはどのように社会保障改革、とりわけ社会保険のそれは進んだのであろうか。総じて、制度間にみられた給付率や給付水準を中心としたものであり、一方で抜本的改革の必要性が叫ばれたにもかかわらず、それにはとうてい及ばなかった。また、先にふれた財政調整も実行に移されなかった。それというのも、高度成長期はそれこそ貧困を解消していくかのようなイメージを作り上げ、また経済成長から受ける恩恵は制度の統合といった領域よりも給付そのもののレベルアップといったところに、国民の関心を引きつけていったからである。1973年に「福祉元年」を迎えることになるが、それは給付水準の引き上げといったことにもっぱら焦点をあてる結果となってしまった。その意味で、62年勧告が出てからのほぼ10年間は、高度成長を背景にした社会保障の拡大への期待が極めて高まったときであったといえるだろう。

　近藤は、1976年にこの世を去る。それでは、近藤亡き後日本の社会保険はどのように変容したのであろうか。先に財政調整に言及した。わが国でそれが実

行に移されるのは1980年代である。その背景は、高齢化に伴う医療、年金の財政の悪化である。医療については、老人医療問題の顕在化であろう。1972年に老人医療費支給制度の導入が決定した。70歳以上の老人が医療サービスを受けたとき、窓口で支払う一部負担を公費で肩代わりするという制度である。窓口での支払いがないと一見無料化したかの錯覚にとらわれるが、もともと本人もしくは家族という形で被保険者としての保険料拠出に関係しているわけであるから保険からの支払部分があるのであり、無料ではまったくない。その意味で、現在でもしばしば使用される「老人医療の無料化」という表現には、細心の注意が必要である。

　この制度が発足してから老人の診察が増え、老人医療費が伸び始めることになる。制度上老人を多数抱える国民健康保険にしわ寄せがいくことになり、実際に国民健康保険財政は揺らぎ始めた。結局、そのままにしておけないということで、1982年に老人保健法が制定されて、老人保健制度が創設されることになった。この制度によって、老人医療費の7割は各保険者からの拠出金で賄うことになる。残り3割が公費負担である。健康保険を例にとれば、以前は本人、家族に責任をもっていればよかった。それが、この改正で老人の医療費まで関与することになったのである。国民健康保険側からみれば、他の保険者から拠出金を支払ってもらうことは、財政的に大きな援助を受けることになる。一方から他方へお金が流れる、まさに制度間財政調整の仕組みが導入されることになったのである。

　年金においても、制度間財政調整が行われた。農業・自営業者等が加入する国民年金であるが、発足当初から保険数理的に無理があり、思うように伸びない積立金の総額がそれを示していた。国民年金は加入者層にバラツキがあり、しかも負担能力にも限界があったので財政収支がある時期から悪化し始めていた。先の積立金であるが、ピークは1982年のときの約3兆円であり、その後早くも逓減状態に陥っていた。ちなみに、同時期厚生年金は1986年度見通しで積立金を約55兆円有していたことを知れば、2つの年金の間に大変大きな財政的格差が生まれていたことに気づくであろう。しかも、国民年金は1986年度には受給資格である25年間加入した層が出てくるのである。いいかえれば、そうした者に対する給付に必要な積立金を準備しておかなければならなかった。しか

るに、それどころか、現実には積立金が逓減し始めていたことで財政破綻という、危機的な状況が迫っていることを意味していたのである。[8]

　こうした大きな問題が生じていたことについて、当時政府はほとんど明らかにしていなかった。むしろ、その他の年金問題を取り上げる形で年金改革の必要性を声高に叫んでいたのが事実である。1985年に戦後最大の年金改正が行われた。表向きは、基礎年金の導入に代表されるように、国民の共通部分を採り入れたことを喧伝したが、事の本質はまったく別のところにあったのである。1階に基礎年金が導入されることになったが、財源は3つから成り立った。第1は、第1号被保険者の保険料、第2は、国庫負担（当初は全体の3分の1）、そして第3に、第2号被保険者と第3号被保険者からの拠出金である。このなかで、拠出金が財政調整的機能を果たすことに注意が必要である。

　拠出金は、加入者の頭数でカウントされるので、その意味では特に問題がない。ただし、その算定方式の分母には第1号から第3号までが入り、第2号と第3号は分子におかれて計算がなされる。もし、第1号に未納、滞納等があれば、その数が分母から差し引かれる。そうすると、結果として、未納、滞納があれば、第2号と第3号の拠出金を多く支払わなければならないメカニズムが働くのである。当然のこととして、未納、滞納が多ければ多いほど、拠出金の持ち出しは増えていく。それは、実質拠出金の支払いを受け持っている第2号の負担となって跳ね返ってくるのである。このあたりの仕組みは実にややこしいので、一般国民にはほとんど理解ができないところである。しかし、まさにそうしたところで最も重要なことが実践に移されていることに眼を向ける必要があろう。

　以上のことは、いいかえると厚生年金（第2号）による国民年金（第1号）の財政支援であり、これによって国民年金の財政破綻は何とか免れることができたのである。医療保険だけでなく、年金保険においても財政調整がなされた事実に注目するとともに、62年勧告で指摘されていたことが、そのままではないにしても実行に移されたことを銘記しておくべきである。そして、これまでの経過からいえることは、近藤が射程に入れていた範囲というのは、おおよそこのあたりまでだということになる。財政調整の先にどのような改革がなされるべきかについて、再編、統合ということは視野に入れていたとしても、そこに

至る具体的ステップまでは近藤の所説に見出すことはできない。

　では、さらにその後わが国の社会保険は、どのような軌跡を辿ったのであろうか。老人医療についていえば、老人医療費の伸びとともに各保険者からの拠出金が増えていく。1990年代に入ると、比較的財政状態がよいといわれてきた健康保険組合においても厳しいところが出始める。結局、2000年代に入って高齢者医療制度のあり方が検討され、最終的には2006年の医療制度改革において後期高齢者医療制度の新設が決定された。これは、75歳以上の老人がこの制度に入り、自ら保険料を支払うことになる。その保険料であるが、全体の医療費の１割を賄う。それに対して、これまで拠出金を支払ってきた各保険者は、全体の４割にあたる分を支援金として支出することになる。そして、残りの５割を公費で負担することにした。

　それまでの老人保健制度と比較すると、負担の比率は変化したが、支援金という形で依然として財政調整が貫徹しているのがわかる。それに加えて、公費負担が５割ということであれば、実質的に保険料５割、公費５割という比率になるから、それはもはや「保険方式」ではないし、また「公費方式」でもない、むしろ「混合方式」と呼ぶべきものに移行したというべきであろう。社会保障給付費に占める老人医療費の割合を考えると、このことのもつ意味は大きい。つまり、わが国の場合、1980年代から始まった制度間財政調整を維持しつつ、公費を半分投入することで、何とか厳しい老人医療財政を支えていこうとする仕組みにまで到達したということである。

　こうした傾向は、年金についてもいえる。1985年改正によって国民年金財政の危機はいったん回避された。その後、国民年金が大きな問題となるのは1990年代に入ってからである。それが「国民年金の空洞化」に他ならなかった。特に第１号被保険者の未納、滞納が目立ち始める。これは基礎年金の財源となる第１号被保険者の保険料負担が低下することであり、それは先に述べたように結果として第２号、第３号からの拠出金を増加させていくことに繋がっていく。まさに制度間財政調整が貫徹するからこそ、第１号被保険者の問題が大きくならずにすむのである。一時期、国民年金の納付率は80％以上を保っていたが、次第に低下し、2000年代に入ってからは約６割まで落ちてしまった。それは、まさに拠出金の持ち出しが多くなってしまったことを意味するが、おそら

くこの事実について、とりわけ第2号被保険者はまったく気づいていない。

　2004年の年金改正のとき、国庫負担の割合を3分の1から2分の1に引き上げることが決まったが実現されず、その後2009年改正を経てようやくその方向に動き出した。だとすれば、年金においても基礎年金部分の財源は実質的に保険料50％、国庫負担50％になったということになる。いいかえれば、もはや「保険方式」ではなく、そうかといって「公費方式」でもない、まさに「混合方式」というべきところに至っているのである。先に老人医療においてもほぼ同じことが生じている事態に言及したが、年金においても同様のことが起こっていることを確認できる。もっといえば、高齢者の社会保障という領域でこの「混合方式」が広まってきているのである。そのことは、高齢者にとってますます重要性が増している介護分野についてもいえるのである。

　周知のように、介護保険は2000年からスタートした。その財源調達の方法をみると、保険料50％、公費50％である。まさに「混合方式」そのものである。1990年代に介護保険の運営をめぐって保険方式か、それとも税方式かで激しい論争があった。結果的には保険方式を採用することになったが、財源構成は制度発足当初から先の割合であった。だとすれば、介護保険という名称が付けられているものの、実態は公費が半分投入されているわけであるから、先の老人医療や年金のケースとほぼ同様ということになる。このことは、高齢者に関わる社会保障のそれぞれの部門が財源的にはほぼ同じ方向に向かって収斂していったことを示している。時期的にいえば、やはり2000年代がその大きな転機になったというべきであろう。

　このようにみてくると、わが国は社会保険が社会保障の中心をなすといいつつも、高齢者に限ってみればすでに社会保険の性格を薄めつつあり、国庫負担、公費負担も絡めた方向に移行しているのがわかる。そうしたなかで、社会保険を成り立たせているのは、制度間財政調整といった手法を導入しているからである。こうした事態について、近藤が健在であれば、いったいどのような評価を加えたであろうか。本来の形に返って社会保険としての性格を強めるべきだというのか、それとも現在の状況が必然的であるとみなすのか、あるいは近藤自身の新たな改革案といったものが出されるのであろうか、様々な憶測が可能となる。そこで、最後にまとめも兼ねて近藤の位置づけを果たすことにし

よう。

4 むすびにかえて──近藤文二と中国社会保険

　すでにみたように、高齢者を主な対象とする社会保障は、医療、年金、介護のいずれにおいても財源調達が保険料50％、公費等50％となっている。もし、社会保険方式を採用していると言明するのであれば、財源の70〜80％を保険料で占めるぐらいでなければならないであろう。しかるに、すでに実態は半々となっており、まさに混合方式と呼ぶにふさわしい状況なのである。今後、この比率がどのような方向に向かうかは判断の非常に難しいところであるが、政府は社会保険を維持していく姿勢を堅持しているので、しばらくはこの比率のままで推移すると思われる。周知のように、消費税の10％までのアップが先送りされたことを考えれば、公費等の増加への期待は弱まらざるをえない。

　しかし、それでは保険料の引き上げで対処していくことができるのかといえば、すでに年金では2004年改正で上限制を導入した。つまり、厚生年金の保険料率は18.3％まで、そして国民年金の保険料は16900円までというように、そこまでは引き上げるが、そこで止めるということを約束している。このことのもつ意味は、極めて大きい。もし、これが実行に移されれば、不足を埋めるべき財源は国庫負担にならざるをえないからである。あるいは、給付のさらなる抑制、もしくは支給開始年齢の引き上げという手法を持ち込まざるをえないであろう。保険料の上限制は、今のところ年金だけであるが、いずれそうしたことは医療や介護の領域にも及んでいくのではないか。高齢者の社会保障の分野で上限制が徹底されれば、限られた財源でのサービス供給とならざるをえなくなる。

　こうした、かなり行き詰りつつある日本の状況の打開について、国際的な動向からヒントを得ることはできないのであろうか。従来、国際比較といえば、欧米との対比で日本を論じることが多かった。しかしながら、1990年以降、欧米を超えたところで社会政策の取り組みが進んできている。その代表の1つが東アジアであり、中国、韓国は急速な勢いで社会保障の領域に乗り込んできている。とりわけ中国に関していえば、1990年代後半以降に医療、年金の分野を

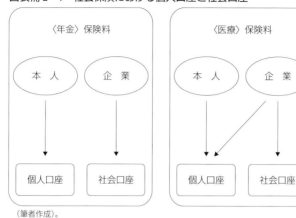

図表補2-1　社会保険における個人口座と社会口座

（筆者作成）。

中心とした社会保障の制度化を図ってきた。その中国が、社会保障の中軸として社会保険をおいたことに注目すべきである。長い間、国有企業体制を維持してきた中国であるが、「社会主義市場経済」を標榜してからは、従来の生活保障のあり方を大きく変えることになった。

中国の社会保険においてもっとも特徴的なのは、〈個人口座〉と〈社会口座〉が設定されたことである。中国ではいくつかの地域において制度の試行といったことから始めており、すべてが同時進行ではない。そのなかで、先の2つの口座の例を提示すると、図表補2-1のようになる。労使の保険料拠出を考えると、大半の国では〈社会口座〉のみのシステムを作り上げてきた。労使の拠出は一括して管理されるというわけである。しかるに、中国のケースは、個人口座が設定されているから、そちらにも保険料が振り込まれることになる。医療にしても、年金にしても、これらは完全な個人勘定扱いとなる。ポイントは、それが強制的に社会保険のなかに組み込まれたということである。おそらく、世界中を見渡しても、こうした2つの口座を導入している国は皆無に近いのではないだろうか。それだけに、制度面のユニークさは際立っている。[9]

思い起こせば、かつてイギリスのベヴァリッジは社会保障を構想する際、社会保険を中心に据えて国民的最低限を保障できるように組み立てを行った。もし、諸個人がそれ以上の給付を必要とするのであれば、任意保険を利用して自

らの備えをしていけばよいとした。強制的な保険のうえに、任意保険が位置づけられたわけである。いいかえれば、〈社会口座〉の上に、〈個人口座〉が積み立てられるという構造である。しかるに、中国の場合は、強制保険のなかに〈個人口座〉を取り込んでしまった。これは、見方によれば、『ベヴァリッジ報告』で論じられた社会保障の論理の中国的な消化、吸収の仕方であったともいえるのではないだろうか。『ベヴァリッジ報告』の中国語版が2004年に刊行されたことは、中国のこうした制度化と直接的に結びつけるわけにはいかないが、実に関心をもたざるをえないところである。

　近藤が生きた時代は、まだ欧米が主要な目標であり、日本は社会保障の面でも追いつき追い越さなければならなかった。おそらく、日本の近隣諸国が社会保障の領域でこれほどの発展をみるとは予想できなかったであろう。しかも、強制保険のなかに〈個人口座〉が持ち込まれることとなれば、なおさらである。もし、近藤が健在であれば、こうした中国の社会保険のケースをいかに評したかは極めて興味を覚えるところである。なぜなら、近藤自身も『ベヴァリッジ報告』から影響を受けて戦後の日本社会保障計画作りに取り組んだことが1つ、それに加えて近藤はもともと営利保険（民間保険）から保険学の研究に入っていたのでその分野にも造詣が深いこと、したがって中国の〈個人口座〉に対しても近藤なりの視点から切り込めるのではないかということがもう1つ、これらを想起するだけでも「近藤と中国社会保険」といった接点が浮上してくる。

　日本の社会保障史を振り返ると、1961年の皆保険皆年金体制確立からでもすでに半世紀以上が経過している。これまでにも様々な改革が行われてきたが、終戦直後に唱えられたものに代わる、新しく明確な理念哲学に沿った改革というものは、一度も行われてきていないのでないか。高度成長期から抜本的改革の必要性が論じられ、これまで繰り返し唱えられてきたにもかかわらず、それが果たされたとは言い難い。その意味では、日本の社会保障体系における社会保険の位相というのは、構造的にみて極めて重要である。職域と地域に分かれてきた社会保険がまだ存続している限り、部分改革はありえても、なかなか全体改革まで行きつけないのである。職域と地域の間で制度間財政調整が導入されるところまできたものの、それから先には進んでいないなかで全体改革への

補章2　日本社会保険制度史と近藤文二　　261

展望は本当に可能であるといえるだろうか。

　かつての近藤であれば、制度間の格差是正を重要視して、できるだけ制度の再編、統合を図るといった道筋を描いていたといってよいが、参考とすべき国際的な動向において大きな変化が生じている今日、近藤は自身の社会保険中心主義をそうした国際比較の座標軸のなかにおいて全体改革への途を再考するのではないだろうか。

1) 後の箇所で詳しく論じるが、一方の制度が他方の制度を財政的に支援する仕組みを導入することである。実際には、「保険料」として取って「税」的に取り扱う手法であり、わが国独自のものといってよい。
2) 戦時中に、後藤清氏との共著である大著『労働者年金保険法論』(東洋書館、1942年)を刊行している。本書で、「戦費調達」のために年金制度が導入されたと読める説を打ち出した。
3) 近藤の経歴については、[近藤文二教授還暦記念事業委員会編, 1963]を参照すべきである。
4) このあたりの経緯は、[玉井, 1992]の第7章でかなり詳細に言及しているので、ぜひ参考にされたい。
5) 本書の議論を補足するものとして、[近藤・小川, 1977]がある。本書は、近藤亡きあと、小川が必要な加筆修正を加えたものである。ただし、近藤が以前から論じてきた点において大きな変更は一切なかった。近藤の最晩年の考えをできるだけ汲むということで、引用はこの文献を用いている箇所がある。
6) 中身は、すでに近藤『社会保険』で論じられていたことである。
7) 近藤の社会政策論については、[近藤, 1949a]を参考のこと。
8) この点については、[玉井, 2012]第7章で詳しく論じているので、ぜひ参照されたい。
9) 中国の年金制度史としては、[鍾, 2005]を参考のこと。鍾教授(華東師範大学)からは、個人口座、社会口座について多くの教示を得ることができた。

引用・参考文献

Berelson, A. ed. (1974) *Population Policy in Developed Countries*, McGraw-Hill.
Esping-Andersen, G. (1990) *The Three Worlds of Welfare Capitalism*, Polity Press.（岡沢憲芙・宮本太郎監訳〔2001〕『福祉資本主義の3つの世界』ミネルヴァ書房）
Gauthier, A. H. (1996) *The State and the Family: A Comparative Analysis of Family Policies in Industrialized Countries*, Carendon Press.
Hanes, J. E. (2002) *The City as Subject: Seki Hajime and Reinvention of Modern Osaka*, University of California Press.（宮本憲一監訳〔2007〕『主体としての都市——関一と近代大阪の再構築』勁草書房）
Izuhara, M. ed. (2003) *Comparing Social Policies*, The Policy Press.
Okochi, K. (1958) *Labor in Modern Japan*, The Science Council of Japan.
Powell, J. l. (2012) *China, Aging and Theory*, Nova Science Publishers.
Queen, S. A. and Mann, D. M. (1925) *Social Pathology*, Crowell.（高津正道・新保民八訳〔1935〕『社会病理学』非凡閣）
Richards, E. S. (1912) *Euthenics, the Science of Controllable Environment: a Plea for Better Living Conditions as a First Step toward Higher Human Efficiency*, Whitcomb & Barrows.
Takata, Y. (1931) "On the Differential Birthrate by Classes", *Kyoto University Economic Review*, Vol. 4 No. 2.
Thane, P. (1996) *The Foundations of the Welfare State*, 2nd edition, Longman.（深澤和子・深澤敦監訳〔2000〕『イギリス福祉国家の社会史』ミネルヴァ書房）
Tort, P. (2000) *Darwin et la science de l'evolution*, Gallimard.（平山廉監修、南條郁子・藤丘樹実訳〔2001〕『ダーウィン』創元社）

秋元律郎（1979）『日本社会学史——形成過程と思想構造』早稲田大学出版部
秋元律郎（2004）『近代日本と社会学——戦前・戦後の思考と経験』学文社
阿藤誠（2000）「人口問題審議会の最終総会に寄せて」『人口問題研究』第56巻第4号
阿閉吉男・内藤莞爾編（1957）『社会学史概論』勁草書房
綾目広治（2010）「森本厚吉の先駆性と独自性——文化生活論・女性論・中流階級論」『有島武郎研究』第13号
新居善太郎（1960）「人口問題研究所誕生の思い出」『人口問題研究所年報』第5号
池田信（1978）『日本社会政策思想史論』東洋経済新報社
池田信（2001）『社会政策論の転換——本質—必然主義から戦略—関係主義へ』ミネルヴァ書房
池田信（2003）「『社会政策論の方向転換』への旅（下）」『大原社会問題研究所雑誌』第532号
池本美和子（1999）『日本における社会事業の形成——内務行政と連帯思想をめぐって』法律文化社
磯村英一（1953）『都市社会学』有斐閣
磯村英一（1954）『社会病理学』有斐閣

市野川容孝（2002）「黄禍論と優生学――第一次大戦前後のバイオポリティクス」小森陽一ほか編『岩波講座　近代日本の文化史5　編成されるナショナリズム』岩波書店
市原亮平（1957）「日本社会政策学派の人口論とその分化――続日本人口論史1・2」『関西大学経済論集』第7巻第1号・第2号
伊藤彰浩（1989）「戦時期日本における「人的資源」政策――戦時動員と高等教育をめぐる政治過程」『大学教育研究センター大学論集』第18集
伊藤薫（2005）「社会指標の特徴と生活水準の構成要素について」『Review of economics and information studies』第5巻第3号・第4号
伊藤セツ（1990）『家庭経済学』有斐閣
井上琢智（1998）「福田徳三と厚生経済学の形成」『経済学論究』第52巻第1号
井上琢智（2006）「第6章　高田保馬――社会学と経済学」大森郁夫編『日本の経済思想1』日本経済評論社
伊部英男（1964）『社会計画』至誠堂
伊部英男（1973）「つぎの飛躍を」『季刊社会保障研究』第9巻第2号
今井小の実（2005）『社会福祉思想としての母性保護論争――"差異"をめぐる運動史』ドメス出版
上田貞次郎（1937）『日本人口政策』千倉書房
上田貞次郎（1965）『上田貞次郎日記』上田貞次郎日記刊行会
上田正夫（1969）「人口問題審議会の中間答申」『人口問題研究』第112号
上田正夫（1972）「故舘稔所長を悼む」『人口問題研究』第123号
臼井二尚（1981）「高田保馬博士の生涯と社会学」『高田保馬博士の生涯と学説』創文社
大河内一男（1949）『独逸社会政策論史（上）』日本評論社
大河内一男（1951a）『社会政策原理』勁草書房
大河内一男（1951b）『独逸社会政策論史（下）』日本評論社
大河内一男（1970）『社会政策四十年――追憶と意見』東京大学出版会
大河内一男（1982）「社会保障論の論――社会保障における『制度』と『哲学』と」『季刊社会保障研究』第18巻第1号
大河内一男・籠山京（1960）『家庭経済学』光生館
大阪市立大学史資料室編（2011）『大阪市立大学の歴史――1880年から現在へ』大阪市立大学
大阪市社会部調査課編（1930）『本市における社会病』
大城亜水（2012）「近代日本における余暇・娯楽と社会政策――権田保之助の所説を中心に」『経済学雑誌』第113巻第2号
大城亜水（2013）「近代日本社会政策史における権田保之助の国民娯楽論」『経済学雑誌』第114巻第2号
荻野美穂（2008）『「家族計画」への道――近代日本の生殖をめぐる政治』岩波書店
金沢幾子編（2011）『福田徳三書誌』日本経済評論社
金子勇（2003）『都市の少子社会――世代共生をめざして』東京大学出版会
金子勇編著（2003）『高田保馬リカバリー』ミネルヴァ書房
金子良事（2010）「日本における『社会政策』概念について」『社会政策』第2巻第2号
金子良事（2013）『日本の賃金を歴史から考える』旬報社
兼田麗子（2003）『福祉実践にかけた先駆者たち――留岡幸助と大原孫三郎』藤原書店

兼田麗子（2012）『大原孫三郎――善意と戦略の経営者』中央公論新社
茅野健・舘稔（1970）『対談　ノン・マネタリー・インディケーションで見た日本の生活水準――問題はどこにあるか』社団法人社会開発統計研究所
川合隆男（2003）『近代日本社会学の展開――学問運動としての社会学の制度化』恒星社厚生閣
川合隆男・竹村英樹編（1998）『近代日本社会学者小伝――書誌的考察』勁草書房
川越修（2004）『社会国家の生成――20世紀とナチズム』岩波書店
川島章平（2005）「福田徳三における「社会の発見」と個人の生」『相関社会科学』第15号
川島章平（2007）「戦間期日本における生存権の意味――福田徳三と牧野英一の議論を手がかりに」『社会政策研究』第7号
河田嗣郎・永井亨・金持一郎（1931）『現代経済学全集第22巻　土地経済論・人口論・植民政策』日本評論社
河津暹（1938）『社会問題と社会政策』有斐閣
菊池城司（1999）『近代日本における「フンボルトの理念」――福田徳三とその時代』〈高等教育研究叢書53〉広島大学教育センター
木本喜美子（1995）『家族・ジェンダー・企業社会――ジェンダー・アプローチの模索』ミネルヴァ書房
木本喜美子・大森真紀・室住眞麻子編著（2010）『社会政策のなかのジェンダー』明石書店
金成垣編（2010）『現代の比較福祉国家論』ミネルヴァ書房
久保芳和編著（1996）『スミス・マルサス研究論集』大阪経済法科大学出版部
経済学史学会：井上琢智・栗田啓子・田村信一・堂目卓生・新村聡・若田部昌澄編（2012）『古典から読み解く経済思想史』ミネルヴァ書房
経済企画庁国民生活局国民生活政策課編（1977）『総合社会政策を求めて――福祉社会への論理』大蔵省印刷局
厚生省公衆衛生局企画課（1958）『家族計画』大蔵省印刷局
厚生省大臣官房企画室編（1964）『住民の生活と新産業都市』大蔵省印刷局
小内純子（1997）「日本都市社会学の源流に学ぶ――鈴木榮太郎と磯村英一の都市社会理論の検討を通して」『社会情報』第6巻第2号
神戸大学図書館「新聞記事文庫」（＝http://www.lib.kobe-u.ac.jp/sinbun）
神戸高等商業学校商業研究所（1924）「坂西由蔵講演　社会運動と社会進化」『商業研究所講演集』第11冊
国立社会保障・人口問題研究所、ホームページ
国連経済社会局（原著編集）伊部英男（翻訳）・成瀬恭（編集）（1964）『世界の経済開発と社会開発』原書房
小島昌太郎（1978）「戸田海市先生」『書斎の窓』No. 274、有斐閣
後藤清・近藤文二（1942）『労働者年金保険法論』東洋書館
小峯敦（2007a）『ベヴァリッジの経済思想――ケインズたちとの交流』昭和堂
小峯敦編（2007b）『福祉の経済思想家たち』ナカニシヤ出版
小山久二郎編（1944）『現代日本の基礎2　厚生』小山書店
古屋芳雄編著（1948）『公衆衛生學』第4輯、日本臨牀社
近藤文二（1948a）『社会保険』東洋書館

近藤文二（1948b）『保険論』東洋書館
近藤文二（1949a）『社会保障』中央労働学園
近藤文二（1949b）『社会政策概説』碓氷書房
近藤文二（1950）『社会保障えの勧告』社会保険法規研究会
近藤文二（1952）『社会保障』東洋書館
近藤文二（1963）『社会保険』岩波書店
近藤文二編（1968）『社会保障入門』有斐閣
近藤文二（1974）『日本の社会保障の歴史』厚生出版社
近藤文二・小川喜一（1977）『労働福祉・社会保障』日本労働協会
近藤文二教授還暦記念事業委員会編（1963）『近藤文二博士還暦記念論文集 生活保障の経済理論』日本評論新社
齋藤純一・宮本太郎・近藤康史編（2011）『社会保障と福祉国家のゆくえ』ナカニシヤ出版
佐口和郎・中川清編（2005）『福祉社会の歴史――伝統と変容』ミネルヴァ書房
篠崎信男（1968a）「人口資質と優生問題」『人口問題研究所年報』第13号
篠崎信男（1968b）「人口資質の現状と人口問題」『人口問題研究』第106号
社会開発統計研究所編（1974）『社会開発統計総覧』ダイヤモンド社
社会経済史学会編（1969）『経済史における人口――社会経済史学会第37回大会報告』慶応通信
社会政策学会史料集成編纂委員会監修（1978）『社会政策学会史料（社会政策学会史料集成（復刻版）別巻1）』御茶の水書房
社会政策学会編（1999）『日雇労働者・ホームレスと現代日本』御茶の水書房
社会政策学会編（2001）『自己選択と共同性――20世紀の労働と福祉』御茶の水書房
社会政策学会編（2006）『東アジアにおける社会政策学の展開』法律文化社
社会保障研究所編（1965）『社会保障研究所の概要』
社会保障研究所編（1966）『社会保障研究所の概要』
社会保障研究所編（1968）『戦後の社会保障　資料』至誠堂
社会保障研究所編（1975）『現代の福祉政策』東京大学出版会
社会保障研究所編（1989）『社会政策の社会学』東京大学出版会
鍾仁耀（2005）『中国の公的年金改革』法律文化社
人口食糧問題調査会（1928）『人口問題ニ関スル世論』
人口問題研究会編（1979）『高齢化社会の到来に備えてⅡ　人口資質の諸問題』（『人口情報』昭和54年度、第2号）
人口問題研究会（1983）「人口問題研究会50年略史」（『人口情報』昭和57年度）
人口問題研究所（1963）『人口問題研究所　昭和37年度事業報告書』
人口問題研究所（1964）『人口問題研究所　昭和38年度事業報告書』
人口問題研究所編（1979）『人口問題研究所の歩み――40周年を記念して』
人口問題研究所編（1989）『人口問題研究所創立五十周年記念誌』
人口問題審議会編（1959）『人口白書――転換期日本の人口問題』大蔵省印刷局
人口問題審議会編（1974）『日本人口の動向――静止人口をめざして』大蔵省印刷局
菅沼隆（2005）『被占領期社会福祉分析』ミネルヴァ書房
杉田菜穂（2007a）「少子化問題と社会政策――ミュルダールと高田保馬」『経済学雑誌』第107

巻第 4 号
杉田菜穂（2007b）「人口問題と社会政策──米田庄太郎と海野幸徳」『経済学雑誌』第108巻第 1 号
杉田菜穂（2008）「人口問題と児童対策──1920年代の日本的状況を中心に」『経済学雑誌』第109巻第 1 号
杉田菜穂（2009）「日本における人口政策論の水脈──永井亨の人と思想」『経済学雑誌』第110巻第 1 号
杉田菜穂（2010）『人口・家族・生命と社会政策──日本の経験』法律文化社
杉田菜穂（2011）「戦時期日本社会政策論の一考察──大河内一男・海野幸徳・沼佐隆次」『同志社政策科学研究』第13巻第 1 号
杉田菜穂（2012）「住田和子編『エレン・スワロウ・リチャーズ著作集：Collected works of Ellen H. Swallow Richards』に寄せて──日本社会政策史研究への示唆」『同志社アメリカ研究』48
杉田菜穂（2013）『〈優生〉・〈優境〉と社会政策──人口問題の日本的展開』法律文化社
杉原薫・玉井金五編（1983）『世界資本主義と非白人労働』大阪市立大学経済学会
杉原薫・玉井金五編（1986）『大正・大阪・スラム──もうひとつの日本近代史』新評論
杉原薫・玉井金五編（1996）『大正・大阪・スラム──もうひとつの日本近代史〔増補版〕』新評論
杉原薫・玉井金五編（2008）『大正・大阪・スラム──もうひとつの日本近代史〔増補版〕』（Shinhyoron Selection 62）新評論
杉原四郎（1984）『日本のエコノミスト』日本評論社
杉原四郎（2001）『日本の経済思想史』関西大学出版部
杉原四郎（2006）『杉原四郎著作集Ⅲ　学問と人間』藤原書店
鈴木啓史（2010）「利潤分配制と社会主義──日本における大正期から昭和戦後期に至るまでの受容と変容の歴史」（大阪大学大学院人間科学研究科、2010年度博士学位論文）
関一（1910）『労働者保護法論』隆文館
総理府社会保障制度審議会事務局監修（2000）『社会保障制度審議会五十年の歩み』法研
太陽寺順一（1983）「福田徳三の社会政策論」『一橋論叢』第23号
高岡裕之（2011）『総力戦体制と「福祉国家」──戦時期日本の「社会改革」構想』岩波書店
高垣寅次郎・寺尾琢磨編（1958）『人口』有斐閣
高田保馬（1918）『社会学的研究』宝文館
高田保馬（1922）『社会学概論』岩波書店
高田保馬（1925）『階級及第三史観』改造社
高田保馬（1927）『人口と貧乏』日本評論社
高田保馬（1935）「人口政策の欠乏」『エコノミスト』1935年 6 月 1 日号
高橋彦博（2003）「協調会研究の現状」『大原社会問題研究所雑誌』第538号・539号
高藤昭（2000）「社会保障の研究史」『大原社会問題研究所雑誌』第501号
武川正吾（1999）『社会政策のなかの現代──福祉国家と福祉社会』東京大学出版会
武川正吾（2008）「社会政策学会の再々出発」『社会政策』創刊号
武川正吾（2009）『社会政策の社会学──ネオリベラリズムの彼方へ』ミネルヴァ書房
武川正吾・玉井金五・杉田菜穂（2011）「小特集：日本の〈社会学〉系社会政策論と福武直」

『社会政策』第 3 巻第 2 号
田多英範編（2014）『世界はなぜ社会保障制度を創ったのか』ミネルヴァ書房
舘稔（1964）「社会開発の概念について」『自治研究』第40巻第12号
舘稔（1965）「社会開発についての解説」『研究資料』第163号
舘稔（1969）「日本の人口問題」『研究資料』第190号
舘稔・濱英彦・岡崎陽一（1970）『未来の日本人口』日本放送出版協会
田中拓道（2006）『貧困と共和国——社会的連帯の誕生』人文書院
田中秀臣（2007）「福田徳三の生存権論」『上武大学ビジネス情報学部紀要』第 6 巻第 1 号
玉井金五（1992）『防貧の創造——近代社会政策論研究』啓文社
玉井金五（2012）『共助の稜線——近現代日本社会政策論研究』法律文化社
玉井金五（2015）「日本社会政策思想史上における経済と社会」『社会政策』第 6 巻第 3 号
玉井金五・大森真紀編（2007）『三訂　社会政策を学ぶ人のために』世界思想社
玉井金五・佐口和郎編（2011）『現代の社会政策　第 1 巻　戦後社会政策』明石書店
玉井金五・杉田菜穂（2008）「日本における〈経済学〉系社会政策論と〈社会学〉系社会政策論——戦前の軌跡」『経済学雑誌』第109巻第 3 号
玉井金五・杉田菜穂（2010）「戦後日本における〈社会学〉系社会政策論の展開——福武直を中心に」『経済学雑誌』第111巻第 2 号
玉井金五・杉田菜穂（2013）「消費経済学と家政学、そして社会政策学——森本厚吉を中心に」『経済学雑誌』第114巻第 1 号
玉井金五・杉田菜穂（2014）「人口問題からみた日本社会政策論史——南亮三郎を手掛かりに」『経済学研究』第 2 巻第 1 号
玉井金五・久本憲夫編（2008）『少子高齢化と社会政策』法律文化社
玉井金五・久本憲夫編著（2004）『高度成長のなかの社会政策——日本における労働家族システムの誕生』ミネルヴァ書房
玉井茂（1926）『人口思想史論』清水書店
田間泰子（2006）『「近代家族」とボディ・ポリティクス』世界思想社
土屋敦（2014）『はじき出された子どもたち——社会的養護児童と「家庭」概念の歴史社会学』勁草書房
寺尾琢磨（1940）『日本人口論』慶應出版社
寺尾琢磨（1948）『人口理論の展開』東洋経済新報社
寺尾琢磨（1967）「社会開発と教育投資」『別冊　季刊社会保障研究』第 9 巻第 9 号
戸田貞三・土井正徳編（1954）『社会病理学』朝倉書店
冨江直子（2007）『救貧のなかの日本近代——生存の義務』ミネルヴァ書房
富永健一（2001）『社会変動の中の福祉国家』中公新書
永井亨（1926）『改訂　社会政策綱領』巌松堂書店
永井亨（1929）『日本人口論』巌松堂書店
永井亨（1961）「我が国における人口問題に関する調査研究機関の来歴について」『人口問題研究所年報』第 5 号
中川清（1996）「近代日本における 2 つの都市社会調査」『大阪市社会部調査報告書』別冊、近現代資料刊行会
中川清（2000）『日本都市の生活変動』勁草書房

中川清（2007）『現代の生活問題』放送大学教育振興会
中川清（2012）「生活改善言説の特徴とその変容――生活改善同盟会の改善事項を中心に」『社会科学』第95巻
中川清・埋橋孝文編（2011）『生活保障と支援の社会政策』明石書店
中西泰之（2003）「第7章 高田保馬の人口理論と社会学」金子勇編著『高田保馬リカバリー』ミネルヴァ書房
那須宗一ほか編（1968）『社会病理学事典』誠信書房
西淳（2013）「高田保馬の勢力説と経済学」『阪南論集 社会科学編』第48巻第2号
西沢保（2004）「福田徳三の経済思想――厚生経済・社会政策を中心に」『一橋論叢』第132巻第4号
西沢保（2005）「福田徳三の経済思想――厚生経済・社会政策を中心に」一橋フォーラム21（2005年6月28日）草稿（＝http://jfn.josuikai.net/josuikai/21f/59/nishi/main.html）
西沢保（2007）『マーシャルと歴史学派の経済思想』岩波書店
西沢保・小峯敦編著（2013）『創設期の厚生経済学と福祉国家』ミネルヴァ書房
西村周三ほか（2014）「座談会Ⅰ『季刊社会保障研究』の歩み」『季刊社会保障研究』第50巻第1号・2号
日本人口問題研究連合会（1937）「日本人口問題研究連合会 設立趣意書及定款草案」（国立社会保障・人口問題研究所、舘稔文庫蔵）
野口友紀子（2011）『社会事業成立史の研究――防貧をめぐる認識と再編』ミネルヴァ書房
橋本正巳（1967）「公衆衛生の歴史的発展と課題」『季刊社会保障研究』第3巻第2号
蓮見音彦（2008）『福武直――民主化と社会学の現実化を推進』東信堂
林玲子（2013）「「人口問題」の変遷とポスト2015年開発目標」『保健医療科学』第62巻第5号
林玲子・小島克久・今井博之・中川雅貴（2014）「「舘文庫」の整理と概要――戦前の文献を中心に」『人口問題研究』第70巻第1号
久井英輔（2011）「『中流階級』『知識階級』へのまなざしとその変容――大正後期・昭和初期の文化生活運動が意味するもの」『広島大学大学院教育学研究科紀要 第三部 教育人間科学関連領域』第60号
久井英輔（2012）「大正期の生活改善における〈中流〉観の動向とその背景」『広島大学大学院教育学研究科紀要 第三部 教育人間科学関連領域』第61号
一橋大学学園史編集委員会編（1982）『一橋大学学問史』
平出裕子（2006）「森本厚吉の「文化生活運動」――生活権の提唱と講義録発行」『日本歴史』第697号
廣嶋清志（1980）「現代日本人口政策史小論――人口資質概念をめぐって（1916～1930年）」『人口問題研究』第154号
廣嶋清志（1981）「現代日本人口政策史小論（2）――国民優生法における人口の質政策と量政策」『人口問題研究』第160号
福武直（1975-86）『福武直著作集』（第一巻～第十一巻＋別冊）東京大学出版会
福武直（1983）『社会保障論断章』東京大学出版会
福武直（1986）『福祉社会への道――協同と連帯を求めて』全国大学生活協同組合連合会
福武直・日高六郎・高橋徹共編（1957-58）『講座 社会学』（全十巻＋別巻）東京大学出版会
福田徳三（1927）『経済学全集 第2巻』同文館

福田徳三 (1980a)『厚生経済』講談社
福田徳三 (1980b)『生存権の社会政策』講談社
福田徳三「社会問題概論」『社会経済体系第参巻　社会問題』(出版社、出版年、不明)
藤井茂 (1996)『森本厚吉　新渡戸稲造の愛弟子』盛岡タイムス社
藤田菜々子 (2010)『ミュルダールの経済学──福祉国家から福祉世界へ』NTT 出版
藤本建夫 (2008)『ドイツ自由主義経済学の生誕──レプケと第三の道』ミネルヴァ書房
平凡社編 (1957)『人口大事典』平凡社
法政大学大原社会問題研究所編 (2004)『協調会の研究』柏書房
本庄栄治郎 (1946)『日本経済思想史概説』有斐閣
牧野邦昭 (2010)『戦時下の経済学者』中央公論新社
牧野邦昭 (2012)「高田保馬の人口論──人口理論、農村政策、国土計画」『マルサス学会年報』第21号
松下英夫 (1968)『新家政学原論』家政教育社
松下英夫 (1976)『ホーム・エコノミックス思想の生成と発展』同文書院
松下英夫 (1994)「家政学本質論研究の回顧と発展への要望」『日本家政学会誌』第45巻第11号
松原洋子 (1997)「明治末から大正期における社会問題と「遺伝」」『日本文化研究所紀要』第3号
松原洋子 (2000a)「優生問題・人口政策編・解説」『性と生殖の人権問題資料集成 第15巻』不二出版
松原洋子 (2000b)「日本──戦後の優生保護法という名の断種法」米本昌平ほか『優生学と人間社会　生命科学の世紀はどこへ向かうのか』講談社
三重野卓 (2010)『福祉政策の社会学──共生システム論への計量分析』ミネルヴァ書房
南博士祝賀論文集刊行委員会編 (1973)『人口と経済と社会』(南亮三郎博士人口学体系完結並びに喜寿祝賀論文集) 千倉書房
南亮三郎 (1936)『人口論発展史』三省堂
南亮三郎 (1960)『人口学総論──人口原理の研究』千倉書房
南亮三郎 (1964)『人口理論──人口学の展開』千倉書房
南亮三郎 (1969)『人口政策──人口政策学への道』千倉書房
南亮三郎 (1973)「人口研究の本質について」『駒沢人口研究年報』第1号
南亮三郎 (1974)「人口研究における心理学的方向の台頭」『駒沢人口研究年報』第2号
南亮三郎 (1975)「人口研究における社会学的方向と経済学的方向」『駒沢人口研究年報』第3号
南亮三郎編 (1960)『人口論史──人口学への道』勁草書房
美濃口時次郎 (1936)「日本現下の人口問題」『人口問題』第1巻第4号
美濃口時次郎 (1939)『人的資源論』時潮社
美濃口時次郎 (1949)『人口理論の研究』中央公論社
美濃口時次郎 (1952)『社会政策［総論］』同文館
美濃口時次郎 (1955)「経済学の領域における人口研究」『日本における人口問題研究の展望Ⅱ──経済学の領域における人口研究』日本ユネスコ国内委員会
宮浦崇 (2007)「総力戦体制下における「人の資源化」の考察──戦時厚生事業期の人的資源をめぐる動向を中心に」『政策科学』第14巻第2号

宮地克典 (2010)「大河内理論と高齢者就労――高齢者事業団との結びつきを中心に」『経済学雑誌』第111巻第2号
宮地克典 (2012)「日本における老人福祉と高齢者雇用の係争点――孝橋・大河内・三浦の所説をめぐって」『経済学雑誌』第113巻第2号
ミュルダール著・丸尾直美訳 (1971)『社会科学と価値判断』竹内書店
村井良太 (2013)「「社会開発」論と政党システムの変容――佐藤政権と七〇年安保」『駒澤大學法學部研究紀要』第71号
村松稔 (1977)『人口を考える』中央公論社
森戸辰男 (1975)『思想の遍歴 下』春秋社
森本厚吉 (1920a)『生活経済の新能率』誠文堂
森本厚吉 (1920b)『生活問題――生活の経済的研究』同文館
森本厚吉 (1921)『生存より生活へ』文化生活研究会出版部
森本厚吉 (1924a)『滅びゆく階級』同文館
森本厚吉 (1924b)『生長する愛の生活』同文館
森本厚吉 (1949)『家政学通論』大明堂書店
矢次一夫編 (1965)『財団法人協調会史――協調会三十年の歩み』「財団法人協調会」偕和会
柳田芳伸・諸泉俊介・近藤真司編 (2013)『マルサス ミル マーシャル――人間と富との経済思想』昭和堂
山口喜一 (1990)『人口と社会』東洋経済新報社
山口正 (1929)『都市社会事業の諸問題』教育刷新社
山田雄三 (1968)『社会保障研究序説』東京大学出版会
山田雄三 (1994)『価値多元時代と経済学』岩波書店
山本堅一 (2008)「マーシャルの経済生物学の意義」経済学史学会大会第72回大会（2008年5月）フルペーパー
吉田久一 (1994)『全訂版 日本社会事業の歴史』勁草書房
米田庄太郎 (1919)『輓近社会思想の研究 上巻』弘文堂書房
依光正哲 (1986)「人口問題」『一橋大学学問史 一橋大学創立百年記念』一橋大学
若森みどり (2011)『カール・ポランニー――市場社会・民主主義・人間の自由』NTT出版

初 出 一 覧

　本書は既発表の論文を再構成したものであり、各章の初出論文は以下のとおりである。本書に収録するにあたって必要な修正を施すとともに、初出の論文名を一部変更していることをお断りしておきたい。

　序　章　玉井による書き下ろし
　第Ⅰ部　社会政策と分析視座
　　第1章　玉井・杉田「日本における〈経済学〉系社会政策論と〈社会学〉系社会政策論―戦前期の一断面―」社会政策学会編『社会政策』第2巻第1号、2010年。
　　第2章　玉井・杉田「福武社会政策論の世界」社会政策学会編『社会政策』第3巻第2号、2011年。
　　第3章　玉井・杉田「戦前日本社会政策論史の転換点―福田から大河内へ―」『経済学研究』第2巻第2号、2015年。
　　第4章　玉井「日本社会政策思想史上における経済と社会」社会政策学会編『社会政策』第6巻第3号、2015年。
　第Ⅱ部　社会政策と生命・生活
　　第5章　杉田「日本社会政策進歩主義者の群像―1910年代を中心に―」『経済学雑誌』第115巻第3号、2015年。
　　第6章　玉井・杉田「消費経済学と家政学、そして社会政策学―森本厚吉を中心に―」『経済学雑誌』第114巻第1号、2013年。
　　第7章　玉井・杉田「日本における『社会病理』概念の展開と社会政策―山口正と磯村英一をめぐって―」『経済学雑誌』第114巻第3号、2013年。
　第Ⅲ部　社会政策と人口問題
　　第8章　玉井・杉田「人口問題からみた日本社会政策論史―南亮三郎を手掛かりに―」『経済学研究』第2巻第1号、2014年。
　　第9章　玉井・杉田「日本における人口の〈量〉・〈質〉概念と社会政策の史的展開―上田貞次郎から美濃口時次郎へ―」『経済学研究』第3巻第1号、2015年。
　　第10章　杉田「日本における人口資質概念の展開と社会政策―戦前から戦後へ―」『経済学雑誌』第116巻第2号、2015年。
　　第11章　杉田「日本における人口認識の史的展開―人口抑制から社会保障へ―」『経済学雑誌』第116巻第3号、2015年。
　終　章　杉田による書き下ろし
　補章1　杉田「日本における社会開発論の形成と展開―人口と社会保障の交差―」『人口問題研究』第71巻第3号、2015年。
　補章2　玉井「リベラリスト・近藤文二と日本社会保険制度史」『甲南経済学論集』第55巻第3/4号、2015年。

索　引

あ　行

アメリカ社会保障制度調査団……………246
アメリカ制度学派……………………………55
育児・介護休業法……………………………69
池田勇人政権…………………………………55
移植民政策……………………………………14
磯村英一……………………………………133
1.57ショック………………………199, 211
一般所得階層…………………………………35
伊部英男……………………………………223
ヴェーバー……………………………………53
上田貞次郎………………………85, 164, 178
海野幸徳……………………………………88
営利保険……………………………………244
エスピン-アンデルセン…………………57, 68
応用社会学…………………………………136
大河内一男………………1, 5, 12, 100, 190, 219
大河内理論…… 12, 63, 64, 68, 101, 118, 139, 154, 157, 160
「大阪市社会部報告」……………………130
大阪商科大学…………………77, 93, 218, 244
大原社会問題研究所………………80, 89, 90, 93
大原孫三郎…………………………………81
小河滋次郎………………………………80, 89

か　行

介護保険………………………………69, 257
籠山京………………………………………118
過剰人口…………………………12, 181, 188
　――の時代………………………………178
過剰人口問題……………………………3, 146
過剰人口論…………………………145, 207, 212
家族計画……………………………………182
　――運動…………………………………210
家族政策……………………………………216
家庭経済学…………………………………100
家庭経済論…………………………………100
家庭生活の向上……………………………120
金井延………………………………………79
河合栄治郎…………………………………60
河上肇………………………………………81
河田嗣郎………………………………77, 80, 212
完全雇用……………………………………143
北岡壽逸…………………………………66, 175
救護法………………………………………29
救貧…………………………………………79
救貧から防貧へ…………………………79, 90
協調会……………………………………16, 79
勤労生活……………………………………118
櫛田民蔵……………………………………80
桑田熊蔵……………………………………79
経済開発と社会開発………………198, 226
〈経済学〉系社会政策論… 2, 11, 22, 37, 66, 139
経済審議会（経済企画庁）………194, 227
〈経済〉の論理…………58, 62, 71, 72, 219
ケインズ……………………………………144
結核予防法（1919年）……………………183
健康保険組合………………………………248
健康保険法……………………………60, 243
原生的労働関係……………………………63
後期高齢者医療制度………………………256
合計特殊出生率……………………………206
工場法……………………………………60, 79
厚生経済……………………………………40
厚生事業……………………………………28
厚生省人口問題研究所……………163, 208, 221
厚生闘争……………………………………42
公費方式……………………………………256
高齢化対策…………………………………182
国際家族計画連盟…………………………196
国勢調査（第1回）………………182, 205, 207
国民皆保険・皆年金体制………………243, 251
国民健康保険………………………………28, 243
国民体力法（1940年）……………………190
国民的最低限………………………………259
国民年金……………………………………28
　――の空洞化……………………………256
国民優生法（1940年）………………182, 190
国立公衆衛生院……………………………190

国立社会保障・人口問題研究所………… 237
〈個人口座〉と〈社会口座〉(中国の社会保険)
　……………………………………………… 259
米騒動……………………………………… 12, 205
古屋芳雄………………………………… 190, 210
ゴルトン………………………………………… 89
権田保之助……………………………………… 80
近藤文二……………………………………… 5, 244

さ 行

最低生活水準………………………………… 36
産児調節運動……………… 182, 193, 209, 210, 212
産児調節（制限）…… 14, 143, 185, 188, 193, 208, 223
産児調節普及事業……………………… 193, 197
ジェンダー論………………………………… 11
失業保険…………………………………… 243
児童愛護運動……………………………… 215
児童虐待防止法（1933年）…………… 184, 214
児童政策…………………………………… 212
児童手当制度……………………………… 222
児童(の)権利論……………………… 184, 214
児童福祉…………………………………… 196
児童保護運動（事業）……………… 184, 214
資本主義から社会主義へ………………… 66
社会医学…………………………………… 125
社会運動……………………… 84, 123, 139, 159
社会衛生……………………………… 78, 88, 125
社会改革…………………………………… 181
社会改造…………………………………… 125
社会開発… 123, 139, 159, 196, 206, 211, 226, 227
　——計画……………………………………… 233
社会開発懇談会（内閣）………………… 194, 227
「社会開発懇談会中間報告」………… 195, 225
社会改良（主義）…………………… 6, 87, 181
〈社会学〉系社会政策論… 2, 11, 22, 30, 37, 66, 137, 139, 233
社会学的人口理論……………………… 174
社会（管理）行政……………………………… 67
社会計画……………………………… 155, 157, 159
社会経済史学会………………………………… 40
社会事業………………………………………… 28, 32
社会指標…………………………………… 233

社会指標論………………………………… 228
社会進化…………………………………… 181
社会＝人口政策…………………………… 153
社会進歩……………………………… 78, 88, 181
社会政策………………………… 123, 139, 159
　——＝労働政策……………………… 25, 153
　——＝労働政策＋生活政策…… 39, 49, 139, 144, 175
　——＝労働問題研究… 118, 139, 175, 178, 179
　——から労働経済へ……………………… 65
　——から労働問題へ……………………… 65
　——と経路依存………………………………… 5
　——と社会事業………………………… 47, 72
　——と人口問題…………………… 3, 80, 84, 90
　——の経済理論………………………………… 54
　——の社会学………………………………… 26
　——の東アジア間比較…………………… 4, 70
　総合——…………………………………… 206
　〈都市〉——………………………………… 32, 62
　〈農村〉——………………………………… 32, 62
　優生学的——……………………………… 88
社会政策学会……… 1, 13, 39, 104, 127, 160, 217
社会政策本質論争……… 25, 49, 54, 64, 164, 175
社会政策論
　戦時——………………………………… 64
　総合——……………………… 67, 154, 236
社会ダーウィニズム…………………… 144
社会的厚生…………………………………… 88
社会的排除…………………………………… 69
社会的必要…………………………………… 40
社会的包摂…………………………………… 69
〈社会〉の論理……………… 58, 62, 71, 72, 219
社会病………………………………… 128, 134
社会病理学………………………………… 122
『社会病理学』（1954年）………………… 134
社会福祉………………………… 123, 139, 159
社会保険…………………………………… 243
　——の社会事業化……………………… 248
社会保険制度調査会……………………… 245
社会保障（制度）…………… 123, 139, 143, 159
社会保障研究所…… 26, 194, 196, 209, 223, 231
社会保障制度審議会……… 55, 66, 220, 223, 236
『社会保障制度に関する勧告』（50年勧告）

··246, 251	人口政策確立要綱································190
「社会保障制度の総合調整に関する基本方策についての答申」と「社会保障制度の推進に関する勧告」(62年勧告)············34, 252	人口政策思想····································144
	人口政策論··188
	人口の資質の育成向上························236
社会保障制度要綱································245	人口の〈質〉·······54, 144, 153, 193, 198, 218
社会民主主義··8	人口の〈量〉··54
出産権か生存権か························143, 160	人口の〈量〉と〈質〉·············160, 167, 178
出生率の低下······18, 20, 83, 92, 159, 160, 188, 215, 225	人口問題··159
	──から社会保障へ······················219
出生力転換···············188, 194, 210, 221, 225	──と社会政策········7, 12, 145, 152, 164, 178
少産少死型································195, 226	──に関する三位一体論···················178
少子化対策···182	人口問題研究会······15, 163, 175, 189, 194, 208, 221
少子化問題···220	
少年教護法(1933年)····················184, 214	人口問題研究所(1939年)···············65, 189
消費経済··114	人口問題審議会(1949～50年：内閣、1953～2000年：厚生省)············65, 157, 177, 208
消費経済学···104	
消費経済論································106, 112	人口抑制策·································191, 221
職域保険··253	新自由主義··8
女子教育··90	人的資源論···172
所得再分配	「人的能力政策に関する答申」(1963年)··195, 225
階層的──·······································249	
社会政策的──·································249	新マルサス主義·································199
保険的──·······································249	隅谷三喜男···223
所得保障と医療保障······························34	生活環境の改善·································143
人格闘争··42	生活経営学···102
人口＝社会政策路線······················189, 192	生活政策·······························59, 68, 125
人口＝社会問題·································182	生活の〈質〉······································178
人口＝民族政策路線······················190, 192	生活保護法··29
人口学···173	生活保障······························57, 70, 119, 160
人口学研究会·····································148	生産経済··114
人口革命··235	精神病院法(1919年)··························183
人口過剰論··20	生存＝生活過程·····························81, 84
人口減少の時代·································178	生存から生活へ·································108
人口─厚生行政·······················218, 220	生存権···78
人口資質(概念)························159, 182, 206	生存権の社会政策(論争)······45, 80, 148, 179
人口資質向上対策に関する決議·······157, 195, 211, 225	生存権の保障·····································213
	制度間財政調整······················243, 254, 260
人口資質(向上)の問題·····194, 211, 215, 221	性別役割分業·····································117
人口食糧問題調査会···12, 14, 65, 163, 183, 185	生命の再生産·····························102, 105, 120
人口政策(対策)·································149	生命の〈質〉······························144, 178
社会政策的──························16, 165, 189, 208	関　一···77, 93
戦時──···························145, 153, 190	船員保険··243
民主主義的──·································192	左右田喜一郎······························85, 213

ソーシャル・ミニマム……………………155

た 行

第三史観………………………………83, 178
大正・昭和初期人口論争……12, 18, 54, 86, 144,
　　　　　　　　　　　146, 152, 159, 178
高田慎吾……………………………………80
高田保馬……………………13, 83, 137, 144, 164
高野岩三郎…………………………………80
建部遯吾……………………………18, 60, 137
多産多死型………………………………195, 226
舘　稔………………………190, 209, 221, 237
脱商品化……………………………………57
地域開発…………………………………208
地域保険…………………………………253
知識階級…………………………………112
中間階級……………………………………89
中産階級……………………………………89
中鉢正美…………………………………118
中流階級………………………………89, 111
低出生率…………………………………196
低所得階層…………………………………35
ティトマス…………………………………67
寺尾琢磨………………………………190, 229
暉峻義等……………………………………81
伝染病予防法（1897年）…………………183
ドイツ歴史学派…………………11, 55, 152
東京商科大学………………………78, 93, 179, 218
戸田貞三………………………18, 60, 137, 138, 175, 212
トラホーム予防法（1919年）………………183

な 行

永井亨………………………14, 172, 175, 208, 212
日本経済学会………………………………40
日本経済政策学会………………………146
日本資本主義論争…………………………63
日本社会学院………………………………20, 60
日本社会学会………………………………20, 60
日本社会政策史………………………………4
日本社会政策論………………………148, 178, 217
日本社会政策論史……30, 54, 60, 138, 153, 157,
　　　　　　　　　　　　　179, 217, 219
日本社会福祉学会………………………153

日本人口学会……………………………146
任意保険…………………………………260
人間能力(の)開発……………………196, 198
農商務省……………………………………16
農繁期託児所……………………………214

は 行

パート労働法………………………………69
非貨幣的指標……………………………234
ピグー…………………………………41, 88
非成年男性労働者…………………………69
貧困層………………………………………35
『貧乏物語』………………………………82
フェミニズム運動………………………213
福祉元年…………………………………253
福祉国家………………………66, 143, 152
　──の再編……………………………73
福祉国家レジーム論…………………5, 11
福祉国家論…………………………………42
福武直…………………………5, 25, 64, 219
福田徳三………………5, 60, 93, 164, 179, 213, 219
福利施設………………………………47, 48
文化生活運動……………………………117
ベヴァリッジ……………………67, 88, 144
『ベヴァリッジ報告』……………………260
防　貧………………………………………79
方面委員……………………………………89
ホーム・エコノミックス………………103
ホームレス問題……………………………69
保健衛生調査会………………182, 183, 185, 207
保険方式…………………………………256
母子福祉…………………………………196
母子保護法………………………………213
母性保護……………………………189, 213
母性保護運動……………………………215

ま 行

マーシャル…………………………………67
松下英夫…………………………………102
マルクス主義………………………………89
マルサス学会……………………………146
マルサス研究…………………………80, 146
マルサス対マルクス……………………14, 172

――の学説論争……………………144, 152
マルサスの人口論………………………83
南亮三郎……………85, 145, 178, 184, 213
美濃口時次郎……………164, 171, 175, 178
ミュルダール………………………55, 88, 144
無産階級………………………………113
森本厚吉………………………………89, 104

や 行

山口正…………………………………125
山田雄三…………………………40, 228
友愛会……………………………………79
優生運動…………………………197, 215
優生学………19, 87-89, 125, 181, 192, 205, 218
優生思想……………………143, 144, 181, 215
優生政策……………………………14, 152
優生保護法……………………………210
優生―優境主義……88, 89, 181, 182, 192, 198-200, 205, 209, 211, 212, 214, 215
優生＝優境政策……………………80, 93
幼稚園令………………………………214
横山源之助……………………………138

米田庄太郎………………18, 60, 80, 126, 137

ら 行

癩予防法（1907年）……………………183
良妻賢母主義…………………………213
臨床社会学……………………………136
労災保険………………………………243
老人医療費……………………………256
老人医療費支給制度…………………254
老人医療問題…………………………254
老人保健法……………………………254
労働経済論………………………………65
労働者年金保険………………………243
労働者年金保険法……………………244
労働者派遣法……………………………70
労働＝生活過程………………………181
労働政策……………………59, 68, 125
労働保護立法……………………………65

わ 行

ワンデル勧告…………………………246

〈著者紹介〉

玉井　金五（たまい　きんご）
- 1950年　三重県生まれ
- 1980年　大阪市立大学大学院経済学研究科博士課程修了
- 現　在　愛知学院大学経済学部教授、大阪市立大学名誉教授　博士（経済学）
- （主著）『防貧の創造──近代社会政策論研究』啓文社、1992年
　　　　『共助の稜線──近現代日本社会政策論研究』法律文化社、2012年

杉田　菜穂（すぎた　なほ）
- 1980年　奈良県生まれ
- 2009年　大阪市立大学大学院経済学研究科後期博士課程修了
- 現　在　大阪市立大学大学院経済学研究科准教授　博士（経済学）
- （主著）『人口・家族・生命と社会政策──日本の経験』法律文化社、2010年
　　　　『〈優生〉・〈優境〉と社会政策──人口問題の日本的展開』法律文化社、2013年

Horitsu Bunka Sha

日本における社会改良主義の近現代像
── 生存への希求

2016年11月1日　初版第1刷発行

著　者　玉井金五・杉田菜穂
発行者　田靡純子
発行所　株式会社　法律文化社

〒603-8053
京都市北区上賀茂岩ヶ垣内町71
電話 075(791)7131　FAX 075(721)8400
http://www.hou-bun.com/

＊乱丁など不良本がありましたら、ご連絡ください。
　お取り替えいたします。

印刷：㈱冨山房インターナショナル／製本：㈱藤沢製本
装幀：白沢　正
ISBN 978-4-589-03798-5
©2016 K. Tamai, N. Sugita Printed in Japan

JCOPY　〈㈳出版者著作権管理機構　委託出版物〉

本書の無断複写は著作権法上での例外を除き禁じられています。複写される場合は、そのつど事前に、㈳出版者著作権管理機構（電話 03-3513-6969、FAX 03-3513-6979、e-mail: info@jcopy.or.jp）の許諾を得てください。

玉井金五著
共助の稜線
―近現代日本社会政策論研究―
A5判・292頁・4000円

日本的特質である〈共助〉原理をキー概念に、20世紀を通じた福祉系社会政策の軌跡を追う。地方行政、企業、地域、家族レベルでのダイナミックな展開から生活支援システムを析出し、21世紀のいま、その再構築を標榜する。

杉田菜穂著
〈優生〉・〈優境〉と社会政策
―人口問題の日本的展開―
A5判・330頁・6300円

1920～70年代の人口の〈質〉をめぐる"生と環境の改善＝生活政策の形成・発展"を、永井亨や北岡壽逸を軸にたどり、生活政策論の系譜を描き出す。さらに、大河内理論を相対化することで、日本社会政策論の史的特質に迫る。

杉田菜穂著
人口・家族・生命と社会政策
―日本の経験―
A5判・294頁・5600円

戦前日本の少子化論を丁寧に掘り起こし、家族政策の観点から、政策展開や社会政策論の系譜を再照射し、その史的意義を捉えなおす。現代的な議論に新たな視座を切り開く（問題提起となる）一冊。

志賀信夫著
貧困理論の再検討
―相対的貧困から社会的排除へ―
四六判・222頁・3300円

従来の「相対的剥奪」から定義される貧困理論では説明できない「新しい貧困」をいかに捉えるか。理論研究のみならず、実証研究やその現場から得られた知見をもとに検討。今後の貧困理論の構築のための礎石となる書。

下夷美幸著
養育費政策の源流
―家庭裁判所における履行確保制度の制定過程―
A5判・272頁・4000円

「制度の実効性」が問われることなく導入された履行確保制度について、その全制定過程を一次資料から丹念に分析し、養育費政策の陥穽を解明する。養育費確保の制度構築へ向け、貴重な史実と不可欠な視点を提供する。

全 泓奎著
包摂型社会
―社会的排除アプローチとその実践―
A5判・206頁・2800円

プロセスとしての貧困とそのメカニズムに着目した社会的排除アプローチを用いて、都市空間におけるさまざまな「貧困」の解決策を実証的に模索する。生活困窮者を包み込む都市空間の構築を指南し、包摂都市への実践に向けた手引書。

―法律文化社―

表示価格は本体（税別）価格です